Wolf Kempert

Praxishandbuch für die Nachfolge im Familienunternehmen

Wolf Kempert

Praxishandbuch für die Nachfolge im Familienunternehmen

Leitfaden für Unternehmer und Nachfolger

Mit Fallbeispielen und Checklisten

Bibliografische Information Der Deutschen Nationalbibliothek
Die Deutsche Nationalbibliothek verzeichnet diese Publikation in der
Deutschen Nationalbibliografie; detaillierte bibliografische Daten sind im Internet über
<http://dnb.d-nb.de> abrufbar.

1. Auflage 2008

Alle Rechte vorbehalten
© Betriebswirtschaftlicher Verlag Dr. Th. Gabler | GWV Fachverlage GmbH, Wiesbaden 2008

Lektorat: Ulrike M. Vetter

Der Gabler Verlag ist ein Unternehmen von Springer Science+Business Media.
www.gabler.de

Das Werk einschließlich aller seiner Teile ist urheberrechtlich geschützt. Jede Verwertung außerhalb der engen Grenzen des Urheberrechtsgesetzes ist ohne Zustimmung des Verlags unzulässig und strafbar. Das gilt insbesondere für Vervielfältigungen, Übersetzungen, Mikroverfilmungen und die Einspeicherung und Verarbeitung in elektronischen Systemen.

Die Wiedergabe von Gebrauchsnamen, Handelsnamen, Warenbezeichnungen usw. in diesem Werk berechtigt auch ohne besondere Kennzeichnung nicht zu der Annahme, dass solche Namen im Sinne der Warenzeichen- und Markenschutz-Gesetzgebung als frei zu betrachten wären und daher von jedermann benutzt werden dürften.

Umschlaggestaltung: Nina Faber de.sign, Wiesbaden
Druck und buchbinderische Verarbeitung: Wilhelm & Adam, Heusenstamm
Gedruckt auf säurefreiem und chlorfrei gebleichtem Papier.
Printed in Germany

ISBN 978-3-8349-0646-5

Geleitwort

Familienunternehmen sind das Rückgrat unserer Wirtschaft. Männer und Frauen an der Spitze dieser Unternehmen gestalten die Zukunft und schaffen damit Perspektiven für unsere Wirtschaft und Gesellschaft.

Familienunternehmen verhalten sich wie Organismen. Sie entstehen aus der Gründung, sie wachsen und reifen, durchlaufen auch schwierige Zeiten, erholen sich und vergehen auch manchmal. Ein wesentlicher Unterschied besteht allerdings.

Die Unternehmensnachfolge kann wie eine Wiedergeburt eines Unternehmens, ein Neuanfang, ein Relaunch sein. Marketingstrategen wissen um die Notwendigkeit der exakten Analyse, Konzeption und Umsetzung eines derartig komplexen Projektes wie dem Relaunch eines Produktes. Warum glauben so viele Familienunternehmer, dass ihre Nachfolge eine derartige Positionsbestimmung, Planung und Umsetzungsbegleitung nicht erfordert – obwohl sie weitaus komplexer und facettenreicher ist?

Zu häufig stehen die steuerlichen und juristischen Optimierungen im Mittelpunkt. Der eigentlich relevante betriebswirtschaftliche, strategische Komplex der Nachfolge ebenso wie der psychologische werden dabei meist sträflich vernachlässigt. Die große Chance, zugleich mit der Regelung der Führungsnachfolge die betrieblichen Strukturen und Prozesse auf die Herausforderungen der Zukunft auszurichten, wird allzu oft vergeben.

Ein großer Vorteil ist, wenn die Unternehmensnachfolge aus freien Stücken und in einem Klima des größtmöglichen Vertrauens erfolgt. Meine Eltern haben meine Brüder und mich zu keinem Zeitpunkt unter Druck gesetzt, ihre Arbeit bei ALBA fortzuführen. Wir waren stets frei in der Entscheidung, andere berufliche Wege zu gehen. Wichtig war immer, einen Weg konsequent und mit ganzer Energie zu verfolgen.

Vielleicht war genau dieser Umstand ausschlaggebend, warum wir gerne in das Unternehmen eingestiegen sind und auch schon früh Verantwortung übernommen haben. Schon Anfang der neunziger Jahre hat sich unsere Familie darauf verständigt, dass wir als Familienunternehmen bestehen bleiben und unsere strategische Unabhängigkeit bewahren wollen. Daran hat sich bis heute nichts geändert, daran halten wir fest.

Letztlich ist Strategie der Aufbau von langfristig verteidigungsfähigen Wettbewerbspositionen. Daran müssen sich Unternehmer auch beim Generationenwechsel messen lassen. Übergeben sie ein Unternehmen, das fit für die Zukunft ist? Gestalten sie das Unternehmen gemeinsam mit ihrem Nachfolger und ihren Führungskräften zukunftsfähig?

Gerade im Zeitalter des globalen Wettbewerbs, einer Innovationsdynamik ohnegleichen müssen sich Familienunternehmen durch eine konsequente Managemententwicklung eigene Kompetenzen und externes Wissen sichern.

Die daraus resultierende Unternehmensführung ist in vielen größeren Mittelstandsunternehmen anzutreffen. In vielen meist kleineren Familienunternehmen existiert ein hohes Verbesserungspotenzial. Hier kann dieses Buch Orientierung bieten.

Ich wünsche diesem Praxishandbuch, das sich der Zukunftssicherung des Familienunternehmens verschrieben hat, dass es auf ein hohes Interesse stößt bei allen, die den Generationenwechsel in Unternehmen gestalten und verantworten.

Berlin, Oktober 2007   Eric Schweitzer

Dr. Eric Schweitzer ist Präsident der Industrie- und Handelskammer zu Berlin und Vorstand der ALBA AG, Berlin.

Inhaltsverzeichnis

Geleitwort 5

Vorwort 9

1. Familienunternehmen als Zukunftsgestalter 13
   1.1 Der Mittelstand als Motor der Konjunktur 13
   1.2 Was ist ein Familienunternehmen? 15
   1.3 Führungswechsel im Mittelstand 22
   1.4 Familienunternehmen und die Herausforderungen 30
   1.5 Unternehmensnachfolge im Fokus der Politik 36

2. Generationswechsel aus Unternehmersicht 39
   2.1 Der richtige Zeitpunkt 39
   2.2 Notfallplanung 42
   2.3 Persönliche Positionsbestimmung 46
   2.4 Vom Lebenswerk loslassen 50
   2.5 Zielsetzungen und Interessenausgleich im Nachfolgeprozess 57
   2.6 Möglichkeiten der Nachfolgegestaltung 61

3. Die Zukunft des Unternehmens 99
   3.1 Stimmt die strategische Positionierung? 99
   3.2 Passt die Betriebsstruktur zu Ihrer Strategie? 114
   3.3 Wie führen Sie Ihr Unternehmen? 116
   3.4 Führung und Management 127
   3.5 Change Management – Veränderungsprozesse aktiv gestalten 132
   3.6 Etablierung eines Beirats 140
   3.7 Ist die richtige Mannschaft an Bord? 146

4. Welchen Wert stellt Ihr Unternehmen dar? 149
   4.1 Verschiedene Sichtweisen auf das Unternehmen 149
   4.2 Wahl des Bewertungsverfahrens 151

5. Rechtliche, steuerliche und finanzielle Aspekte
   der Unternehmensübertragung 155
   5.1 Welche Rolle spielt die Rechtsform? 155

    5.2 Steuerliche Aspekte 163
    5.3 Finanzierung 168

6. Spannungsfeld Familie und Unternehmen 175
    6.1 Der Familienunternehmer 175
    6.2 Familie – Rückgrat des Familienunternehmens 176
    6.3 Werte- und Bedürfniswandel der Nachfolgegeneration 177
    6.4 Die richtige Strategie für Familie und Firma 179
    6.5 Die Rolle des Unternehmens selbst 181
    6.6 Psychologie und Kommunikation in der Nachfolge 183

7. Der Nachfolger aus der Familie – Garant für Kontinuität und Erfolg 187
    7.1 Der Generationswechsel birgt Risiken 187
    7.2 Anforderungskriterien für den guten Nachfolger 189
    7.3 Das Wesentliche – für Sie als Nachfolger 204
    7.4 Ursachen des Erfolgs 207

8. Entwicklungsschritte im Nachfolgeprozess 221
    8.1 Prüfung und Entscheidung 221
    8.2 Training der unternehmerischen Persönlichkeit 222
    8.3 Unternehmenspraxis lernen 228
    8.4 Der Eintritt ins Familienunternehmen 230

Anhang: Vorgehensweise im Nachfolgeproblem 243

Abbildungsverzeichnis 245

Tabellenverzeichnis 247

Checklistenverzeichnis 248

Literaturverzeichnis 249

Danksagung 253

Stichwortverzeichnis 255

Der Autor 259

Vorwort

Dieses Buch schreibe ich aus der Sicht des Unternehmers für Unternehmer und Nachfolger. Sie als Unternehmer und Sie als Nachfolger finden heute eine Fülle von Informationen über das Thema Nachfolge. Aus meiner nahezu zwanzigjährigen Zusammenarbeit mit Familienunternehmen im Generationenwechsel zeigt sich, dass die Familie, die Person des Unternehmers sowie die des Nachfolgers, ja selbst das Unternehmen vernachlässigt werden zu Gunsten eines steuerlich-rechtlichen Schwerpunktes. Eine erfolgreiche Unternehmensübergabe steht aber auf drei Säulen:

1. der Zukunftsfähigkeit des Unternehmens,
2. dem psychologisch/menschlichen Spannungsfeld zwischen Unternehmer – Nachfolger – Familie – Management,
3. den steuerlich-rechtlichen Rahmenbedingungen.

Meine Erfahrung ist dabei geprägt von der gemeinsamen Tätigkeit mit Bankern, Anwälten, Wirtschaftsprüfern und Steuerberatern – und auch mit Psychologen.

Je früher Sie sich mit der Übergabe Ihres Unternehmens beschäftigen, desto mehr Planungs- und Gestaltungsspielraum bleibt Ihnen. Jede Nachfolgeregelung verlangt letztlich einen individuellen Lösungsansatz, weil sie gleichermaßen die unternehmerische wie die familiäre Situation berücksichtigen muss. Dieses Buch zeigt Ihnen deshalb einen systematischen Einstieg in die Nachfolgeplanung, die wesentlicher Bestandteil Ihrer Unternehmensstrategie sein sollte. Dazu meine persönliche Erfahrung und Erfahrungsbeispiele einiger Unternehmer.

Die schrittweise Vorbereitung erleichtert Ihnen als Unternehmer das kompetente Anpacken dieses komplexen Themas von den ersten Überlegungen und Erkenntnissen über die Abwägung der unterschiedlichen Nachfolgeoptionen bis hin zu konkreten Maßnahmen, die zum Gelingen eines Generationswechsels beitragen.

Eine der schwierigsten und auch schwerwiegendsten Entscheidungen für Sie als Unternehmer ist die Frage nach dem richtigen Nachfolger.

Ein ebenso schwieriges Thema scheint die Frage der Gerechtigkeit. Jedem das Gleiche ist noch nicht gerecht. Behalten Sie dabei auch die Zukunftsfähigkeit des Unternehmens im Auge.

Sie werden es selbst schon bemerkt haben: Es kommt auf die Menschen an, besonders auf den oder die, die an der Spitze stehen. Unternehmer und ihre Führungskräfte sind die eigentlichen Schöpfer und Gestalter innovativer Leistungen, Produkte und Prozesse. Wie bei einem Relaunch einer Marke, so ist auch die Nachfolge ein Neustart für das gesamte Familienunternehmen. Mit allen Chancen und allen Risiken. Es kommt auch hier auf den richtigen Nachfolger an. Deshalb beschäftigen wir uns ausführlich mit den Anforderungen an die Person des zukünftigen Unternehmenslenkers, ebenso wie mit den Qualifizierungsmöglichkeiten, die Sie nutzen sollten. Sie können dabei von den Erfahrungen von über hundert Nachfolgern profitieren, die ein von uns in Zusammenarbeit mit einer deutschen Großbank konzipiertes Intensiv-Trainingsprogramm einer Akademie für Unternehmensnachfolge durchlaufen haben. Davon möchte ich Ihnen berichten und Sie als Nachfolger anregen, Möglichkeiten und Chancen zu nutzen, um Wissen in unternehmerische Handlungskompetenz umzusetzen, um vertrauensvoll in ein Netzwerk junger Unternehmer aufgenommen zu werden und Partner fürs Leben zu finden. Um sich als Mensch ganzheitlich zu entwickeln; geistige, körperliche, und mentale Kräfte zu entfalten, die Kraft seines Unterbewusstseins zu spüren und zu entdecken, dass Ihr Wachstum nur durch die gemeinsame Entwicklung dieser vier Kraftressourcen gelingt.

Das Leben danach: Als Unternehmer sollten Sie nicht nur den Fortbestand des Familienunternehmens durch eine erfolgreiche Übergabe sicherstellen. Ebenso wichtig sind Sie. Planen Sie deshalb rechtzeitig, wie Sie Ihr Leben nach der Übergabe sinnvoll gestalten, mit welchen Interessen und Aufgaben Sie sich beschäftigen werden. Wie in vielen anderen unternehmerischen Fragen ist auch hier ein Erfahrungsaustausch mit anderen Unternehmern nützlich.

Um die Darstellung und Lesbarkeit möglichst einfach zu halten, habe ich überwiegend auf geschlechtsspezifische Bezeichnungen verzichtet. Wenn vom Senior, Nachfolger oder Unternehmer die Rede ist, sollen auch Sie als Nachfolgerin und Unternehmerin angesprochen sein.

Die Besonderheiten des deutschen Mittelstands sind nur aus der Kenntnis der Spezifik der Familienunternehmen zu verstehen. Deshalb kann ich nicht umhin, auf diese Besonderheiten in den ersten Kapiteln des Buches einzugehen. Es sind dies nicht allein die sattsam bekannten statistischen Zahlen über die Bedeutung des Mittelstandes für die deutsche Volkswirtschaft. Es sind dies vor allem Werte und Tugenden, die dem ursprünglichen Unternehmertum zu eigen waren und zum großen Teil heute noch sind.

Aus diesem Grunde bin ich fest davon überzeugt, dass in Zukunft die familieninterne Nachfolge und die unternehmerische Tätigkeit von jungen Mitgliedern der Familienunternehmen wieder an Bedeutung gewinnen werden. Im Zuge der gesellschaftlichen Diskussion über „Ethics in business" wird das Bild des Konzernmanagers zu Recht in Frage gestellt, die Figur des Unternehmers wird demgegenüber an Profil und Attraktivität gewinnen.

Deshalb hier der Appell an Sie, die Juniorinnen und Junioren: Stellen Sie sich der Verantwortung und übernehmen Sie die interessanteste Aufgabe, die ich mir für Sie wie für mich vorstellen kann. Werden Sie Unternehmer!

Auch Nachfolger von außen werden dieses Buch mit Gewinn lesen. Die Kriterien, die mittelständische Unternehmer an ihre Nachfolger legen, gelten naturgemäß auch für Sie. Mehr über die Besonderheiten von Familienunternehmen zu erfahren, wird darüber hinaus für Manager aus Großunternehmen von Nutzen sein.

Ich hoffe, Sie alle ziehen Vorteile aus diesem Buch. Der Generationswechsel in Familienunternehmen kann dadurch sicherer gestaltet werden.

Berlin, Oktober 2007   Wolf Kempert

1. Familienunternehmen als Zukunftsgestalter

1.1 Der Mittelstand als Motor der Konjunktur

Der Mittelstand wird in der Öffentlichkeit sehr unterschiedlich definiert. Die Vorstellungen und Definitionen weichen stark voneinander ab. Was macht den Mittelstand aus? Die Persönlichkeit des Unternehmers oder eine bestimmte Umsatzgröße? Was ist die Besonderheit des Mittelstands, die sich weder in Namen noch in Zahlen ausdrücken lässt?

Ich schließe mich Peter von Windau und Michael Schumacher an, die in „Strategien für Sieger" festgestellt haben, „dass sich ein mittelständisches Unternehmen weder allein über den Kopf, also die Persönlichkeit des Unternehmers, noch über die Zahl, die Dimension des Geschäfts, vollständig"[1] erklären lässt. Mit anderen Worten ist das Mittelstandsunternehmen im Unterschied zu den am Reißbrett konstruierten und administrierten Großkonzernen ein lebendiger wirtschaftlich-sozialer Organismus. Ein solcher Organismus verfügt über die Fähigkeit, einen Kompromiss zwischen Polaritäten zu finden, Spannungen zwischen verschiedenen Polen auszuhalten und zu nutzen. Mittelständische Unternehmen zeigen sich durch organisches Verhalten aus, sind anpassungsfähige intelligente Überlebensformen unserer Wirtschaft.

Unumstritten ist, dass der Mittelstand in der deutschen Wirtschaft eine zentrale Stellung einnimmt. Er ist der Motor der deutschen Konjunktur. Die mittelständischen Unternehmen erwirtschaften zwei Drittel des Bruttosozialproduktes, bieten über 60 % Prozent aller Arbeitnehmer einen Arbeitsplatz und stellen über 80 % aller Ausbildungsplätze zur Verfügung. Damit ist der Mittelstand die wesentliche Basis der Volkswirtschaft.

Das Institut für Mittelstandsforschung Bonn (IfM) berechnete im Jahre 2005, dass den knapp drei Millionen mittelständischen Betrieben in Deutschland lediglich 5 800 Großunternehmen gegenüberstehen. In den letzten Jahren wurden die neuen Arbeitsplätze fast ausschließlich in mittleren und kleinen Unternehmen geschaffen.

Die Kraft der mittelständischen Wirtschaft, insbesondere der Familienunternehmen, mit ihren Millionen Arbeitsplätzen bleibt aber nur erhalten, wenn sich viele Gründer finden, die unternehmerische Verantwortung und die Risiken nicht scheuen und sich und der Wirtschaft neue Chancen erschließen.

---

[1] Windau, von/Schumacher, 1996, S. 30

Das Institut für Mittelstandsforschung Bonn entwickelte Ende der neunziger Jahre ein Schätz- und Stichprobenverfahren, mit dessen Hilfe Anzahl und Bedeutung der mittelständischen Familienunternehmen in der Industrie ermittelt werden konnten. Abbildung 1 zeigt die Ergebnisse dieser Bewertung.

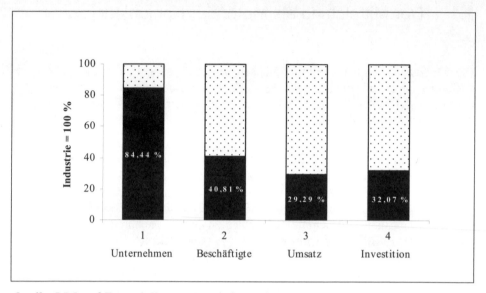

Quelle: BDI und Ernst & Young, Das industrielle Familienunternehmen, Kontinuität im Wandel, Berlin, 2001, S. 11
Abbildung 1: *Anteil der industriellen Familienunternehmen an der Industrie*

Die mittelständischen Unternehmen sind besonders geprägt von:

- der Einheit von Eigentum und Haftung,
- den gewachsenen Strukturen,
- der starken Prägung durch den/die Inhaber,
- der hohen Identifikation/Bindung der Beschäftigten,
- der persönlichen Beziehung zwischen Mitarbeitern und Führung,
- dem geringen Formalisierungsgrad,
- der begrenzten Kapitalausstattung,
- keinen/wenigen Stabsstellen.

Wie Tabelle 1 zeigt, stellen die Familienunternehmen den Hauptanteil des industriellen Mittelstandes.

Unternehmen mit ... bis Beschäftigten	Unternehmen insgesamt	Familien-unternehmen	Anteil in %
1 bis 19	82 579	73 924	89,52
20 bis 49	6 097	5 138	84,26
50 bis 99	7 585	5 873	77,43
100 bis 199	4 634	2 910	62,80
200 bis 499	4 146	1 947	46,97
500 bis 999	1 200	491	40,94
1 000 und mehr	853	148	17,81

Quelle: BDI und Ernst & Young, Das industrielle Familienunternehmen, Kontinuität im Wandel, Berlin, 2001, S. 44
Tabelle 1: *Anzahl der Familienunternehmen in der deutschen Industrie*

Diese Zahlen verdeutlichen, dass, über alle Größenklassen betrachtet, 84,4 % aller Industrieunternehmen durch Familienunternehmer geleitet werden. Weit über 90 % der mittelständischen Firmen sind in Familienhand. Familienunternehmen finden wir im Handel, Handwerk, Gewerbe und in der Industrie, aber auch in freiberuflichen Praxen und im Bereich der Dienstleistungen.

1.2 Was ist ein Familienunternehmen?

Ein wesentliches Merkmal für ein Familienunternehmen ist die Eigentumsfrage. Das Unternehmen befindet sich häufig schon seit Generationen im Besitz der Familie. Die Einheit von Eigentum und Leitung und damit die enge Verbindung von wirtschaftlicher Existenz der Unternehmensleitung und des Unternehmens unterscheiden Familienunternehmen grundsätzlich von managementgeführten Großunternehmen. Wirtschaftliche Krisen und Insolvenzen der Letzteren überstehen die Manager eher unbeschadet. Im Gegensatz dazu bedeutet die Insolvenz eines Familienunternehmens in der Regel auch die Insolvenz der Firmenleitung und damit des Firmeneigners. Da in Familienunternehmen häufig auch die Ehepartner, die Kinder oder die Eltern mitarbeiten beziehungsweise mit dem Unternehmen finanziell verbunden sind, bedeutet wirtschaftlicher Misserfolg oder Insolvenz den wirtschaftlichen Ruin aller beteiligten Familienmitglieder.

„Erbe und Auftrag bilden die Klammer zwischen Familie und Unternehmen. Erbe ist das, was Pioniergeist und Wagemut in Jahrzehnten, manchmal sogar in Jahrhunderten geschaffen haben. Erbe ist aber auch Verpflichtung, ein Auftrag an die jetzige Generation, es zu wahren und, wenn möglich, zu mehren."[2]

Aus der Identität von Unternehmen und Unternehmer hinsichtlich der durch das Eigentum bedingten Einheit von Unternehmensleitung und Unternehmen resultiert die Verantwortung der die Firma leitenden Familienangehörigen für alle Entscheidungen und Vorgänge im Unternehmen sowie für dessen Beziehungen nach außen. Sie versuchen, die Beziehungen zu ihren Mitarbeitern und zur Bevölkerung zu erhalten und zu pflegen. Ihre Entscheidungen sind deshalb von mehr Menschlichkeit getragen. Sie sind oft in ihrer Region sehr angesehen, weil sie nicht nur materiell helfen, sondern sich auch persönlich einbringen. Da der Unternehmer persönlich den Markt gut kennt, sind seine Entscheidungen und seine Kreativität von Realitätsnähe geprägt. Er findet schneller die Marktlücke, kann sich schneller anpassen, neue Ideen einbringen und verwirklichen. Die Ideen, die mit dem Familiennamen verbunden sind, bereichern unsere Volkswirtschaft mit neuen, günstigen Produkten. Bei größeren Familienunternehmen liegt die Mehrheit der Stimmrechte in den Händen einer oder mehrerer Familien.

Sie sind durch eine gewachsene Struktur, flache Hierarchie, einen geringen Formalisierungsgrad und eine starke Prägung durch den bzw. die Inhaber und Gesellschafter gekennzeichnet. Häufig besteht auch eine enge Bindung zwischen den Beschäftigten und dem Unternehmen. Familienunternehmer versuchen, stärker als Vorbilder aufzutreten. Sie können aufgrund ihres besseren Überblicks menschlichere Entscheidungen treffen. Sie gewähren den Mitarbeitern eine größere Handlungsfreiheit und versuchen nicht, die Aktivitäten durch strenge Regeln einzuengen. Sie versuchen, den Mitarbeitern einen zu ihnen passenden Arbeitsplatz zu schaffen und diesen nicht durch eine fest umrissene und teilweise nicht geeignete Aufgabenstellung einzugrenzen.

Die familiäre Verbundenheit und die von der Familie aufgestellten Prinzipien sind tragende Elemente der unternehmerischen Tätigkeit und von mehreren Generationen der Familie geprägt. Die Familientradition verlangt von den Nachfolgern, den Erfolg des Gründungsunternehmers fortzusetzen. Die Familienunternehmen wollen ihre Unternehmen über viele Generationen erhalten und versuchen, nicht nur schnelle Gewinne zu erzielen, die vor allem zu Lasten der Substanz des Unternehmens gehen könnten.

Hennerkes definiert Familienunternehmen folgendermaßen:

„Der Begriff des Familienunternehmens umfasst eine objektive und eine subjektive Komponente. Die objektive besteht darin, dass am Unternehmen mehrheitlich eine

---

[2] Hennerkes, 2004, S. 11

oder mehrere Familien beteiligt sind oder dass die Unternehmensanteile Stiftungen gehören, die von einer oder mehreren Familien beherrscht werden. Die subjektive Komponente besagt, dass die Familienmitglieder die von ihnen und ihren Vorfahren geprägte Familientradition als Leitlinie ihrer unternehmerischen Betätigung betrachten. Dagegen sind objektive Größenmerkmale wie Umsatz, Beschäftigtenzahl oder Bilanzsumme ebenso ohne Bedeutung wie die spezifische Rechtsform, in der das Unternehmen auftritt."[3]

Ähnlich definiert die Ernst & Young, Deutsche Allgemeine Treuhand AG das Familienunternehmen, „wenn

- bis zu zwei natürliche Personen geschäftsführend tätig sind und
- sie zusammen oder ihre Familien mindestens 50 % der Anteile am Unternehmen halten".[4]

und hält diese Definition für rechtsformunabhängig.

Eine Untersuchung des Institutes für Mittelstandsforschung Bonn zeigt, dass die Mehrheit der Unternehmen, die in einer haftungsbegrenzenden Rechtsform, GmbH oder GmbH & Co. KG, geführt werden, Familienunternehmen sind, da die Geschäftsführer auch Eigentümer bzw. Gesellschafter sind. Hinzu kommt, dass in der Praxis öfter kein Unterschied bei der Vermeidung von Risiken gemacht wird, wenn Gesellschafts- oder Privatvermögen eingesetzt wird. Wenn der Inhaber eines Familienunternehmens Kredite aufgenommen hat, haftet er meistens mit seinem Firmen- und seinem Privatvermögen, im Gegensatz zu den Managern, die nicht mit ihrem Privatvermögen haften.

Die Bedeutung der Familienunternehmen wird besonders anschaulich sichtbar, wenn man sich nachfolgende Zahlen aus der oben zitierten Veröffentlichung des BDI vergegenwärtigt:

- 60 % aller Investitionen werden von Familienunternehmen getätigt.
- 65 % der Wertschöpfung der deutschen Wirtschaft erfolgen bei Familienunternehmen.
- Von 62 Erfindungen der letzten Jahre stammen 49 aus Familienunternehmen, nur 13 aus großen Konzernen.

1.2.1 Worin bestehen die Stärken eines Familienunternehmens?

Die Stärken eines Familienunternehmens sind:

---

[3] Hennerkes, 2004, S. 17
[4] BDI, 2001, S. 43

- kurze Entscheidungswege, schnelle Transformation von der Entscheidungs- zur Reaktionsebene,
- hohes Identifikationspotenzial mit Eignerpersönlichkeit,
- Vorbildfunktion der Eignerpersönlichkeit,
- hohe Anpassungsfähigkeit an Markt- und Strukturveränderungen,
- persönliche Kontaktpflege gegenüber Mitarbeitern und Kunden, hoher Interaktionsgrad.

LeMar charakterisiert diese Problematik in seinem Buch „Generations- und Führungswechsel im Familienunternehmen" aus der Sicht der Chancen des Familienunternehmens:

„Der natürliche Zusammenhalt einer Familie überträgt sich auf das Unternehmen und wirkt sich z. B. in Form von Kontinuität bei den Mitarbeitern aus. Die familiäre Stimmung im Betrieb führt bei den Mitarbeitern zu einer starken Loyalität; sie fühlen sich der ‚Betriebsfamilie' zugehörig.

In den Außenbeziehungen finden die Partner des Unternehmens, also Mitarbeiter, Kunden oder Lieferanten, klare persönliche Ansprechpartner und stehen nicht einer anonymen Führung gegenüber. Das stärkt das Vertrauen.

Das Familienunternehmen zeichnet sich in der Regel durch schnelle und unbürokratische Entscheidungswege aus. Gerade in unserer schnelllebigen Zeit ermöglicht dies die rasche Reaktion auf notwendige Veränderungen.

Familienangehörige haben einen relativ sicheren Arbeitsplatz und spüren dadurch materielle Sicherheit, die sich auf die Mitarbeiter übertragen kann.

Marketingexperten betonen die Vorteile der Personalisierung von Produkten, um diesen ein besonders markantes Profil in der Außenwirkung zu verleihen. Genau dies steht Familienunternehmen im besonderen Maße zur Verfügung.

Familienunternehmen können eigene Wege gehen, wie es aus produktionstechnischer Sicht oder aus Marketingsicht erforderlich ist.

Im Familienunternehmen sind die Lebenssphären ‚Arbeitswelt' und ‚Privatwelt' stärker verbunden, dadurch kann mehr menschliche Verantwortung in der Arbeitswelt entstehen.

Im Vergleich zu Nicht-Familienunternehmen ist der Know-how-Schutz im Familienunternehmen besser zu gewährleisten. Die Unternehmensgeheimnisse bleiben so Familiengeheimnisse." [5]

---

[5] LeMar, 2001, S. 35

Diesen Stärken und Chancen der Familienunternehmen stehen in der Praxis aber auch häufig zu beobachtende Schwächen gegenüber:

- Die Kapitalausstattung ist sehr gering.
- Familienunternehmen müssen sparsam und erfolgreich wirtschaften, denn sie müssen mit dem ihnen zur Verfügung stehenden Kapital auskommen. Ihre Möglichkeiten, Kredit aufzunehmen, sind begrenzt. Sie erhalten im Schnitt weniger Subventionen.
- Liquiditätsbelastung aus dem privaten Bereich (Abfindungen, Erbschaftsteuer, Entnahme für Lebenshaltung) schlägt auf das Unternehmen durch.
- Familiäre und private Konflikte werden in das Unternehmen getragen.
- Defizite im Bereich der strategischen Unternehmensplanung/Eignerstrategie.
- Gesellschaftsverträge und Geschäftsordnungen sind oft veraltet.

Praxisbeispiel:

Ein gutes Beispiel für einen Entwicklungsprozess in schwierigen Zeiten und für eine gelungene Nachfolge ist das Unternehmen der Familie Pietzcker. Im Jahr 1919 wurde die Autokühler Gesellschaft gegründet und nahm ihren Geschäftsbetrieb mit der Fertigung von Kühlern in Kleinserien und mit der Ausführung von Reparaturarbeiten auf. Der Vater des jetzigen Firmeninhabers übernahm die Firma 1928. Er hatte wegen der langen japanischen Kriegsgefangenschaft (sechs Jahre) keine umfangreiche Ausbildung erhalten, arbeitete sich aber nach der Wirtschaftskrise in den dreißiger Jahren hoch, startete nach dem Krieg 1945 die Autokühler von neuem und machte sie in dieser Zeit zu einer angesehenen Firma.

Ende der sechziger/Anfang der siebziger Jahre prallten die unterschiedlichen Auffassungen des „Gründers" und des neuen Mannes – *Dirk Pietzcker* – über die nunmehr notwendige Führung eines modernen Industrieunternehmens hart aufeinander. Der damalige Senior – typisch für diese Zeit – konnte nicht loslassen. Die Firma kam in Schwierigkeiten, und erst nach einem Unfall des Seniors im Jahr 1978 gab dieser dem Nachfolger „freie Bahn".

Dirk Pietzcker hat in den folgenden 30 Jahren das damals überschaubare mittelständische Unternehmen zu einer international agierenden Unternehmensgruppe entwickelt, die auf den wichtigsten Weltmärkten Produktions-standorte und weltweit Kunden hat. Die heutige AKG-Gruppe ist ein welt-weit führender Anbieter von kundenorientierten Systemlösungen, ein zuver-lässiger Lieferant von Hochleistungskühlern und Wärmeaustauschern, die höchsten Qualitätsstandards gerecht werden.

Seit ca. sechs Jahren ist *Hartwig Pietzcker* (37 Jahre) im Unternehmen und bereitet sich nach einer kaufmännischen Ausbildung und dem Studium des Maschinenbaus auf die Nachfolge vor.

Er war für unterschiedliche Projektaufgaben verantwortlich, hat Teilbereiche des Verkaufs geleitet und auch neue Märkte erschlossen. Als Gesellschafter leitete er den Aufbau eines neuen Unternehmens in China und war verantwortlich für das Tochterunternehmen in Großbritannien und die Strategieentwicklung des Unternehmens. Im Jahr 2005 wurde er zum Geschäftsführer bestellt.

Die Nachfolge hat Dirk Pietzcker sehr langfristig gelenkt und angeleitet. Er hat seine Familie wirtschaftlich abgesichert, die Altfamilie und auch seine Kinder. Beide Söhne wurden frühzeitig am Gesellschaftskapital beteiligt. Der zweite Sohn Lorenz übt seinen Beruf als Architekt aus. Er wird seinen Bruder als Minderheitsgesellschafter begleiten und unterstützen.

Während meiner Arbeiten an diesem Buch verstarb Dirk Pietzcker nach langem und erfolgreichem Wirken im Unternehmen und der Gesellschaft. Hartwig Pietzcker übernahm als Vorsitzender der Geschäftsführung der AKG-Gruppe ein gesundes und auf die Zukunft ausgerichtetes Unternehmen.

1.2.2 Auf den Menschen kommt es an

Der Erfolg eines Unternehmens hängt von vielen Faktoren ab, unter denen der Mensch, vor allem der Unternehmer, eine bedeutende Rolle spielt. Das Familienunternehmen wird entscheidend geprägt und bestimmt von der Persönlichkeit des Unternehmers. Wenn Sie als Unternehmer über Ihre Rolle nachdenken, dann müssten Sie zu folgenden Feststellungen kommen:

- Oft liegt es in Ihrer Hand, wie sich das Unternehmen entwickelt.
- Sie müssen in guten wie in schlechten Tagen zu Ihrem Unternehmen stehen.
- Ihre berufliche und wirtschaftliche Existenz als Familienunternehmer ist ebenso wie Ihre gesellschaftliche und soziale Stellung aufs Engste mit dem Unternehmen verbunden.
- Ihre Verbundenheit zum Unternehmen geht zumeist so weit, dass Sie für Ihre Produkte „die Hand ins Feuer" legen. Sie legen damit Ihre persönliche Glaubwürdigkeit in die Waagschale.

Dieses findet seinen Ausdruck häufig auch darin, dass Familienunternehmer z. B. bei der Werbung persönlich für ihre Produkte auftreten, so z. B. bei der Kindernahrung Hipp, bei Idee-Kaffee, bei Trigema. Oder Produkt und Name des Unternehmers sind faktisch identisch, wie bei den Sprachführern von Langenscheidt oder bei den Faberprodukten.

In den Wohnorten steht der Unternehmer in der Öffentlichkeit. Überall ist bekannt, dass von seinem Unternehmen die Existenz vieler Menschen, wie der Mitarbeiter mit ihren Familien, der Zulieferer u. a., abhängt.

Gleichzeitig sind die Mitarbeiter mit ihrem Einsatz, ihrem Auftreten, ihrer engen Bindung an das Unternehmen und ihrem Stolz auf das Produkt oder die Produkte ausschlaggebend für die Entstehung des Unternehmens. Aber die Qualität der Produkte ist das Ergebnis der Führungsqualitäten der Unternehmer. Die Fähigkeiten der Unternehmer, ihre Mitarbeiter zu motivieren und zu begeistern, Kunden für ihre Produkte zu gewinnen, Qualität und Service zu garantieren, sind die immer wiederkehrenden Merkmale für ein gut geführtes Unternehmen. Menschen an der Spitze sollten einzigartig und Triebfeder des Erfolges sein. Hochqualifizierte und motivierte Führungskräfte tragen wesentlich zur Unverwechselbarkeit des Unternehmens bei.

Führungsstärke bedeutet gerade in schwierigen Zeiten gegenüber den Mitarbeitern, Zuversicht und Optimismus auszustrahlen. Nicht selten werden durch das Vorbild des Chefs die Probleme bei den Mitarbeitern gelöst und die Aufgaben mit noch größerem Einsatz erfüllt. In all meinen Unternehmensberatungen habe ich keinen Familienunternehmer erlebt, der sich in schlechten Zeiten einen neuen Geschäftswagen geleistet hätte. In Konzernen sieht man diese Mentalität häufig. Der Familienunternehmer hätte gar nicht gewusst, wie er das seinen Mitarbeitern erklären sollte.

Familienunternehmer haben mit sehr viel Fleiß ihr Unternehmen aufgebaut und mit hohem persönlichem Einsatz am Erfolg des Unternehmens gearbeitet. Oder sie haben das von den Vorfahren übernommene Unternehmen erfolgreich weitergeführt und an die neuen Bedingungen angepasst. Immer stand und steht das Unternehmen im Vordergrund.

Das Verantwortungsbewusstsein des Familienunternehmers gegenüber seinen Mitarbeitern kommt besonders dann zum Tragen, wenn er aufgrund von Zwängen Mitarbeiter zu entlassen hat. Hier die richtige Entscheidung zu treffen, bringt ihn oft in schwere persönliche Gewissenskonflikte. Da ist auch seine soziale Verantwortung gefragt.

Erfolgreiche Familienunternehmer sind häufig äußerst kreativ. Sie stellen ihre Produkte immer wieder in Frage, prüfen die Qualität, Funktionalität und Rentabilität. Sie suchen nach Verbesserungen, damit sie auf dem Markt bestehen können und den Mitwettbewerbern ein Stückchen voraus sind. Viele neue Entwicklungen, die die Wirtschaft vorwärts gebracht haben, sind von Familienunternehmen eingeleitet und durchgeführt worden.

1.3 Führungswechsel im Mittelstand

In den nächsten Jahren vollzieht sich – durch das Alter der Inhaber bedingt – der größte Führungswechsel der Nachkriegszeit in mittelständischen Unternehmen der Bundesrepublik. Rund 300 000 Unternehmen benötigen in den nächsten fünf Jahren neue Unternehmerpersönlichkeiten und Führungskräfte. Die Alterspyramide der Selbständigen in Ost- und Westdeutschland im Jahre 2001 zeigte folgende Struktur:

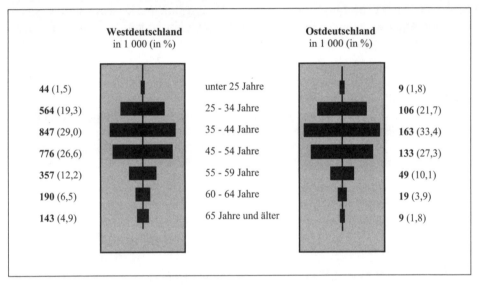

Quelle: Statistisches Bundesamt 2001
Abbildung 2: *Alterspyramide der Selbständigen*

Daraus wird deutlich, dass die Selbständigen sich bereits in einem Alter befinden, das es erfordert, über eine Nachfolge nachzudenken.

Die Untersuchung über die Art und Anzahl der Unternehmensübertragungen im Zuge des Generationswechsels vom Institut für Mittelstandsforschung in Bonn wurde 2005 aktualisiert. Die dabei ermittelten Zahlen aus den alten und neuen Bundesländern sind bedeutsam für das bundesdeutsche Wirtschaftsgeschehen. Es kann davon ausgegangen werden, dass Jahr für Jahr rund 70 000 Unternehmen (im Jahr 2000 waren es 70 900 Unternehmen) die Nachfolgefrage für ihr Unternehmen klären müssen.

Im Jahr 1999 wurden 76 000 Unternehmen mit knapp 966 000 Beschäftigten an Nachfolger weitergegeben. Wir können heute davon ausgehen, dass die Zahl der Unternehmensnachfolge eine leichte Veränderung zeigen wird. Die Zahl der Arbeitsplätze, die von der Unternehmensnachfolge betroffen sind, zeigt sich rückläufig. 2000 waren es ca. 67 800 Arbeitsplätze. Hauptursache dafür ist, dass immer mehr kleinere Unternehmen eine Unternehmensnachfolge benötigen. Durch den überproportionalen Anteil der kleineren Unternehmen an der Gesamtzahl der Nachfolgefälle wird voraussichtlich die Zahl der jährlichen Betriebsschließungen mangels Nachfolger steigen. 2000 waren es 5 000 Unternehmen und 2006 waren es ca. 5 900 Unternehmen, die mangels Nachfolger das Unternehmen schließen mussten.

Diese Zahlen belegen, dass der Generationswechsel in diesen Unternehmen für die wirtschaftliche Gesamtentwicklung der Bundesrepublik und insbesondere für die Lage auf dem Arbeitsmarkt von gravierender Bedeutung ist. Deshalb muss der Nachfolgeprozess verstärkt ins Bewusstsein der Unternehmer und der Öffentlichkeit gerückt werden.

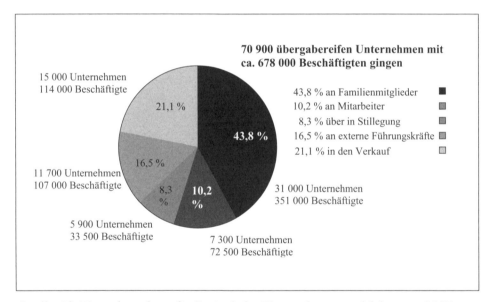

Quelle: IfM Bonn berechnet die Statistik der Unternehmensnachfolge neu, 2007
Abbildung 3: *Varianten der Unternehmensübertragung im Jahre 2005*

1.3.1 Ursachen für die Unternehmensübertragung

Die Ursachen für die Unternehmensübergaben lagen hauptsächlich im Alter des Seniors (42 %), im Wechsel des Unternehmers in eine andere Tätigkeit (26 %) und in unerwarteten Ereignissen, wie z. B. Krankheit, Tod (32 %), begründet. Erschreckend ist, dass eine planmäßige Übergabe nur in 45 % der Fälle erfolgte.[6]

---

6 Vgl. Handelsblatt Special, Nr. 6 vom 07.04.1997, S. 22

Vermögens- und Eigentumsverluste treten häufig auf, weil es keine Notfallregelungen, keine Festlegungen und Informationen dazu gibt, was im Falle einer schweren Erkrankung des Unternehmers oder im Todesfall zu geschehen hat, um das Unternehmen zu sichern. Das führt häufig zu einer kritischen, ja krisenhaften Situation des Familienunternehmens.

Was dies für Sie selbst und für Ihr Unternehmen bedeuten könnte, können nur Sie selbst nachvollziehen.

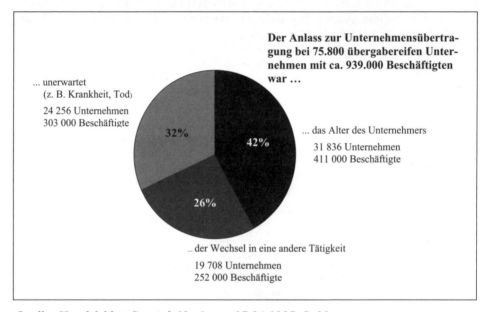

Quelle: Handelsblatt Special, Nr. 6 vom 07.04.1997, S. 22
Abbildung 4: Anlass zur Unternehmensübertragung

Die Gründer- und Aufbaugeneration, die nach dem Zweiten Weltkrieg ihre Betriebe neu aufgebaut hat, hat heute das Alter erreicht, in welchem sie sich vom Betrieb zurückziehen möchte. Bei uns in Deutschland ist die Lösung der Unternehmensnachfolge volkswirtschaftlich risikoreich, weil es eine ganze Unternehmergeneration betrifft, die nach dem Ende des Zweiten Weltkrieges begonnen hatte, die Wirtschaft neu anzukurbeln.

Da das Unternehmen in der Regel der wichtigste Vermögensbestandteil der Unternehmerfamilie ist, ist die frühzeitige, gründliche Nachfolgeregelung von existenzieller Bedeutung, sowohl für die Familie als auch für das Unternehmen.

*„Der Vater erstellt's,
der Sohn erhält's,
beim Enkel zerfällt's."*

Auch Sie haben diesen Spruch bestimmt schon gehört, er fällt oft in der Öffentlichkeit, wenn es um den Generationswechsel beim Familienunternehmen geht. Wie steht es mit Ihrem Unternehmen?

Sicherlich wird in vielen Familienbetrieben die Übernahme reibungslos vollzogen werden, aber in einigen Familienbetrieben werden sich Alt und Jung im Spannungsverhältnis von Tradition und Zukunftsgestaltung um die Weiterführung des Betriebes in Familienhand bemühen müssen.

Die Vergangenheit zeigte, dass statistisch von 100 Familienunternehmen

- nur 30 % in die 2. Generation,
- nur 10 % in die 3. Generation und
- nur 5 % in die 4. Generation kommen.

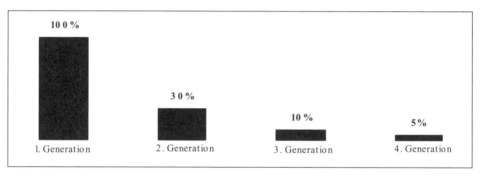

Quelle: DGM 2001
Abbildung 5: *Generationenwechsel von 100 Unternehmen*

Die Schließung eines Familienunternehmens hat nicht nur gravierende Auswirkungen auf die beteiligten Familien und die Beschäftigten des Unternehmens, sondern auch erhebliche negative Auswirkungen auf die Wirtschaftskraft und Beschäftigtensituation in der Region des Unternehmens bzw. in der Wirtschaft.

Bei einem misslungenen Firmenübergang werden nicht nur das Eigentum der Familie, sondern auch viele Arbeitsplätze vernichtet.

Deshalb werden viele Anstrengungen unternommen, um einen erfolgreichen Übergang zu schaffen, einen Nachfolger/Existenzgründer zu finden, der wiederum neue Arbeitsplätze schafft.

1.3.2 Eintrittsalter der Nachfolger

Das Eintrittsalter der Nachfolger in die Geschäftsführung bei Unternehmen des produzierenden Gewerbes mit mehr als 50 Beschäftigten ist sehr hoch. Bereits über 33 % der Junioren sind älter als 45 Jahre, wenn sie die Nachfolge antreten.

Quelle: DGM 2001
Abbildung 6: *Alter der Junioren bei der Unternehmensübernahme*

Das ist für die Entwicklung des Familienunternehmens eine ungünstige Bedingung.

Sinnvoll wäre, wenn Nachfolger oder Junioren frühzeitig mit dem Unternehmen vertraut gemacht werden, eine entsprechende Ausbildung erhalten, sich ihr Rüstzeug für die künftige Tätigkeit als Unternehmer in anderen ähnlichen Bereichen holen, danach in ihre Verantwortung hinein- wachsen und schließlich das Unternehmen übernehmen.

Praxisbeispiel:

> Diesen Entwicklungsgang finden wir z. B. in der Geschichte solcher großer Unternehmen wie dem Siemens-Konzern. Carl Friedrich von Siemens, ein Sohn des Firmengründers Werner von Siemens, studierte an der Technischen Hochschule in München und ab 1895 an der Technischen Hochschule Charlottenburg. 1895 ging er nach England zur von den Brüdern Werner von Siemens und William Siemens gegründeten Firma Siemens Brothers & Co. Er trat 1899 in die Berliner Firma Siemens & Halske ein. 1901 war er erneut bei der Firma Siemens Brothers & Co. 1906 wurde er Managing Director der neu gegründeten Firma Siemens Brothers Dynamo Works Ltd. Er kehrte 1908 nach Deutschland zurück, wurde Aufsichtsratsmitglied der Siemens & Halske AG sowie Vorstandsmitglied der Siemens-Schuckertwerke GmbH und übernahm 1912 den Vorsitz. Nach dem Tod der älteren Brüder Arnold und Wilhelm von Siemens wurde er Aufsichtsratsvorsitzender des Siemens-Konzerns. In dieser Position entwickelte er sich zu einem der großen Unternehmer Deutschlands, der vielfältige Ehrungen erhielt.

1.3.3 Geborene Nachfolger

„Natürlich übernehmen unsere Kinder den Betrieb." Viele Unternehmer gehen davon wie selbstverständlich aus. Natürlich kann und sollte man den Sohn oder die Tochter nicht zwingen, einen solchen Weg zu gehen. Angesichts der Vielfalt der Entwicklungsmöglichkeiten, die unsere heutige Welt bietet, ist es durchaus möglich, dass die Talente der Kinder in anderen Berufen oder Tätigkeiten voll zur Entfaltung kommen. Aber man kann diese Entwicklung der Kinder, ihre Interessen, Neigungen und Talente auch beeinflussen und steuern. Wenn der Unternehmensgründer sich schon in jungen Jahren über die unausweichliche Entwicklung im Klaren ist, dann kann er behutsam und geduldig versuchen, seine Kinder zu Nachfolgern zu entwickeln. Dann darf man dem Sohn oder der Tochter auch nicht zumuten, erst im Alter von 55 oder 60 Jahren die Führung zu übernehmen, sondern muss seinen Platz schon räumen, wenn sie zwischen 20 und 30 Jahren alt sind. Bedenken Sie als Firmenchef, wann Sie das Unternehmen gründeten und aufbauten. Der Nachfolger sollte ebenso viel Zeit haben, das Unternehmen weiterzuentwickeln.

Praxisbeispiel:

Als Beispiel für ein Familienunternehmen, das schon seit drei Generationen inhabergeführt ist und die Übergabe in die vierten. Generation anstrebt, sei hier die Firma *Buzil-Werk Wagner* GmbH Co. KG in Memmingen genannt. Das Unternehmen, das heute Produkte für die Gebäudereinigung herstellt, wurde 1907 von Julius Wagner im schwäbischen Bissingen gegründet. 1953 übernahm dessen Sohn Franz Wagner das inzwischen in Memmingen angesiedelte Unternehmen und baute es zum Buzil-Werk aus. 1995 kam das Unternehmen in die Hand von *Reinhard Wagner.* Er erreichte die Zertifizierung des Unternehmens nach dem Qualitätssicherungssystem ISO 9001 und 14001. Heute ist das inhabergeführte mittelständische Unternehmen durch ein hohes Maß an Kundenorientierung und Flexibilität geprägt. Mit einem Team von Fachberatern, Anwendungstechnikern, einem Netz von Fachgroßhändlern und modernster Fertigungstechnik sichert das Unternehmen gleich bleibende Qualität der Gebäudereinigung auf höchsten Standard. Reinhard Wagner selbst übernahm das Unternehmen relativ spät und erlebte, wie schwierig es ist, die Führung zu übernehmen, wenn der Vater das Unternehmen über 40 Jahre führte und nicht loslassen kann. Aus dieser Erfahrung heraus bereitete er seine Nachfolge im Unternehmen vor.

Eine seiner beiden Töchter – Isabell Wagner – will und soll die Firma übernehmen. Sie hat Betriebswirtschaftslehre studiert, die Deutsche Junioren Akademie besucht, bei der Sanierung der Tochtergesellschaft in der Schweiz praktische Erfahrungen gesammelt und sich im Unternehmen im Marketing und Vertrieb auf ihre neue Aufgabe als Geschäftsführerin vorbereitet. Im Jahr 2007 ist es bereits sie, die die Strategie und die Zukunft des Unternehmens maßgeblich gestaltet.

1.3.4 Die besondere Situation in Ostdeutschland

Obwohl viele Unternehmen in den neuen Bundesländern erst nach der Wende gegründet wurden, ist das Thema Unternehmensnachfolge ebenso wie in den alten Bundesländern von aktueller Brisanz. Hauptursache dafür ist, dass die Unternehmensgründer zum Teil gestandene Fachleute aus der ehemaligen DDR, zum Teil ehemalige Eigentümer oder Unternehmerpersönlichkeiten aus den alten Bundesländern waren, also mittlerweile ebenfalls das Alter erreicht haben, in dem ein Wechsel notwendig wird.

Erstmals liegen nun auch Untersuchungen über die Situation in den neuen Bundesländern vor. Wie aus einer Studie der UNU im Jahr 2005 hervorgeht, stehen in den nächsten Jahren auch zahlreiche Unternehmensübergaben im Mittelstand der neuen Bundesländer an.

Jedoch scheinen viele Betriebe schlecht oder gar nicht auf dieses Problem vorbereitet zu sein. Lediglich ca. 32 % der befragten Unternehmer haben sich bereits mit dem Thema auseinandergesetzt und eine Regelung gefunden.

Mehr als zwei Drittel aller Unternehmer in den neuen Ländern wissen nicht, wer ihnen an der Spitze des Unternehmens nachfolgen wird.

Unter den Unternehmern, die innerhalb der nächsten fünf Jahre ausscheiden möchten, haben 32 % noch keine Regelung gefunden, unter denen, die in fünf bis zehn Jahren in den Ruhestand treten, weiß die Hälfte noch nicht, wer die Firma nach ihnen führen wird. Deutlicher wird das Problem angesichts der benötigten Zeit, die die Unternehmer für die Vorbereitung auf eine Nachfolge angeben: überwiegend drei bis fünf Jahre, z. T. jedoch auch deutlich länger.

Ein Viertel der vorgesehenen Nachfolger sind noch gar nicht, 20 % nur unzureichend auf die Übernahme der Verantwortung vorbereitet. Dies zeigt sich an wenig oder gar nicht konkretisierten Maßnahmen zur Vorbereitung und an unrealistischen oder nicht konkretisierten Zeitplänen zur Vorbereitung.

Angesichts dieser Ergebnisse gilt die Nachfolgeproblematik uneingeschränkt auch für die neuen Bundesländer.

Praxisbeispiel:

> Als Beispiel für ein ostdeutsches Unternehmen, welches sich nach der Wende gegründet hat, sei hier Silicon Sensor International AG in Berlin genannt.
>
> „Das von *Bernd Kriegel* 1991 gegründete und 1999 an die Börse gebrachte Unternehmen ist als Hersteller von optoelektronischen Sensoren ein Spezialanbieter par excellence: Silicon Sensor entwickelt und produziert Mikrochips für Anwen-

dungen im sensortechnischen Bereich. Die Firmenphilosophie des mittelständischen Unternehmens basiert auf der Entwicklung und Produktion kundenspezifischer optoelektronischer Sensoren. Darin unterscheidet es sich von den großen Halbleiterherstellern, die preiswerte Standardchips für den Massenmarkt produzieren. Mit den Produkten bewegt sich der Mittelständler in einer Marktnische, in der Schnelligkeit und rasche Anpassung an neue Entwicklungen gefragt sind. Silicon Sensor, die mit rund 13 Mio. Euro Umsatz, rund 100 Mitarbeitern und einer Netto-Umsatzrendite von rund 6 % (2003) zu den zwar sehr kleinen, aber ausgesprochen feinen börsennotierten Unternehmen gehört, gibt darauf die richtige Antwort.

Der Einsatzbereich von optischen Sensoren reicht vom Maschinenbau über Medizintechnik und Qualitätskontrolle bis hin zur Telekommunikation, zum Automobilbau und zur Wissenschaft. So wurde für die Mars-Kamera, die Anfang des Jahres die sensationellen Bilder vom roten Planeten sendete, die komplette Kamerakopfelektronik von Silicon geliefert – Deutschlands erfolgreichster Beitrag bei der Mars-Express-Mission.

Dabei verkörpert Bernd Kriegel, der an der Berliner Humboldt-Universität studierte und in den achtziger Jahren beim VEB-Werk für Fernsehtechnik als Entwicklungsingenieur und später als Abteilungsleiter arbeitete, äußerlich so gar nicht den typischen Dynamiker. Er wirkt eher wie der ‚ruhende Pol'."[7]

Zugleich gehört er auch schon zu jenen Unternehmern, die aufgrund ihres Alters an die Nachfolge denken müssen.

1.3.5 Lebensplanung der Kinder

Wie so viele zwischen 40 und 50 Jahren haben auch die ‚Kinder' der Unternehmer ihre eigene Lebensplanung, ihre Berufswahl getroffen, und stehen der Planung der Eltern nur in den seltensten Fällen dann noch zur Verfügung. Sie müssen sich also schon rechtzeitig entscheiden, ob sie das Unternehmen später einmal übernehmen möchten, und von Seiten des Unternehmers muss klar sein, ob es familienintern weitergeführt werden soll oder eine externe Führung vorgesehen ist.

Eine Befragung von Familienunternehmen (Studie der UNU im Jahre 2005) erbrachte folgendes Ergebnis:

Deutlich favorisiert wird eine familieninterne Nachfolge: 60 % aller befragten Unternehmer wünschen dies, 73 % derer, die die Nachfolge bereits geregelt haben, wählten einen familieninternen Nachfolger.

---

7 Vgl. Handelsblatt vom 04.12.2004

Unternehmen, die von einem Familienmitglied gegründet wurden, beschäftigen sich stärker mit der Nachfolge als andere. Keiner der Unternehmensleiter, die durch MBI/MBO an die Unternehmensspitze gelangt sind, hat die Nachfolge bereits geregelt, unabhängig von deren Alter.

Lediglich 5 % wollen ihr Unternehmen verkaufen. Aber 37,5 % derer, bei denen die Nachfolge noch nicht geregelt ist, denken an den Verkauf von Anteilen an die Mitarbeiter.

Etwa ein Zehntel der befragten Unternehmer wünscht sich Unterstützung bei der Vorbereitung des Nachfolgers, beispielsweise bei der Vermittlung von Auslandsaufenthalten oder von Partnerfirmen.

Praxisbeispiel:

> Ein gutes Beispiel für die Nachfolge eines typischen ostdeutschen Unternehmens ist die *Dahlewitzer Landbäckerei*. Die Dahlewitzer Landbäckerei existiert bereits seit nahezu 30 Jahren und ist heute mit gut 80 Filialen in Berlin und Brandenburg vertreten. Sie finden im täglichen Sortiment jeweils über 20 Brot- und Brötchensorten sowie ausgesuchte Kuchen und Torten.
>
> Viel Mut und Risikobereitschaft waren gefragt, als das Ehepaar Konrad den maroden Betrieb in den neunziger Jahren übernahm und zu dem machte, was er heute ist: ein erfolgreiches Unternehmen. Als volkseigener Betrieb und unter dem Namen „Großbäckerei Dahlewitz" 1974 gegründet, hat sich seit dem 30-jährigen Bestehen des Unternehmens einiges geändert. Aus dem „VEB" wurde 1990 eine GmbH und 1991 ein Familienbetrieb.
>
> Vor ca. vier Jahren trat Dr. Sven Konrad, in einem internationalen Konzern groß geworden, in das elterliche Unternehmen ein. Kein leichter Schritt für ihn, doch der Anreiz durch seine Eltern (seine Mutter wurde 2002 zur Unternehmerin des Jahres im Land Brandenburg gewählt) weckte auch bei ihm die Leidenschaft für das Unternehmertum.

1.4 Familienunternehmen und die Herausforderungen

Neben der Herausforderung der Gestaltung der Unternehmensnachfolge hat das Familienunternehmen auch die Herausforderungen für die Zukunft zu meistern, die in vier Bereiche zusammengefasst werden können:

Globalisierung

„Die Welt ist vielleicht kein Dorf, aber ein Markt. Mit der Osterweiterung der Europäischen Union wurde ein weiterer Schritt zur globalen Vernetzung der Wirtschaft getan. Globale Märkte zeichnen sich vor allem dadurch aus, dass Standorte in einen Wettbewerb um Investitionen treten. Dabei sind es nicht nur die niedrigen Lohnkosten, die diesen Wettbewerb bestimmen. Hier zählen Know-how, innovative Ideen und Kreativität oft viel mehr." So Lothar Späth in seinem Grußwort an den VII. Kongress für Familienunternehmen.[8]

Der Prozess der Globalisierung der Wirtschaft, der Märkte, der Wirtschaftsbeziehungen und der Unternehmen stellt auch Familienunternehmen vor neue Fragen: Wo verkaufe ich in Zukunft meine Produkte? Wo finde ich meine Märkte? Wie hoch muss meine Finanzkraft sein, um in diesen neuen weltweiten Prozessen mithalten zu können? Wer sind meine Partner in der Finanzierung? Was müssen meine Mitarbeiter wissen, mit welchen Vertriebsmitarbeitern schaffe ich das? Diese und viele andere Fragen mehr müssen beantwortet werden. Wobei die Anlagenbauer und Maschinenbauer mittelständischer Unternehmen diese Probleme beispielhaft gestaltet haben und Träger unseres Exports sind. Weniger international tätig sind unsere Dienstleister.

Informationstechnologie

Der Unternehmer, der in seinem Familienbetrieb mit Bleistift und Zettel arbeitete und viele Entscheidungen vom Gefühl bestimmt, aus dem „Bauch" heraus traf, gehört schon lange der Vergangenheit an. Heute hat die Informations- und Kommunikationstechnologie in allen Familienunternehmen Einzug gehalten.

Aber noch immer wird in vielen Familienunternehmen die Datentechnik nicht in allen betrieblichen Segmenten genutzt. Der Einkauf, die Produktion und ihre Vorbereitungsbereiche, Vertrieb, Controlling und Versand müssen datentechnisch betrieben werden, damit der Unternehmer verlässliche Zahlen hat, um richtige Entscheidungen zu treffen. Jeder Bereich hat seine Daten, aber die Unternehmer machen selten den Finanzvergleich zwischen Produktion und Vertrieb usw. Hier gehen ihnen finanzielle Mittel verloren, da bestimmte Probleme nicht erkannt werden.

Eine immer größere Rolle spielt das Internet. Der Internetzugang eröffnet gerade kleineren und mittleren Unternehmen neue Möglichkeiten in allen Bereichen der Unternehmensführung, Marktorientierung und Produktgestaltung, um nur einige Felder seiner Nutzung anzusprechen.

---

[8] Späth, 2005, S. 1

Untersuchungen des Instituts für Mittelstandsforschung Bonn zeigen, dass 1999 73 % der mittelständischen Unternehmen das Internet zur Informationsbeschaffung nutzten. Das ist die einfachste Form der Internetnutzung.

Wesentlich ungünstiger sieht es bei der Nutzung des Internets in anderen wichtigen Bereichen der Unternehmensführung aus, wie Abbildung 11 zeigt.

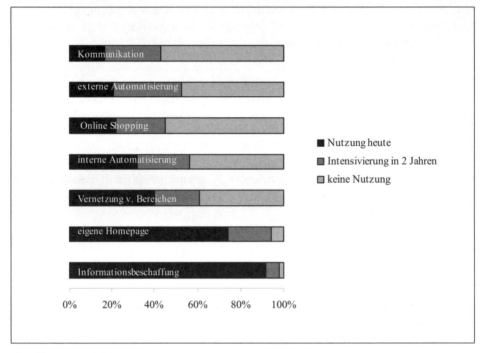

Quelle: DGM, 2003
Abbildung 7: *Einsatzformen des Internets*

Wertewandel

Die Veränderungen im Umfeld der Unternehmen, der Wertewandel in der Gesamtgesellschaft haben Einfluss auf die Werte im Unternehmen. Traditionelle Werte wie Autorität, Fleiß, Sparsamkeit, Vertrauen und persönliche Bescheidenheit verändern sich und ihr Gewicht. Mit diesen Umgestaltungen haben sich auch die Familienbeziehungen und die Stellung der Frau gewandelt. Ein neues Selbstwertgefühl der jungen Generation, Streben nach Genuss, Freude und anderen Werten gewinnen an Gewicht und erfordern im Familienunternehmen neue Führungsgrundsätze, eine neue Art zu kommunizieren, aber auch neue Konzepte für die Unternehmensnachfolge.

Veränderungen in der Gesellschaft und im sozialen Umfeld

Das soziale Umfeld, in dem die Familienunternehmen tätig sind, unterliegt Veränderungen. Die führende Rolle großer Konzerne in der deutschen Wirtschaft wurde in den vergangen Jahren stark erschüttert. Ihre Vorstände und Aufsichtsräte haben durch Fehlentscheidungen, unseriöse Geschäftspraktiken und Raffgier viel Vertrauen verspielt. Die Kritik an diesen Zuständen und die damit verbundenen Diskussionen über die überzogenen Millionengehälter oftmals unfähiger Manager und über die Zahlungen von Banken und großen Unternehmen an Politiker aller Couleur treffen das Ansehen der ganzen Wirtschaft und damit auch der Familienunternehmen. Manche unsaubere Kungelei zwischen Landes- und Kommunalbehörden und Familienunternehmen hat selbstredend dazu beigetragen.

Diese Defizite im sozialen Umfeld werden ergänzt durch den geringen Einfluss der Familienunternehmen auf die Gesamtpolitik in der Gesellschaft. Während die großen Konzerne mit ihren Unternehmerverbänden gewaltige Einflussmöglichkeiten haben und diese weidlich nutzen, steht den Familien-unternehmen vereinzelt ein Platz im Gemeinde- oder Stadtparlament zu, eventuell ist der Familienunternehmer Bundestagsabgeordneter, aber er hat keine eigene Lobby, außer seiner Familie.

Es gibt über ca. 200 Organisationen, die den Anspruch erheben, den Mittelstand zu vertreten. Aber wer vertritt ihn wirklich? Vertrauen der Gesellschaft in die Familienunternehmen zurückgewinnen, Ansehen stärken, erfordern heute neue Wege, z. B. ein Denken über die Grenzen des eigenen Unternehmens hinaus. In meiner Rolle als Partner von Unternehmern in der Nachfolge habe ich viele hervorragende Unternehmen kennen gelernt, die eine lange Tradition haben.

Praxisbeispiel:

> Seit fünf Generationen wird im Erfurter Borntal die Neu- und Erhaltungszucht von gartenbaulichem Saat- und Pflanzgut betrieben. Das Unternehmen *Erfurter Samen- und Pflanzenzucht GmbH* wurde vor über 135 Jahren als eine Kunst- und Handelsgärtnerei von *Niels Lund Chrestensen* gegründet.
>
> „Highlights" der Gründerzeit waren die mit der Großen Columbus Medaille geehrte Teilnahme an der Weltausstellung in Chicago 1893, die Inbetriebnahme der ersten Telefonverbindung vom Geschäftshaus zu den Produktionsstätten 1884 und die frühe, erfolgreiche Orientierung auf die internationalen Märkte mit einem Verkaufsbüro 1896 in London.
>
> Das 20. Jahrhundert zeugte über alle Höhen und Tiefen vom festen Willen zur Fortführung der Firmengeschichte am angestammten Ort. Durch Engagements im gärtnerischen Versandhandel, im Fleurop-Blumendienst, im Samen- und

Pflanzenhandel entwickelte sich der Firmenname N. L. Chrestensen zu einem weit über Deutschland hinaus bekannten Warenzeichen.

Seit 1994 sind mit der Inbetriebnahme des neuen Lager- und Logistikzentrums am Nordwestrand der Stadt Erfurt beste Voraussetzungen für eine erfolgreiche Fortschreibung der Firmengeschichte gegeben. Über 100 engagierte Mitarbeiter sorgen für die schnelle und kompetente Erfüllung der Kundenwünsche.

Der Bundesverband mittelständische Wirtschaft (BVMW) hat den Unternehmerpreis 2004 für herausragende vorbildliche Leistungen im Mittelstand am 9. Oktober 2004 an den geschäftsführenden Gesellschafter, Nachfolger in der fünften Generation, Herrn Niels Lund Chrestensen, verliehen. 2005 erhielt er den Unternehmerpreis „Innovativer Mittelstand 2005".

1.4.1 Von den Großen lernen

Die Unternehmensnachfolge im Mittelstand betrifft vor allem die Familienunternehmen. Wird hier eine Unternehmensübergabe geplant, so müssen nicht nur wirtschaftliche und rechtlich/steuerliche Gesichtspunkte berücksichtigt werden, sondern auch in einem nicht zu unterschätzenden Maße psychologische Aspekte.

Für Familienunternehmen, die in der Regel stark von der Persönlichkeit des Unternehmers geprägt sind, ist entscheidend, welche Person das Unternehmen fortführen soll. Deshalb ist für eine erfolgreiche Unternehmensübergabe nicht nur bedeutsam, wie das Unternehmen beschaffen ist, sondern ebenso, welche Unternehmerpersönlichkeiten als potenzielle Nachfolger inner- oder außerhalb der Familie bereitstehen. Zu deren erforderlichen Kennzeichen gehören eine angemessene fachliche Qualifikation, Branchen- und Marktkenntnisse, praktische berufliche Erfahrungen in Führungspositionen sowie eine tragfähige Motivation und Bereitschaft, die Verantwortung der Unternehmensleitung zu übernehmen.

Viele Großkonzerne haben sich aus Familienunternehmen entwickelt, beispielsweise Miele, Henkel, Oetker, Siemens, Bosch, Unilever.

Praxisbeispiel:

Wie diese hat sich zum Beispiel auch die *Bauerfeind AG* vom Familienbetrieb zur international tätigen Unternehmensgruppe entwickelt.

Die Geschichte des Familienunternehmens Bauerfeind beginnt in Zeulenroda/Ostthüringen. Hier, wo bereits Mitte des 18. Jahrhunderts viele Strumpfwirker ansässig waren, gründet Bruno Bauerfeind 1929 ein Spezialunternehmen für die Herstellung von medizinischen Gummistrümpfen. Aufgrund der politischen Situation verlässt Rudolf Bauerfeind, der Sohn des Firmengründers, 1949 Zeulenroda und beginnt in Darmstadt-Eberstadt mit dem Neuaufbau des Betriebes. 1962 tritt der Enkel des Firmengründers, der heutige Vorstandsvorsitzende Hans B. Bauerfeind, in das Unternehmen ein.

Die Bauerfeind AG mit ihren Produkten der Medical Line – Kompressionsstrümpfe, Bandagen, Orthesen, viscoelastische Einlagen und Prothesen –sowie der Wellness Line – Komfortschuhe von Berkemann und Sportbandagen von Zeuba – zählt heute zu den Marktführern in der Branche. 12 Tochtergesellschaften in Europa und den USA sowie eine Vielzahl von Distributoren sorgen für den weltweiten Vertrieb der Produkte. Zur Bauerfeind Gruppe gehören außerdem das Bauerfeind Innovationscentrum sowie das Seehotel Zeulenroda.

Mit Thomas Bauerfeind, bis 2004 Geschäftsführer von Berkemann, ist die Familie Bauerfeind nunmehr in vierter Generation im Vorstand des Unternehmens vertreten. Darüber hinaus führt Thomas Bauerfeind die Geschäfte der Bauerfeind Phlebologie, also desjenigen Medical-Bereiches, der die Tradition des Familienunternehmens begründet hat.

Praxisbeispiel:

Eine ähnliche Entwicklung weist die *Paulmann Licht GmbH* auf. Die Gesellschafter der GmbH setzen sich aus Familienmitgliedern des Firmengründers und Geschäftsführers Rüdiger Paulmann zusammen. Europaweit gibt es 20 Tochterunternehmen und selbstständige Handelsvertretungen, die die Produkte im Ausland vertreiben. Ein einheitliches Marketingkonzept für ganz Europa macht Paulmann zum idealen Partner seiner international agierenden Kunden: Einheitliche Preise, Verpackungen, Werbung und Verkaufsstrategien geben den klaren Handlungsrahmen vor, innerhalb dessen jedes Land jedoch eigenverantwortlich agiert.

In beiden genannten Unternehmen existieren formale Kriterien für die Nachfolge, die Eingang in die Gesellschaftsverträge gefunden haben und zum Teil in Gesellschafterbeschlüssen festgelegt sind. In vielen großen Familienunternehmen bestehen darüber hinaus Familiensatzungen, in denen Kriterien für die familieninterne Nachfolge, aber auch die Beschäftigung von Familienmitgliedern im Unternehmen festgelegt sind.

Von der Entwicklung dieser und anderer Familienunternehmen und deren Handhabung des Generationswechsels kann man lernen, wie dieser Wechsel so vollzogen werden kann, dass möglichst geringe Reibungsverluste entstehen.

1.4.2 Untersuchungen des Institutes für Familienunternehmen

Das Institut für Familienunternehmen der Universität Witten/Herdecke hat untersucht, wie große Familienunternehmen den Generationswechsel erfolgreich meistern. Es lassen sich folgende Erfolgskriterien für ein Familienunternehmen zusammenfassen:

- *Die Großfamilie als Organisation*
  Es gibt im Unternehmen Informationsveranstaltungen für Gesellschafter und Gremien zur Entscheidungsfindung. Junge Gesellschafter werden eingeführt, um sie mit dem Unternehmen und dem Top-Management bekannt zu machen und ihre emotionale Bindung an das Unternehmen zu fördern.

- *Schutz vor der Familie*
  Das Unternehmen wird systematisch vor der Familie geschützt, in der Regel durch eine Verfassung. Es wird aber darauf geachtet, dass die Familie eine angemessene Rendite erhält.

- *Firmenspitze*
  Das Unternehmen führt eine Persönlichkeit, die die Interessen aller Familienmitglieder/ -stämme vertritt.

- *Konfliktfälle*
  Dafür gibt es eingespielte, akzeptierte Verfahren, bei denen meist neutrale Dritte mitwirken.

- *Qualifikation*
  Familienmitglieder, die in leitende Stellungen aufsteigen, müssen fachlich mindestens so gut sein wie Bewerber von außen.

- *Fremdmanager*
  Externe Manager balancieren bei ihren unternehmerischen Entscheidungen die Interessen von Unternehmen und Familie aus.

- *Beratung*
  Gerade beim Übergang von der ersten auf die zweite Generation können Moderatoren helfen, kritische Fragen zu klären.

1.5 Unternehmensnachfolge im Fokus der Politik

Gegenüber anderen europäischen Ländern ist die Unternehmensnachfolge in Deutschland, wie bereits beschrieben, risikoreicher, weil eine gesamte Unternehmergeneration, die nach dem Zweiten Weltkrieg ihre Betriebe neu aufgebaut hat, in den nächsten Jahren abtritt.

Dies hat auch die Politik erkannt. „Wenn sich gesunde kleine und mittlere Unternehmen aufgeben müssen, nur weil es keinen Nachfolger gibt, leiden die Mitarbeiter und die gesamte Volkswirtschaft", führte der Leiter Beratung und Information bei der bundeseigenen KfW Mittelstandsbank, Jochen Struck, aus. Die KfW hat daher gemeinsam mit dem Bundesministerium für Wirtschaft und Arbeit sowie mit einer Vielzahl weiterer Partner die „nexxt Initiative Unternehmensnachfolge" ins Leben gerufen.

Diese Online-Unternehmensbörse ist die ideale Anlaufstelle für Unternehmer, die sich mit der Idee des Ausstiegs beschäftigen und einen geeigneten Nachfolgekandidat brauchen. Aber auch für Unternehmer, die ihren Nachfolger in der Familie finden, gibt es eine Reihe von Anregungen. Die „nexxt Initiative Unternehmensnachfolge" schreibt in ihrer Broschüre „Unternehmensnachfolge – Die optimale Planung", dass es ihr Ziel ist, „ein günstiges Klima für den unternehmerischen Generationswechsel in Deutschland zu schaffen". Dazu wurde eine Aktionsplattform unter der gemeinsamen Dachmarke „nexxt" errichtet, die alle Kräfte zum Thema „Unternehmensnachfolge" bündelt.[9] Unter der Internetadresse http://www.nexxt-org gibt es eine hochkarätige Unternehmensbörse.

Informationen können Sie auch erhalten auf der Webseite der KfW-Mittelstandsbank und der IKB Deutsche Industriebank AG. Diese stellen vor allem auch die Fördermittel zur Finanzierung der Übernahme des Unternehmens dar.

Auch Kammern und Verbände helfen bei der Suche nach Unternehmensnachfolgern und führen regelmäßige Veranstaltungen durch, in denen Informations- und Erfahrungsaustausch angeboten werden.

Die Deutsche Bank Gruppe reagiert auf zukünftige Anforderungen mit einer Qualifizierungsoffensive für den Mittelstand, die sich u. a. aus Angeboten folgender Institute zusammensetzt:

- Deutsche Bank Institut für Familienunternehmen der Universität Witten/Herdecke,
- Deutsche Junioren Akademie.

„Erfolgreich voneinander lernen" – unter diesem Gedanken wurde 1997 das akademische und zugleich praxisnahe „Deutsche Bank Institut für Familienunternehmen" an der privaten Universität Witten/Herdecke gegründet. Dieses richtet seitdem den „Kongress für Familienunternehmen" an der Universität Witten/Herdecke aus.

Aufbauend auf diesen Erfahrungen wurde die AUUF Akademie für Unternehmensnachfolge und Unternehmensführung gegründet. Sie ist speziell auf die Bedürfnisse des Nachfolgers von Familienunternehmen ausgerichtet.

---

9 Unternehmensnachfolge – Die optimale Planung. nexxt-Initiative BMWA, 2004, S. 4

2. Generationswechsel aus Unternehmersicht

2.1 Der richtige Zeitpunkt

Aus dem bisher Dargestellten geht hervor, dass sich viele der mittelständischen Unternehmer bereits in einem Alter befinden, in dem die Unternehmensnachfolge geregelt werden muss. Eine plötzliche schwere Erkrankung, die es ihnen unmöglich macht, ihre Aufgaben wahrzunehmen, oder gar ihr plötzlicher Tod – das sind unerwartete Gründe für einen Wechsel in der Unternehmensführung. Im Jahr 2002 waren 25,4 % der Unternehmensübertragungen durch derartige unerwartete Übergabegründe bedingt. Dies waren 18 000 Unternehmen mit ca. 229 500 Beschäftigten (Quelle: Institut für Mittelstandsforschung Bonn, 2004).

Einen solchen Zeitpunkt kann man nicht vorhersehen, aber man kann das Unternehmen, die Familie und sich selbst darauf vorbereiten.

Auch wenn Sie sich nach langen Jahren der Arbeit dafür entscheiden, sich nunmehr aus dem Unternehmen zurückzuziehen und die Früchte Ihrer Arbeit zu genießen, stellt sich die Frage nach dem richtigen Zeitpunkt und der Vorbereitung auf einen Wechsel. Aus welchem Grund auch immer Sie Ihr Lebenswerk abgeben müssen oder wollen, muss Ihre Firma von anderen weitergeführt werden. Ganz gleich, ob dann Ihre Kinder die Firma übernehmen, ein Nachfolger gesucht oder ob das Unternehmen verkauft werden muss, es lohnt sich auf jeden Fall, einen solchen Schritt frühzeitig zu planen und noch selbst Einfluss auf diesen Prozess zu nehmen.

2.1.1 Nachfolge als Projekt

Die Unkenntnis aufgrund der „Einmaligkeit" der Situation verunsichert auch Sie als erfahrenen Unternehmer. Gerade weil Sie einen großen Teil Ihres Lebens als Unternehmer tätig waren, gibt es wenige Gründe, warum Sie nicht auch die Phase Ihres Geschäftslebens aktiv gestalten sollten, in der Sie Alltagsgeschäft und unternehmerische Verantwortung anderen übertragen wollen. Machen Sie also „ein Projekt" aus der Nachfolgeregelung! Das gibt Ihnen die Möglichkeit, Ihre eigenen Ziele (neu) zu formulieren, mit Ihrer Familie und im Unternehmen zu diskutieren und Grundsatzentscheidungen herbeizuführen. In der Praxis findet man viele Nachfolgeprozesse, die nicht den Erfolg garantieren. In diesen Nachfolgekonzepten wird den steuerlichen Fragen eine viel zu hohe Priorität eingeräumt. Es werden steuerlich ausgeklügelte Anteilsübertragungen, ausgefeilte Stiftungskonzepte und sogar Wohnsitzwechsel zur Senkung der Erbschaftssteuerbelastungen diskutiert und die Einschaltung ausländischer Rechtsinstitute vorgesehen. Die Nachfolgeplanung ist jedoch viel zu komplex, um sie allein auf rechtliche oder steuerliche Fragen zu reduzieren. Dabei werden die menschlichen, psychologischen, aber auch die betriebswirtschaftlichen Fragen völlig unterschätzt. „Die Nachfolgeplanung muss elementarer Bestandteil der strategischen Unternehmensplanung sein, muss unabhängig vom Alter des Firmeninhabers jederzeit verfügbar sein und als dynamischer Prozess ständig der sich wandelnden konkreten Familien- und Unternehmenssituation angepasst werden."[10]

Ein solcher Wechsel muss sorgfältig geplant werden. Er muss möglichst nicht während einer Konjunkturflaute, einer betrieblichen Umbruchphase oder Ähnlichem erfolgen. Auch etwaige größere Transaktionen oder Investitionen sollten abgeschlossen oder erst in ferner Zukunft fällig sein. Ein sicherer Personalbestand und ein Management, auf das Verlass ist, ermöglichen eine bessere Unternehmensübergabe.

2.1.2 Den Nachfolger langfristig aufbauen

Einen Unternehmensnachfolger zaubert man nicht einfach so aus dem Hut. Selbst wenn es der eigene Sohn oder die eigene Tochter ist, muss dieser Schritt gründlich vorbereitet werden. Auch das Unternehmen selbst muss auf die neue Führung eingestellt werden.

Praxisbeispiel:

> *Klaus* und *Anette Feyler* sind beispielgebend für einen frühzeitigen Zeitpunkt der Übergabe des Familienunternehmens.
>
> Mit dem breit gefächerten Produktsortiment ist die *Hauck Group* heute ein Komplettanbieter im Bereich Kinderwagen und Babyausstattung. Mit vielen Fertigungsstätten und Vertretungen in aller Welt genießt die Hauck Group und deren Produkte international ein hohes Ansehen. Neben den eigenen Produktlinien vertreibt Hauck auch Produkte für verschiedene Lizenzen. Dazu zählen unter anderem Disney, Esprit, Jeep, Barbie, Felix, Rockstar Baby und noch viele mehr. 1921 gründete Felix Hauck in Sonnefeld, Oberfranken, die Korbwarenmacherei Hauck. Seine Tochter Paula, ver-heiratete Feyler, stieg in den fünfziger Jahren in das Unternehmen ein. Als damalige Sensation führte Paula Feyler die Produktion und den Verkauf von Kinder-Bekleidung bei Hauck ein. Mit dem Erfolg bei Kinder-Lizenz-themen, besonders bei Taufkleidung, wuchs für Hauck das Interesse an Kinderausstattungen.
>
> Klaus und Anette Feyler waren in den siebziger Jahren unter den ersten Unternehmen, die die Produktion ihrer Produkte nach China verlagerten. Eine der größten Kinderwarenfabriken wird heute weltweit von Hauck in China betrieben und sorgt so für die Wettbewerbsfähigkeit des Unternehmens.

---

[10] Hennerkes, 2001, S. 125

Seit 1996/97 ziehen Klaus und Anette Feyler sich schrittweise aus dem operativen Geschäft zurück und übertrugen bereits sehr frühzeitig Verantwortung an ihre Kinder, Jörg und Beatrice Feyler. Sie führen heute in der vierten Generation das Unternehmen.

Praxisbeispiel:

Gut gelöst ist dies auch bei der *Familie Rampf*. Maximal zehn Mitarbeiter wollte Rudolf Rampf vor 25 Jahren einstellen, als er sein Unternehmen für Kunststoffsysteme in Grafenberg gründete. Doch es kam anders. Heute lenkt der 60-Jährige die Geschicke von 275 Mitarbeitern und sechs Firmen – Gießharze, Dosiertechnik, Services, Tooling, Equcret und Ecosystems. Sie alle sind unter dem Dach der internationalen *Rampf-Gruppe* vereint. Mit ihren Produkten und Dienstleistungen gehört die Gruppe zu den führenden Anbietern auf dem Gebiet der Reaktionsgießharze und Maschinensysteme.

Bei der Integration der verschiedenen Bereiche setzte Rudolf Rampf vor allem auf ein gesundes Wachstum. Mit Erfolg: Für das Geschäftsjahr 2006 erreichte die Unternehmensgruppe einen Umsatz von nahezu 60 Mio. Euro.

Und auch für die Zukunft ist bestens gesorgt. Die Nachfolge des Vollblutunternehmers Rampf treten die Söhne Michael und Matthias an. Ein erster Schritt ist bereits unternommen: Seit Januar 2005 unterstützt *Michael Rampf* den Vater bei der Geschäftsführung. Vorher hat der 30-jährige Diplom-Betriebswirt (FH) das USA-Geschäft, die Rampf Group Inc., aufgebaut. Schwerpunkte seiner jetzigen Tätigkeit sind die Bereiche Marketing, Qualitätsmanagement, IT und Internationalisierung.

Für viele Unternehmer und Selbstständige ist es ein Privileg, sich nicht an Ruhestandsregelungen halten zu müssen. Die Unternehmer, die ihre Firma selbst gegründet und jahrzehntelang geführt haben, betrachten ihr Lebenswerk nicht als Arbeit, von der es sich auszuruhen gilt, sondern als Lebensaufgabe und möchten so lange wie möglich das Ruder in der Hand halten. Dennoch müssen Sie sich rechzeitig über eine mögliche Nachfolge Gedanken machen, denn nicht nur altersbedingte Gründe können zu einem vorzeitigen Arbeitsausfall Ihrerseits führen.

Die Frage nach dem richtigen Zeitpunkt stellt sich also als Frage nach dem Zeitpunkt, wann eine solche Planung für eine mögliche oder notwendige Unternehmensübergabe erfolgen sollte. Dazu kann nur gesagt werden, so früh wie möglich. Das mindeste, was der Unternehmer haben sollte, ist eine Notfallplanung.

2.2 Notfallplanung

Im Familienunternehmen muss eine Notfallplanung vorhanden sein. Krankheiten, Unfälle oder sogar Todesfälle können das Unternehmen in große Schwierigkeiten bringen. Auch andere äußere Einflüsse machen es dem Unternehmer manchmal unmöglich, die eigene Firma weiterzuführen. Fehlt dann eine vorausschauende Planung, kann dies für das Unternehmen im schlimmsten Fall das Aus bedeuten, für die Familie den Ruin und für die Mitarbeiter den Verlust ihrer Arbeitsplätze.

Wenige Unternehmen haben Vorsorge für den Fall der unvorhergesehenen Abwesenheit des Unternehmers getroffen. Eine Studie bei der Handelskammer in Hamburg zeigt, dass nur knapp über 50 % eine Stellvertretung haben. Dabei kann bereits eine 14-tägige ungeplante Abwesenheit für das Unternehmen schwerwiegende Folgen haben.

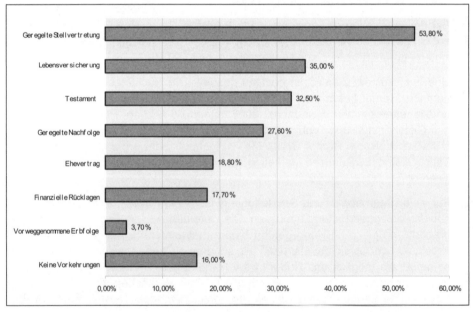

Quelle: Unternehmensnachfolge in Hamburg, Analysepapier IHK Hamburg in Zusammenarbeit mit dem Institut für Mittelstandsforschung Bonn, 2004
Abbildung 8: Verschiedene Vorkehrungen für den Fall unvorhersehbarer Ereignisse

Insbesondere wenn Sie als Unternehmer alleiniger Entscheidungsträger sind, müssen Sie für außergewöhnliche Situationen, in denen man nicht auf Sie zurückgreifen kann, vorsorgen. Am besten ist es natürlich, wenn Ihre Firma auf eine Person Ihres

Vertrauens – z. B. Ihre Stellvertreter – zurückgreifen kann, aber es ist trotzdem besser, wenn dazu schriftliche Unterlagen vorhanden sind, wie in der Zeit Ihrer Abwesenheit verfahren werden soll.

Am besten bei einem Rechtsanwalt oder Steuerberater des Unternehmens oder aber auch im Panzerschrank muss eine Notfallakte hinterlegt werden, die alle wichtigen Details zum weiteren Vorgehen enthält. Diese Notfallakte muss jedes Jahr mindestens einmal überprüft und aktualisiert werden. Sie müssen Ihren Stellvertreter, Ihre Sekretärin oder eine andere leitende Person darüber informieren, wo diese Akte im Notfall zu finden ist.

Zur Vorbereitung dieser Notfallakte, die für Sie das Ziel hat, das Unternehmen zu erhalten, das Vermögen zu sichern und die Familie abzusichern, müssen Sie sich folgende Fragen stellen:

- Ist ein korrektes Testament vorhanden? Gibt es Vortestamente mit Bindungswirkung?
- Auf welche Personen sollen die Gesellschaftsanteile im plötzlichen Todesfall dinglich übergehen? (Ist dieser Wunsch testamentarisch und gesellschaftsvertraglich richtig umgesetzt?)
- Ist eine Testamentsvollstreckung geplant?
- Wie wird eine „Krisengeschäftsführung" im Falle des plötzlichen Todes Ihrerseits zusammengesetzt?
- Wie verträgt sich die aktuelle Rechtsform mit einem unerwarteten Tod?
- Ist der Ehepartner voll informiert? Hat er eine Generalvollmacht über den Tod hinaus?
- Welche Vollmachten wurden erteilt, um die unmittelbare Handlungsfähigkeit des Unternehmens sicherzustellen?
- Welche Lösung ist denkbar, wenn der mögliche Nachfolger dann noch nicht die Führung übernehmen kann?
- Gibt es Alternativen, falls der geplante Nachfolger unerwartet nicht mehr zur Verfügung steht?
- Hat der Nachfolger seinerseits testamentarische Verfügungen getroffen?
- Welche Rolle können und sollen der Ehepartner bzw. die Kinder im Unternehmen auf Gesellschafterebene im Zusammenhang mit der Regelung der Vermögensverhältnisse übernehmen?
- Ist ein Beirat im Unternehmen installiert bzw. im Fall des plötzlichen Todes vorgesehen?
- Gibt es zumindest eine grobe Finanz- und Liquiditätsplanung für den unerwarteten Tod? Dabei sind folgende Punkte zu beachten:

- Liquidität des Unternehmens,
- Pflichtteilsansprüche,
- Ausgleichsansprüche weichender Erben,
- güterrechtliche Ausgleichsansprüche des Ehepartners,
- Erbschaftsteuer,
- können die Hauptziele des Notfallplanes erreicht werden: Unternehmensfortführung, Vermögen sichern, Familie absichern.

Eine Notfallakte für Ihr Unternehmen sollte u. a. folgende Regelungen und Unterlagen enthalten:

Checkliste 1: Notfallakte

Regelungen und Unterlagen	Vorhanden ja/nein
✓ Vertretungsplan mit detaillierter Kompetenzverteilung	
✓ Firmenbeirat, wenn vorhanden, Namen und wie erreichbar	
✓ Liste erteilter Vollmachten, zusätzliche Vollmachten für die Zeit Ihrer Abwesenheit	
✓ Liste der Vollmachten für alle Konten und die bestehenden Bankverbindungen und deren Ansprechpartner, Aufstellung aller Bankkonten, Aufstellung der Kapitalanlagen	
✓ Unternehmenstestament oder Aufbewahrungsort Ihres Testaments oder Erbvertrages	
✓ Liste der wichtigsten Lieferanten und Kunden sowie deren Ansprechpartner	
✓ Lieferbedingungen, die es nur zwischen Ihnen und den Kunden mündlich gibt und die sich im Laufe der Jahre durch Gewohnheit ergeben haben, damit den Kunden der gewohnte Service erhalten bleibt	
Weitere Regelungen und Unterlagen	**Vorhanden ja/nein**
✓ Kopien der wichtigsten Verträge, Leasingverträge	
✓ Anweisung für wichtige Projekte	
✓ Passwörter, Codes und Pin für Computer, Online-Banking usw.	
✓ Schlüsselverzeichnis der Firma	
✓ Firmen-Versicherungen – Auflistung der Versicherungen und Kopien der Policen	
✓ Grundbuchauszüge und Auflistung des Immobilienbesitzes	
✓ Wo befinden sich die weiteren wichtigen Unterlagen des Unternehmens?	

Die Vorteile einer Notfallakte bestehen vor allem in der rechtzeitigen Auseinandersetzung mit Problemen und Fragen der Unternehmensnachfolge. Durch die Erarbeitung einer solchen Akte werden die Nachfolgeprozesse und Regelungen auf eine sachliche Ebene gehoben. Die Notwendigkeit einer Planung für den Notfall zeigte sich in einem Unternehmen, das heute in der fünften Generation als Familienbetrieb geführt wird:

Praxisbeispiel:

> Seit Anbeginn ihrer Gründung im Jahre 1871 entwirft und fertigt die *W. Goebel Porzellanfabrik* in Rödental, im nördlichen Bayern in der Nähe von Coburg gelegen, kunsthandwerklich hergestellte Gegenstände: Figuren, Geschirr und Wohnschmuck aus Porzellan, Feinsteingut und anderen Materialien. Von langjährig ausgebildeten Mitarbeitern wurden und werden alle Goebel-Produkte in aufwändiger Handarbeit und unter hohen Qualitätsanforderungen gestaltet, geformt und bemalt. Der Name Goebel steht in Vergangenheit und Gegenwart für hochwertige und einzigartige Handarbeit.
>
> Zwei Gesellschafterstämme sind im Unternehmen vertreten. Nach nur kurzer Vorbereitungszeit musste Detlev Stocke, der Junior des Familienstammes Stocke, durch den plötzlichen Tod seines Vaters in die unternehmerische Verantwortung mit einsteigen. Diese nimmt er im Wesentlichen jetzt aus der Gesellschafterrolle wahr und erarbeitet sich Schritt für Schritt den operativen Führungsbereich.

Was ist sonst noch zu tun? Ein erfolgreicher Unternehmer kann die Folgen seines eigenen plötzlichen Todes strategisch besser planen als jeder Außenstehende. Außerdem werden mit der Erstellung und regelmäßigen Pflege der Notfallakte wichtige für die Unternehmensführung und die Nachfolgeregelung erforderliche Papiere erstellt bzw. aktualisiert, die da wären:

- eine aktuelle Vermögensaufstellung (inkl. zeitnaher Bewertungen),
- Gesellschaftsverträge und Bilanzen der letzten drei Geschäftsjahre,
- Eheverträge,
- Erbverträge bzw. Testamente inkl. letztwillige Verfügungen vorverstorbener Erblasser (Mutter, Vater, Ehegatte, Tante etc.) zur Feststellung sich hieraus möglicherweise ergebender Bindungswirkungen werden, wenn noch nicht vorhanden, erstellt und mit dem Gesellschaftsvertrag abgestimmt,
- Schenkungsverträge und Auflistung von Vorschenkungen,
- Pflichtteils- und Erbverzichtsverträge, persönliche Bedarfsplanungen (was brauchen die Senioren?).

Jeder Unternehmer sollte dabei aber auch an seinen privaten Bereich – die Familie – denken. Ein fehlendes oder im unternehmerischen Sinne falsches Testament hat schon so manches Unternehmen ins Straucheln gebracht. Handlungsunfähige Erbengemeinschaften oder die Einschaltung des Vormundschaftsgerichts (bei Kindern als Erben) fördern nicht gerade die Flexibilität des Betriebes. Hier sollten Sie mit Hilfe eines erfahrenen Rechtsanwalts ein individuelles Testament, das Sie und Ihre Familie absichert und Ihrem Betrieb Handlungsfreiheit gibt, erstellen (siehe nachfolgende Kapitel). Kommt es in diesem Zusammenhang im Unternehmen zu einem Liquiditätsabfluss aufgrund der Auszahlungen von Erbansprüchen oder gibt es Pflichtteilsverzichtverträge? Auch eventuell anfallende Erbschaftsteuer muss bei der Liquidität des Unternehmens berücksichtigt werden.

2.3 Persönliche Positionsbestimmung

Um einen neuen Kurs zu bestimmen, einen Richtungswechsel vorzunehmen – und dies geschieht auch beim Generationswechsel – ist eine Positionsbestimmung unumgänglich, sicher auch des Unternehmens (dies wird in Kapitel 3 behandelt), vor allem aber das Bewusstmachen der eigenen persönlichen Situation ist vonnöten. Formale Dinge wie Ihr Alter spielen ebenso eine Rolle wie Ihr Gesundheitszustand, die Anforderungen Ihrer Familie, nicht zuletzt die Erwartungshaltung Ihrer Frau, aber auch Ihre persönliche Vorstellung von der Zukunft. Es hängt zum Großteil von Ihrer Persönlichkeitsstruktur ab, wie und wie frühzeitig Sie sich Gedanken darüber machen. Die wenigsten von uns gehen damit rational um, planen strategisch, so wie im Unternehmen, auch Ihre persönliche Zukunft, befassen sich mit Fragen des Todes, des beruflichen „Endes", planen frühzeitig ein Leben nach dem Unternehmertum.

Eine persönliche Positionsbestimmung ist auch ein Blick in den Spiegel, auch ein Blick zurück, und dieser ist meist erfreulich, wenn man die Gründe für eine erfolgreiche Entwicklung betrachtet.

Als erfolgreicher Unternehmer müssen Sie sich unter anderem auch Klarheit über Ihre Persönlichkeit verschaffen, wenn Sie die Leitung Ihres Familienbetriebes planmäßig aus der Hand geben möchten. Klarheit über:

- die eigenen Charakterzüge, die zum Erfolg des Unternehmens beigetragen haben
- die Erfolgsfaktoren, die für den Nachfolger als Wissen von Vorteil sind,
- die Frage, was hat es mir leicht gemacht hat, mit Menschen umzugehen, Menschen zu überzeugen,
- die Vorstellungen über den Nachfolger

Fragen Sie sich: Entspricht mein Denken, Handeln und Verhalten noch der heutigen Zeit?

Jeder Unternehmer sollte sich also ganz unvoreingenommen und ehrlich folgende Fragen beantworten:

Checkliste 2: Fragen zur Selbsteinschätzung

Fragen	**Antworten**
✓ Wie sehe ich mich? Wie sehen mich andere?	
✓ Wie wirke ich auf andere und welche Auswirkungen hat dies?	
✓ Wie kritikfähig bin ich?	
✓ Wer durfte sich Kritik erlauben? Wie habe ich darauf reagiert?	
✓ Welche Stärken und Schwächen habe ich?	
✓ Wie verhalte ich mich Mitarbeitern, Kunden, anderen Unternehmern gegenüber?	
✓ Wie trete ich in der Öffentlichkeit auf?	

Die Beantwortung dieser Fragen dient vor allem dazu herauszufinden, welche Eigenschaften Ihrerseits zum Erfolg des Unternehmens geführt haben und ob sie heute noch notwendig für das Unternehmen sind. Es kann auch sein, dass diese Eigenschaften heute gar nicht mehr nur in einer Person zu finden sind.

Der Unternehmer muss sich also fragen, was wirklich zum Erfolg seines Unternehmens geführt hat, zu dessen heutiger Bedeutung maßgeblich beigetragen hat.

In vielen Gesprächen hört man heute die Auffassung, dass in den fünfziger und sechziger Jahren eine günstige Aufbruchstimmung herrschte, dass eine zündende Geschäftsidee zum richtigen Zeitpunkt vorhanden und natürlich auch ein bisschen Glück bei der Entstehung und Entwicklung des Unternehmens dabei war. Das ist aber nur die halbe Wahrheit und sie bleibt oberflächlich.

Natürlich gab es Höhen und Tiefen im Unternehmen nach dem Sprichwort „Wo gehobelt wird, fallen Späne". Sie als Seniorchef müssen schon etwas tiefer analysieren und das „Glück" hinterfragen. Wie haben Sie dieses Glück errungen? Wie die Tiefen gemeistert und was haben Sie aus den Höhen gemacht? Anhand dieser Überlegungen und der Analyse, wie im Unternehmen auf Krisen reagiert wurde, können Lehren für die Zukunft gezogen werden.

2.3.1 Erfahrungen weitergeben

Diese Erfahrungen kann man schriftlich an den Nachfolger weitergeben, um vielleicht in ähnlichen Situationen die Erfahrungen mit zu verwenden. Deshalb sollte man sich folgende Fragen stellen:

Checkliste 3: Erfahrungen

Fragen	Bemerkungen
✓ Gab es in der bisherigen Geschäftstätigkeit des Unternehmens Situationen, in denen die Existenz des Unternehmens gefährdet war?	
✓ Wie gingen wir damit um?	
✓ Welche Reaktionen und Maßnahmen haben uns weitergeholfen?	
✓ Wie haben die Mitarbeiter reagiert, um die Probleme zu lösen?	
✓ Auf welche Mitarbeiter konnte man sich in Krisensituationen verlassen?	
✓ Welchen Stellenwert hatten Planung und Organisation?	
✓ Wurde zu kurzfristig reagiert oder haben wir uns eine langfristige Strategie erarbeitet?	

2.3.2 Sich richtig einschätzen

Bedeutsam für die Vorbereitung der Unternehmensnachfolge ist auch, dass Sie sich selbst als Firmenchef richtig einschätzen. Auch daraus lassen sich Schlüsse für den Generationswechsel und die Suche für die Nachfolge ziehen.

Im Familienunternehmen begegnen uns unterschiedliche Unternehmerpersönlichkeiten. Bei der Unternehmernachfolge treten besondere Eigenschaften hervor. Ich habe folgende Grundtypen der Unternehmerpersönlichkeiten bei der Unternehmernachfolge kennen gelernt:

Der „Aufbauer und Macher"

Als aktiver Unternehmer erkennt er mit sicherem Blick das Machbare. Die Nachfolge verdrängt er, bis sich bei ihm die ersten Zeichen des Alterns zeigen und auch deutliche Zeichen von außen kommen. Dann allerdings sieht er den Dingen, die notwendig sind, ins Auge und handelt. Die Nachfolge vollzieht sich in einem überschaubaren Zeitrahmen und meist deutlich in zwei Phasen: die Übergabe der operativen Verantwortung und dann deutlich später die Übergabe der gesamten unternehmerischen Verantwortung mit der Verantwortung als Gesellschafter.

Da er aber immer Unternehmer bleiben wird, sind seine Aktivitäten im dritten Lebensabschnitt weiter unternehmerisch geprägt, z. B. durch Beiratstätigkeiten, durch die Beteiligungen bei innovativen Gründungen, durch die Mitarbeit in Verbänden und Kammern.

Der „unersetzliche Alte"

Der Senior ist immer besser als der Nachfolger. Zwar weiß er mit 70 Jahren, dass er „sein" Unternehmen endlich abgeben muss, aber er kann nicht loslassen. Das Unternehmertum ist zugleich Therapie für das Alter. Ohne diese Tätigkeit weiß er nicht, wie er seine freie Zeit ausfüllen soll. Sie hält ihn jung und vermittelt ihm das Gefühl von Wichtigkeit. Er nimmt dabei keine Rücksicht auf das Unternehmen, denn eine Nachfolge plant er nicht rechtzeitig. Die Übergabe des Unternehmens erfolgt dann zwangsläufig, aus einer Notfallsituation heraus. Der Senior hat die Chance vergeben, seinen Nachfolger so vorzubereiten, dass er selbstständig handelt und der Aufgabe, das Familienunternehmen fortzuführen, gewachsen ist.

Der „Förderer"

Der Förderer ist ein Mensch, der das Unternehmertum als eine Herausforderung betrachtet, der er sich stellt, und der daneben viele andere Interessen hat, also auch die Fähigkeit besitzt, das schöne Leben zu genießen. Er hat exzellente Kommunikationsfähigkeiten, und es gelingt ihm, andere zu überzeugen, dass seine Ziele auch deren Ziele sind. Er fängt mit 50 Jahren an, die Nachfolge vorzubereiten, um mit 58 Jahren aus der eigenen Firma auszusteigen. Während des Nachfolgeprozesses tritt der Senior zunehmend in den Hintergrund, um den Junior hervortreten zu lassen. Der Senior bleibt dennoch da und steht dem Junior immer zur Verfügung. Der Senior bringt dem Junior Vertrauen entgegen, lässt ihn selbstständig handeln und das Unternehmen erfolgreich fortführen.

Der „Stratege"

Ein wesentliches Merkmal des Strategen ist Nüchternheit. Er fängt mit 55 Jahren an, an die Nachfolge zu denken und die Unternehmensübergabe zu planen. Während der langfristig denkende „Förderer" in seinem Umfeld ständig persönliche Berater gehabt hat, bereitet der Stratege die Übergabe selbst vor und studiert die verschiedenen Möglichkeiten. Ihm fällt es schwer, Vertrauen zu anderen aufzubauen. Bei der Auswahl der Nachfolge geht er sehr akribisch vor, wobei das Geld ausschlaggebend ist. So kommt es, dass er sich auch manchmal gegen die Familie entscheidet. Er zieht Bilanz und verkauft auch häufiger als andere das eigene Unternehmen. Wenn er sich mit der Idee anfreunden kann, die eigenen Kinder als potenzielle Nachfolger zu sehen, haben diese es nicht leicht, ihn von ihrer Befähigung zu überzeugen. Unter diesen Voraussetzungen verläuft der Nachfolgeprozess meistens sehr konfliktreich. Konflikte werden jedoch nicht angesprochen, sondern begleiten den Prozess auf subtile Art und Weise, bis die Konflikte doch irgendwann eskalieren. Dies führt zu einer Abwehrhaltung beim Strategen, der sich sofort angegriffen fühlt und den Nachfolgeprozess dann abbricht. Er glaubt auch mit 65 Jahren noch, das Unternehmen besser als andere führen zu können. Nur das Alter kann ihm zeigen, dass es doch sinnvoll ist, die Übergabe trotz der Konflikte zu vollziehen. Er übergibt dann zwar, bleibt jedoch Mitglied im Beirat. Dadurch, dass der Senior noch im Unternehmen stark vertreten ist, kann auch der Beirat nicht den Führungswechsel realisieren. So kommt es, dass der Beirat kein Vertrauensverhältnis zum Nachfolger aufbauen kann und eigentlich mehr den Senior als den Junior berät.

Aus ihrem Bekanntenkreis kennen Sie sicher noch andere „Unternehmertypen" und weitere Verhaltensweisen. Für alle abgebenden Unternehmer ist der Generationswechsel eine außergewöhnliche Situation, die sie selbst belastet, in der trotz aller Rationalität Emotionen, Ängste, Befürchtungen und Hoffnungen steuernde Elemente des Handelns sind.

Jedes Familienunternehmen ist zweifellos durch den Unternehmer selbst geprägt, durch seine unternehmerischen Leistungen. Er hat all die Jahre konjunkturelle Hochs und Tiefs gemeistert, hat Arbeitsplätze geschaffen und über die Jahre enge Kontakte zu Geschäftspartnern geknüpft.

Für das erfolgreiche Weiterleben des Unternehmens ist Klarheit über sich selbst, darüber, ob man eher der „unersetzliche Alte", der „Förderer" oder der „Stratege" ist, von ausschlaggebender Bedeutung. Wobei der Typ des „Alten" wohl kaum in der Lage ist, diese Frage selbst zu beantworten. Sie stellt sich ihm häufig gar nicht.

2.4 Vom Lebenswerk loslassen

„Die Gesellschaft ist ein Träger irdischen Heldentums ... Der Mensch überwindet den Tod, indem er seinem Leben einen Sinn gibt ... Jedes Geschöpf hat den brennenden Wunsch, etwas zu bedeuten ... Nicht das Sterben fürchtet der Mensch wirklich, sondern das Vergehen in Bedeutungslosigkeit."[11] Für den Menschen, der „seinen" Betrieb jahrelang mit seiner Person, seinen Ideen, seinem Stil geprägt hat, heißt es loszulassen und den Weg freizumachen für einen Nachfolger. Für die neue Unternehmensführung heißt es, das Erworbene zu bewahren, fortzuführen und nach den eigenen Vorstellungen und Zielen zu verändern. Für beide Parteien bedeutet die Übergabe eines Unternehmens einen wesentlichen Einschnitt in die persönliche Lebensplanung.

Wohl kein Unternehmer möchte, dass das von ihm aufgebaute oder aus der Vorgeneration übernommene Unternehmen einen der nachfolgenden – in der Praxis vorgekommenen – Wege geht:

- „Die 80-jährige Inhaberin übergibt an ihre mittlerweile nahezu 60-jährige Tochter."
- „Der 60-jährige Unternehmer sucht einen Nachfolger, allerdings in der eigenen Altersklasse."

Checkliste 4: Wie stehen Sie zur Unternehmensübergabe?

Fragen	Antworten
✓ Welche Optionen und Alternativen haben Sie angedacht?	
✓ Ist für Sie der Verkauf des Unternehmens ein Tabu?	
✓ Welchen Einfluss möchten Sie nach der Übergabe auf Ihr Unternehmen noch ausüben?	
✓ An wie vielen Tagen im Jahr möchten Sie als Anteilseigner an wichtigen Sitzungen teilnehmen?	
Weitere Fragen	**Antworten**
✓ An wie vielen Tagen im Monat möchten Sie als Seniorberater tätig sein?	
✓ Welchen Anlass könnten Sie für die Unternehmensübergabe nutzen? – Ihren nächsten runden Geburtstag – Das nächste Firmenjubiläum – Die nächste Weihnachtsfeier – Ihren ganz individuellen Anlass	

---

11 Waterman/Peters, 1990, S. 19

In der rechtzeitigen und klaren Regelung der Nachfolge stecken Chancen. Wie bei jeder unternehmerischen Entscheidung geht es darum, diese Chancen zu realisieren. Jeder Unternehmer kann dazu beitragen, dass sein Unternehmen auch nach seinem Ausstieg noch erfolgreich operieren kann. Die erfolgreiche Weiterführung des Unternehmens wird besser gewährleistet, wenn bei der Nachfolgeregelung die Perspektiven des Übernehmenden ebenfalls berücksichtigt werden.

Und der Senior-Unternehmer selbst nutzt dann die Früchte seines Erfolges in einer dritten Lebensphase – wenn er wirklich „loslassen" will. Er geht dann Interessen nach, die er über viele Jahre wegen seines unternehmerischen Engagements zurückstellen musste.

Es ist die Aufforderung an Sie als Unternehmer, ein Projekt aus der Nachfolgeregelung zu machen! Das gibt ihnen die Möglichkeit, Ihre eigenen Ziele (neu) zu formulieren, mit Ihrer Familie und im Unternehmen zu diskutieren und Grundsatzentscheidungen herbeizuführen.

Am einfachsten kann man sich die Nachfolge im Familienunternehmen als Weitergabe und Übernahme am Beispiel eines Staffellaufes vorstellen.

Während eines Staffellaufes ist es so, dass die Runden endlos gedreht werden könnten. Der Erste läuft los, der als Zweiter bestimmt ist, läuft zeitversetzt los, und für eine bestimmte Zeit läuft er neben dem Ersten her. Bei einem verabredeten Zeichen innerhalb einer gewissen Zeit allerdings wird der Stab von einer Hand in die andere gegeben. Und nur so lange, wie es nötig ist, bleibt der Stab in den Händen der beiden.

Im Familienunternehmen heißt das, es wird problematisch, wenn der Seniorchef seine Firma zwar offiziell an die nächste Generation abgegeben hat, sich aber trotzdem nicht aus dem Chefsessel zurückzieht. Es läuft sich schlecht mit zwei Händen am Stab. Oft ist es schwer für Unternehmer, ihr Lebenswerk abzugeben, ohne sich noch weiterhin in die Geschäfte einzumischen. Dadurch wird nicht nur unbewusst Druck auf den Nachfolger ausgeübt, sondern es ist ihm auch nicht möglich, die eigenen Ideen vollständig zu verwirklichen. In der Zwischenzeit verschaffen sich Mitbewerber durch Innovationen einen Wettbewerbsvorteil.

Wenn wir wieder zum Bild des Staffellaufes zurückkehren, würde es bedeuten, dass der Erste den Stab nicht losließe und der Zweite ihn ebenfalls festhält. Was passiert? Sie kommen aus dem Rhythmus, müssen stehen bleiben, um den Stab zu übergeben. Das kostet Zeit und Kraft, und die Konkurrenz kann mühelos überholen – denn es wird auf mehreren Bahnen mit mehreren Mannschaften gelaufen. Die Übergabe muss fließend geschehen. Das heißt, der Zweite muss bereits trainiert sein, die Übergabe muss auf ein bestimmtes Zeichen (zu einem vereinbarten Termin) stattfinden – und der Erste muss bereit sein, den Stab abzugeben.

Die Regelung der Nachfolge gehört zu den wichtigsten, aber auch schwierigsten Führungsentscheidungen eines Unternehmers. Sie trifft im wahrsten Sinne „mitten ins Herz" des Familienunternehmens. Bei der Nachfolge innerhalb der Familie geht es nicht nur um einen formalen Aspekt –meist ist die juristische und steuerlich-betriebswirtschaftliche Seite bestens abgeklärt –, sondern gerade um Herausforderungen im menschlichen und emotionalen Bereich. Häufig unterschätzen die Betroffenen, dass Emotionen bei der Unternehmensnachfolge – besonders bei der Familiennachfolge – eine große Rolle spielen. Sie sind eine der häufigsten Ursachen für das Scheitern des Generationswechsels in Familienunternehmen. Auch wenn der Unternehmer die Notwendigkeit einer Übergabe erkannt, den Übergabeprozess vorbereitet hat, kann er vielleicht doch emotional sein Lebenswerk nicht loslassen. Für einen Unternehmer, der sein Lebenswerk mit viel Mühe über viele Jahrzehnte aufgebaut hat, ist es sicherlich nicht leicht, sich aus dem aktiven Tagesgeschäft zurückzuziehen und zu sehen, dass nun ein Jüngerer die Geschicke seines Unternehmens lenkt. Auch die unternehmerische Meinung ist nach der Übergabe oft nicht mehr gefragt. Sichtbares Zeichen dieses emotionalen Konfliktes ist, dass der ehemalige Chef immer wieder mal reinschaut, sich in seinen Sessel setzt, um nach dem Rechten zu sehen.

2.4.1 Perspektive des Seniors vor der Übergabe

Die Nachfolge in Familienunternehmen zu regeln bedeutet, dass die prägende Unternehmer-Persönlichkeit die Leitung des Betriebes abgeben soll, auf die die Organisation des Unternehmens zugeschnitten ist. Es sind vor allem drei Aspekte, die den Unternehmer davon abhalten können, die Leitungsverantwortung abzugeben:

- wie er die Frage der Nachfolge wahrnimmt,
- wie er an der eigenen Rolle festhält und
- welche wirtschaftlichen Ansprüche er an die Nachfolgeregelung stellt.

Der Senior ist sich nicht ausreichend bewusst, dass die Regelung der Nachfolge eine seiner verantwortungsvollsten Führungsaufgaben ist.

Ist sich der Senior nicht ausreichend bewusst, dass die Regelung seiner Nachfolge eine seiner zentralen Führungsaufgaben ist, können eine ganze Reihe widriger Umstände eintreten. In diesem Fall ist beispielsweise zu erwarten, dass er sich erst zu spät mit den Problemen der Nachfolge auseinandersetzt und somit die Nachfolge unzureichend oder schlecht vorbereitet. Es kann so zu einem zu späten oder ungünstigen Übergabetermin kommen. Potenzielle Nachfolger können nicht planmäßig an der Geschäftsführung beteiligt werden. Nicht zuletzt kann der Senior unerfüllbare persönliche Forderungen an die Qualifikation des Nachfolgers stellen, weil er die Herausforderung für den Kandidaten und die Schwierigkeiten der Nachfolgesituation unterschätzt.

Konzentrieren sich die Überlegungen zur Nachfolge auf Familienangehörige, so kann die unternehmensstrategische Seite der Übergabe unzureichend bedacht bleiben, eben weil dies als Problem der Familie oder bestimmter Beziehungen gilt. Es erscheint ganz natürlich, welche Personen und weshalb gerade sie für die Nachfolge in Betracht kommen oder nicht. Hinter dieser Perspektive können persönliche Befindlichkeiten stehen, die die eigentliche unternehmerische Aufgabe in den Hintergrund drängen.

Der Senior hält an seiner Funktion und Rolle als Unternehmensleiter fest – das sogenannte „Unersetzlichkeitssyndrom".

Wieso die Unternehmensführung abgeben, wenn ein Senior noch vital ist und seinen gesamten unternehmerischen Erfahrungsschatz und seine Energie investieren kann? Weshalb einen bewährten Lebensrhythmus aufgeben? Wieso sich aus einem ganzen Geflecht sozialer Beziehungen lösen? Die eigene Unternehmensnachfolge zu planen, kann vor solchen Fragen unbequem und unangebracht erscheinen. Sie können den Unternehmer dazu bringen, zu lange an seiner Führungsrolle festzuhalten. Empirische Untersuchungen zeigen, dass Unternehmer häufig selbst dann, wenn ein geeigneter Nachfolger bereitsteht, nicht bereit sind, den Rückzug aus dem Unternehmen anzutreten. Stellt er sich der Aufgabe, so beginnt er, sich auf ein einschneidendes Lebensereignis vorzubereiten.

2.4.2 Perspektive des Seniors nach der Übergabe

Es gibt also verschiedene Gründe, die einen Unternehmer davon abhalten können, seine Nachfolge zu regeln. Besonders abwegig wird ihm diese Frage erscheinen, wenn ihm eine Perspektive für die Zeit nach der Übergabe fehlt. So kann seine unternehmerische Funktion das einzige Feld sein, auf dem der Senior tätig ist. Ihm kann unvorstellbar erscheinen, das enorme Maß an Freizeit zu gestalten, das er bei einer Übergabe gewinnen würde. Häufig pflegen Unternehmer neben ihrer Berufstätigkeit keine Hobbys, die sie nach der Unternehmensübergabe ausbauen könnten. Auch kann ihn von einer Übergabe der Unternehmensleitung abhalten, dass der Stellenwert seiner Tätigkeit und seiner Person auf einem anderen Beschäftigungsfeld nicht mehr gleich hoch sein wird: Der Senior will nicht in Kauf nehmen, an persönlicher Macht und Ansehen zu verlieren. Typische Folgetätigkeiten, wie Beratung oder Gremienarbeit, profilieren zwar sein Ansehen als Unternehmer, geben ihm aber weniger unmittelbare Einfluss- und Gestaltungsmöglichkeiten und lassen ihn weniger prominent erscheinen.

Darüber hinaus ist das Unternehmen womöglich die eigene Gründung des Seniors, das eigene Lebenswerk, das er einer anderen Person überlassen muss. Dabei übergibt der Vorgänger dem Nachfolger nicht nur die Funktion der Unternehmensführung, sondern auch die besondere persönliche Verbundenheit und Verantwortung, in der er gegenüber dem Unternehmen und seinen Mitabeitern steht. Die Übergabe des Unternehmens als Lebenswerk des Seniors wird zu seinem persönlichen Vermächtnis. Leicht kann ihm im Vergleich zu sich selbst ein Nachfolger nicht ausreichend qualifiziert erscheinen, das persönliche Vermächtnis unbeachtet. Gleichfalls kann dem Unternehmer der Nachfolger – häufig ist er besser qualifiziert als der Senior – als unerfahrener Besserwisser erscheinen.

Zuletzt verweist die Frage der Nachfolge darauf, dass der Senior den letzten Abschnitt seines Lebens beginnt. Sie deutet damit auch auf seinen Tod und fordert ihn indirekt dazu auf, sein bisheriges Leben zu bilanzieren. Die zentrale unternehmerische Rolle zu verlassen, erfordert seine Eigeninitiative und Lernbereitschaft auf Feldern, die ihm möglicherweise unbekannt sind. Es kann dazu kommen, dass er seine Einflussnahme nicht aufgeben oder wieder aufnehmen will und dem Nachfolger „hineinregiert". Auch hier ist eine frühzeitige Vorbereitung der Nachfolge vorteilhaft, weil sie dem Senior angemessene Perspektiven bietet und nicht so unmittelbar auf seinen Tod verweist wie eine Übergabe im letzten Moment.

Geht es um den eigenen Vater oder die eigene Mutter, die abgelöst werden soll, so können sich die beschriebenen Konflikte verschärfen. Sie können sich nicht nur als Unternehmer, sondern auch als Eltern befugt sehen, ihre Kinder als Nachfolger zu beurteilen und ihnen in der übernommenen Verantwortung assistieren. Die Kinder als engste Verwandte in der geliebten Unternehmerrolle zu sehen, kann zum Gegenstand persönlichen Neids werden. Die Senioren können sich aufs Abstellgleis geschoben fühlen, wenn die Jungen zunehmend die eigenen Aufgaben wahrnehmen oder sich darum kümmern, welchen anderen Beschäftigungen die Alten nachgehen können.

Ein engagierter Unternehmer ist auch nach Feierabend für seinen Betrieb tätig, nimmt gesellschaftliche Verpflichtungen wahr und vertritt sein Unternehmen in der Öffentlichkeit. Nach der Übergabe werden diese Aufgaben ebenfalls weniger. Auch wenn er dem Nachfolger noch mit Rat und Tat zur Seite steht, wird er mehr Zeit als früher zur Verfügung haben.

Die Erfahrungen haben gezeigt, dass ein Unternehmer immer ein Unternehmer bleibt. Müßiggang liegt ihm nur in Ausnahmefällen. Die freie Zeit wird er deshalb nicht nur mit Entspannen, Golf spielen oder Lesen verbringen. Er sucht ein anspruchsvolles Hobby oder hat schon lange von einer bestimmten Aufgabe geträumt – z. B. einem ehrenamtlichen Engagement –, die er jetzt umsetzen könnte. Das bedeutet, dass der Unternehmer schon frühzeitig nach anderen Tätigkeiten oder Hobbys suchen sollte, auf die er sich freut und die den späteren Alltag weiterhin sinnvoll ausfüllen werden. Diese Aktivitäten müssen natürlich bei der finanziellen Planung für den neuen Lebensabschnitt berücksichtigt werden.

Zusammenfassend sollte nochmals eine Checkliste über die Ausgangssituation, die persönliche Einstellung sowie Ziele erstellt werden.

Checkliste 5: Vorbereitung auf die Nachfolge

Fragen zur Vorbereitung	Mögliche Antworten
✓ Können Sie bereits konkret sagen, wann Sie sich aus dem Unternehmen zurückziehen werden?	☐ ja, Zeitplan vorhanden ☐ nein
✓ Über welche persönlichen und fachlichen Qualitäten sollte Ihr Nachfolger idealerweise verfügen?	☐ Anforderungsprofil existiert ☐ noch keine Gedanken gemacht
✓ Gibt es in der Familie überhaupt einen möglichen Nachfolgekandidaten?	☐ ja ☐ nein
✓ Welche Einarbeitungszeit sollte Ihrem Nachfolger zur Verfügung stehen?	☐ optimal wäre
✓ Gibt es schriftlich niedergelegte langfristige Unternehmensziele?	☐ ja ☐ nein
✓ Müsste im Zusammenhang mit der Nachfolge eine Veränderung der Unternehmensstruktur/-strategie (Organisation/Wertschöpfung/Finanzierung o. Ä.) vorgenommen werden?	☐ ist ohne weiteres übertragbar ☐ muss angepasst werden ☐ Vorlaufzeit ca. ....
✓ Wer soll ggf. die nötigen Anpassungen vornehmen?	☐ regle ich gemeinsam mit Nachfolger ☐ dazu hole ich mir externen Rat ☐ soll Nachfolger übernehmen
✓ Sind Änderungen der Rechtsform/des Gesellschaftsvertrages sinnvoll bzw. nötig?	☐ ja ☐ nein ☐ noch zu prüfen
✓ Wer oder was regelt die Nachfolge, falls Sie unterwartet ausfallen?	
Weitere Fragen zur Vorbereitung	**Mögliche Antworten**
✓ Gibt es für diesen Fall einen aktuellen, detaillierten Notfallplan?	☐ ja ☐ nein
✓ Welche Konsequenzen hätte die gesetzliche Erbfolge für das Unternehmen?	☐ nicht relevant ☐ nicht bekannt, noch zu prüfen
✓ Enthält der Gesellschaftsvertrag spezielle Nachfolgeklauseln?	☐ ja, Kreis der möglichen Nachfolger ist beschränkt ☐ nein, prinzipiell kann jeder als Gesellschafter einsteigen

✓ Ist das Testament auf die Regelungen im Gesellschaftsvertrag abgestimmt?	☐ abgestimmt ☐ Anpassungsbedarf ☐ noch zu prüfen
✓ Welches Interesse hat Ihre Familie, haben Ihre Nachkommen am Unternehmen?	☐ unternehmerisches Interesse ☐ vorwiegend finanzielles Interesse
✓ Hat die Sicherung des Unternehmens Priorität vor persönlichen Interessen einzelner Familienmitglieder?	☐ absolut ☐ im Einzelfall zu regeln

2.5 Zielsetzungen und Interessenausgleich im Nachfolgeprozess

Die ehrlichen Antworten auf diese Fragen führen zu einer Reihe von Werten, Zielsetzungen, Interessen und zu Gegensätzen, ja zu Konflikten zwischen denselben, z. B. wenn Ihre Nachkommen ein vorwiegend finanzielles Interesse haben, das mit Ihren Interessen der Erhaltung des Unternehmens kollidiert. Überhaupt ist der gesamte Generationswechsel in der Unternehmensführung oder der Nachfolgeprozess ein Prozess des Ausgleichs, der Wertvorstellungen, Ziele, Interessen und Bedürfnisse der in diesem Wechsel involvierten Akteure. Die Ziele aus der Sicht des Unternehmens lassen sich schematisch wie in Abbildung 14 darstellen.

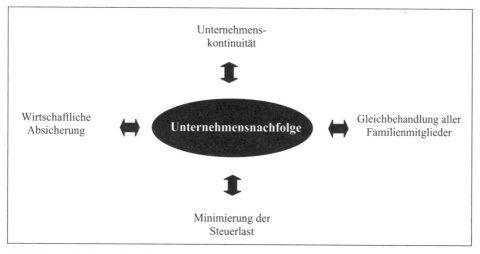

Abbildung 9: Ziele für die Unternehmensnachfolge aus Sicht des Unternehmens

Es kommt nun darauf an, die Interessen und Bedürfnisse aller Beteiligten an der Unternehmensübergabe zu berücksichtigen. Das setzt aber voraus, dass sowohl der Senior als auch der Junior und alle anderen (Familienmitglieder) ihre Interessen und Bedürfnisse offen und ehrlich benennen. Es muss also auch eine Positionsbestimmung für den Junior und die anderen am Prozess Beteiligten erfolgen.

Wenn die vorgenannten Fragen beantwortet sind, dann weiß der Unternehmer, woran er ist, und kann versuchen, einen Ausgleich zu finden. Es wird nie gelingen, alle Interessen und Bedürfnisse der am Prozess beteiligten Personen vollends zu berücksichtigen. Man muss einvernehmliche Kompromisse finden.

Diesen Interessenausgleich finden Sie nicht allein. Sie sollten mit vertrauten Partnern, Unternehmer-Kollegen diskutieren, deren Meinung einholen und das Ergebnis möglichst schriftlich festhalten. Machen Sie sich Notizen zu Gedanken, die Ihnen durch den Kopf gehen, bei oder nach der Lektüre eines interessanten Artikels zu diesem Thema. Suchen Sie in diesem Prozess Partner, denen Sie und alle Beteiligten vertrauen.

Spätestens jetzt wird dem Unternehmer das Thema Gerechtigkeit in all seiner Komplexität bewusst und er sucht die beste Lösung. Was richtige Verteilung ist, kann nicht ausschließlich aus der Sicht des Rechtsanwalts oder des Steuerberaters beurteilt werden. Diese sind keine Unternehmer und verfügen nicht über entsprechende Kenntnisse und strategisches Wissen. Psychologen wiederum sind zwar trainiert, bei Konflikten zu moderieren und zu vermitteln, normalerweise fehlt ihnen aber das betriebswirtschaftliche und juristische Wissen. Nötig ist ein Experte, der alle relevanten Themen überblickt, die Relevanz dieser Themen kennt und sein Wissen erfolgreich einbringen kann.

Der Unternehmer muss entscheiden, wie er die Vermögensanteile gerecht in seiner Familie verteilt. Viele Unternehmer möchten das – häufig zum Schaden des Unternehmens – richtig machen, indem sie das Produktivvermögen zu gerechten Teilen an mehrere Mitglieder der Familie verteilen oder gar nichts machen und im Todesfall die gesetzliche Erbfolge zum Tragen kommt. In diesem Fall ist es bei mehreren Erben z. B. ausgeschlossen, dass ein Kind, das die Unternehmernachfolge antritt, auch beherrschenden Einfluss auf das Unternehmen erlangt. Bei einer GmbH erhält dann z. B. bei zwei Kindern, von denen eines Nachfolger werden soll, jedes zur Hälfte in der Gesellschafterversammlung (50 %) Stimmrechte. Der Unternehmensnachfolger hat also keine Mehrheit. Wenn noch weitere Erben vorhanden sind, wie z. B. die Ehefrau, dann hätte der Nachfolger sogar die Minderheit gegenüber den nicht aktiven Gesellschaftern. Die Erben könnten ihre Anteile am Familienunternehmen gegen Abfindung zur Disposition stellen. Ob die dann anvisierten Ziele des Unternehmens erreicht werden, ist von der Einsicht aller Erben abhängig, sonst ist das Familienunternehmen in seinem Bestand gefährdet.

Deshalb muss jeder Familienunternehmer eine Nachfolgeregelung treffen, die die Zukunft seines Unternehmens sicherstellt.

Wenn nun ein Unternehmer dem Kind, das die Nachfolge antritt, den überwiegenden Teil des Betriebsvermögens zukommen lässt, um ihm auch die Entscheidungsgewalt im Unternehmen zu sichern, während seine übrigen Kinder mit dem Privatvermögen und ggf. mit einer Minderheitsbeteiligung am Familienunternehmen „abgefunden" werden: Wo bleibt da die Erbgerechtigkeit? Oft wird dies auf den ersten Blick wie eine Bevorzugung des Unternehmernachfolgers erscheinen, denn häufig macht das unternehmerische Vermögen den überwiegenden Teil des Gesamtvermögens aus.

Rechnet man streng formal nach Verkehrswerten des übergehenden Vermögens, bedeutet diese Entscheidung, die zur Unternehmenssicherung notwendig ist, keine Gleichbehandlung der Kinder. Sie ist jedoch gleichwohl gerecht, denn sie führt bei genauer Betrachtung der Umstände auch nicht zu einer deutlichen Bevorzugung des Unternehmernachfolgers:

Zum einen kann der Juniorchef über die in der Bilanz ausgewiesenen Gewinne nicht völlig frei und nach persönlichem Belieben verfügen, da er vorrangig den Fortbestand des Unternehmens zu sichern hat. Insofern müssen die entnahmefähigen Gewinne des Juniors nicht deutlich über den Einkünften der übrigen Kinder aus dem Privatvermögen sowie ggf. aus ihrer Minderheitsbeteiligung am Familienunternehmen liegen.

Außerdem ist unternehmerisches Vermögen generell risikobehaftet. Für eine faire Bewertung sollte familienintern also ein Abschlag vom Verkehrswert vorgenommen werden, der mit bis zu 50 % nicht zu hoch gegriffen ist.

Vermögen aus Grund- und Immobilienbesitz, aus Wertpapierbeständen, ist eindeutiger zu bewerten und mit weniger Risiken ausgestattet.

Eine gerechte Behandlung aller Kinder lässt sich manchmal auf diesem Wege herstellen, wenn es auch nicht eine betragsmäßig völlig gleichmäßige ist.

In einigen Fällen ist eine gerechte Behandlung der Kinder, die nicht zur Unternehmensnachfolge berufen sind, erst möglich, wenn der Ehepartner, der nicht unternehmerisch tätig ist, sein Privatvermögen ausschließlich an diese Kinder vererbt.

Auch hier muss diese Erbregelung fest vereinbart werden, damit nach dem Tod jedes Elternteils die Kinder wissen, was ihnen zufällt.

Nur damit können Sie sicher sein, dass die von Ihnen geplante Verteilung des Nachlasses auch tatsächlich zum Zuge kommt und nicht etwa durch Pflichtansprüche gefährdet wird.

Einbeziehung des Managements

Bereits an anderer Stelle habe ich darauf hingewiesen, dass die Nachfolge für das Unternehmen von strategischer Bedeutung ist, ähnlich einem Neustart. Aus diesem Grunde ist die Beteiligung der Führungskräfte des Unternehmens bei der Vorbereitung, bei der Überprüfung der strategischen Positionierung, der betrieblichen Prozesse und Strukturen unerlässlich. Auch aus psychologischen Gründen ist die Beteiligung des Managements fundamental wichtig, da eine Nachfolge „gegen das Management" das Unternehmen in eine existenzielle Krise führen würde.

Für das wirtschaftliche Weiterbestehen des Unternehmens im Prozess der Nachfolge sind folgende Punkte unabdingbar:

Die Übergabe des Unternehmens muss vorbereitet und auf das Unternehmen zugeschnitten sein, d. h., die unternehmerische Strategie für die Nachfolge muss gestaltet werden.

Angestellte der Führungsebene müssen auf die Übergabe vorbereitet und schon in der Vorbereitungsphase einbezogen werden. Denn einerseits sieht das Management mit Erleichterung, dass das Unternehmen weitergeführt wird und das Weiterbestehen des Unternehmens, soweit ersichtlich, gesichert zu sein scheint. Andererseits müssen die leitenden Angestellten sich mit ihren Ängsten vor Veränderungen auseinandersetzen. Der Antritt einer Nachfolge kann bei ihnen Ängste und Widerstand auslösen, gerade wenn der Nachfolger mit neuen Ideen auf erfahrene Mitarbeiter trifft. Um Konflikten zwischen Management und Nachfolge vorzubeugen, ist ein wesentlicher Bestandteil im Nachfolgeprozess, sowohl die Nachfolge als auch das Management gemeinsam auf die neue Situation in der Zukunft vorzubereiten.

Der Unternehmer muss die Vorbereitungszeit auf die Nachfolge mitgestalten und seinen Nachfolger bei seiner Vorbereitung auf die zukünftige Aufgabe aktiv unterstützen. Die leitenden Angestellten müssen dafür sensibilisiert werden, die anstehenden Veränderungen an die anderen Mitarbeiter im Unternehmen weiterzutragen, um sie auf die Übergabe vorzubereiten. Denn natürlich machen auch diese sich Gedanken über ihre Zukunft. Wer übernimmt das Unternehmen? Was bedeutet das für uns? Existenziellen Ängsten und Befürchtungen kann auf diese Weise begegnet werden.

Die Probleme des Nachfolgeprozesses bleiben also zunächst weiterhin beim Unternehmer, der sich fragt, ob er überhaupt jemanden finden kann, der ihm ein würdiger Nachfolger sein kann. Die Suche nach einem geeigneten Nachfolger ist von Gefühlen der Unsicherheit begleitet.

2.6 Möglichkeiten der Nachfolgegestaltung

Es gibt eine Reihe von Möglichkeiten, die Nachfolge im Rahmen eines Konzeptes erfolgreich und zielorientiert zu regeln. Jedes Familienunternehmen muss seine individuelle Lösung finden, denn es gibt keine identische Nachfolgesituation.

10 Erfolgsfaktoren für die Nachfolge:

1. Die Planung ist Teil der Unternehmensstrategie.
2. Die Nachfolge gelingt, wenn das gesamte Unternehmen für die Nachfolge ausgerichtet wurde.
3. Der Nachfolger aus der Familie muss mindestens die fachlichen und persönlichen Kriterien wie ein Bewerber von außen erfüllen.
4. Die Nachfolgeplanung muss von den Führungskräften mitgetragen werden.
5. Ein Notfall- und Nachfolgeplan muss zu jeder Zeit verfügbar sein. Ein Notfall kann jederzeit eintreten.
6. Die Übergabe des Unternehmens auf den Nachfolger muss eindeutig sein, sodass sie von keiner Seite in Frage gestellt werden kann.
7. Die Lebensplanung des Seniors für eine erfüllte Zeit „danach" ist wesentlicher Teil einer Nachfolgeplanung.
8. Frieden und finanzielle Zukunftssicherheit der Familie müssen gegen eine Weiterführung des Unternehmens abgewogen werden
9. Steuerrechtliche und gesellschaftsrechtliche Aspekte sind bei der Entwicklung der Nachfolgestrategie zu berücksichtigen.
10. Die Einschaltung Dritter ist bei der Lösung von tiefgehenden Konflikten innerhalb der Familie ein Weg zur Lösung.

Natürlich gibt es Erfahrungen, die Sie bei der Vorbereitung der familieninternen Nachfolge nutzen können, um Ärger und Enttäuschungen zu vermeiden:

Wenn Sie Kinder haben, dann machen diese sich schon sehr früh durch Ihre Äußerungen eine Vorstellung davon, was es heißt, das Unternehmen zu führen. Wenn Sie oft über Stress und Ärger klagen, wird kein Kind darin eine attraktive Perspektive sehen. Berichten Sie immer nur von erkämpften Erfolgen, wird Ihr Nachwuchs sich lieber ein anderes Aktionsfeld suchen, als sich diesem Erfolgsdruck zu stellen. Hier müssen Sie also einen Mittelweg finden, damit Sie Ihren Nachwuchs für die Führung Ihres Unternehmens begeistern können.

Gründerunternehmer neigen gerade in Erinnerung an die eigene schwere Aufbauzeit dazu, ihren Kindern jede Mühe ersparen zu wollen. Seien Sie sparsam mit gut gemeinten Hilfestellungen und Erleichterungen. Grundsätzlich sollten Sie Ihrem Nachwuchs keine Hürden aus dem Weg räumen, die er selbst bewältigen kann. Sie erhalten ihm damit nicht nur das gesunde Gefühl für die Realität, sondern auch die Möglichkeit, aus kleinen Fehlern zu lernen, bevor es um Größeres geht.

Vermeiden Sie eine rechnerisch gerechte Erbteilung. Sie gefährdet das Familienunternehmen. Ihr Nachfolger sollte über die Mehrheit des Kapitals verfügen. Unterwirft man ihn den Minderheitsentscheidungen der nicht im Unternehmen tätigen, möglicherweise geschäftlich unerfahrenen Mitgesellschafter, münden die ständigen Auseinandersetzungen sehr wahrscheinlich in einem gemeinsamen Verkauf des Unternehmens.

Lassen Sie sich nicht von dem Gedanken leiten, nicht von der operativen Tätigkeit zu lassen. Dies gefährdet den reibungslosen Übergang der Geschäftsführung in die Hände der nachfolgenden Generation. Große Familienunternehmen haben deshalb in ihren Gesellschaftsverträgen feste Altersgrenzen vorgesehen, bei deren Erreichen ein Gesellschafter aus der Geschäftsführung ausscheiden muss. Setzen Sie sich auch dafür ein zeitliches Ziel.

Das Erbschaftsteuerrecht bietet eine Anzahl von Gestaltungsmöglichkeiten, um die anfallenden Belastungen zeitlich zu strecken oder zu reduzieren. Deshalb müssen Sie rechtzeitig an die Steuern denken. Die steuergünstige Überleitung des unternehmerischen Vermögens in nachfolgende Generationen ist eine wichtige Maßnahme zur Sicherung eines Familienunternehmens. Wer z. B. die mehrfache Nutzung von Freibeträgen optimal ausschöpfen will, muss langfristig planen.

Allerdings sind steuermindernde Strategien nur insoweit sinnvoll, als sie die vorrangigen Ziele der Nachfolgeregelung – die Sicherung der Unternehmernachfolge und die Bewahrung des Familienfriedens – nicht unangemessen beeinträchtigen.

Wenn Sie sich davon überzeugen, dass in der nachfolgenden Generation kein richtiger Kandidat für die Unternehmensführung vorhanden ist, machen Sie sich rechtzeitig mit den Alternativen in der Unternehmensnachfolge vertraut.

2.6.1 Unternehmensnachfolge als Gemeinschaftsprojekt

Ob das Unternehmen erfolgreich weiterbestehen kann, hängt natürlich in erster Linie von den unternehmerischen Fähigkeiten des Nachfolgers ab. Aber der Senior-Unternehmer, dessen Familie, die Mitarbeiter und Geschäftspartner sind ebenfalls in einem erheblichen Maße verantwortlich dafür, dass die Nachfolge nahtlos vonstattengeht. Schon von vornherein sollten Unternehmer und Nachfolger klären, wie sie den Übertragungsprozess gestalten wollen. Dabei müssen folgende Fragen geklärt werden.

Checkliste 6: Der Übertragungsprozess

Fragen	Antworten
✓ Wie wird sich auf den Wert des Unternehmens geeinigt?	
✓ Wie, auf welche Art erfolgt die Übertragung?	
✓ Welche Rolle spielt die Rechtsform des Unternehmens bei der Übertragung?	
✓ Welche steuerlichen Auswirkungen der Übertragung gibt es?	
✓ Wie sollen die Zahlungsmodalitäten aussehen?	

Es müssen weiterhin alle Vorteile und Nachteile einer Nachfolgeregelung abgewogen werden.

Die erfolgreiche Nachfolgeplanung muss sämtliche mögliche Szenarien ernsthaft prüfen: die Einstellung fremder Geschäftsführer, den Verkauf an Investoren oder an leitende Mitarbeiter, die Fusion mit anderen Unternehmen usw. – aber auch die Abgabe der Macht, zeitweise oder auf Dauer. Die Ziele wie der Erhalt des Unternehmens und die Mehrung des Familienvermögens sind oft nicht deckungsgleich. Das Bestreben, die Kinder bei der Nachfolge gleich zu behandeln, liegt nicht immer im Interesse des Unternehmens. All dies muss der Senior wissen. „Der Betrieb ist kein Erbhof, und die Kinder des Unternehmers mögen gut geraten, hochbegabt und intelligent sein und doch nicht das Zeug zu einem Unternehmer haben. Zwar gibt die überwältigende Mehrheit der Unternehmer immer noch einem aus der Familie stammenden Nachfolger den Vorzug vor einem Fremden. Doch die strikte Ausrichtung allein auf eine lebzeitige oder letztwillige Übertragung auf ein Familienmitglied verringert die Chancen einer erfolgreichen Nachfolgegestaltung bereits beim Start. Das gilt umso mehr, als Fähigkeit und Bereitschaft der nachfolgenden Generation, Verantwortung im Unternehmen zu tragen, deutlich sinken."[12]

Sie haben für die Nachfolgeregelung verschiedene Möglichkeiten. Diese sind vor allem:

---

12 Hennerkes, 2004, S. 126

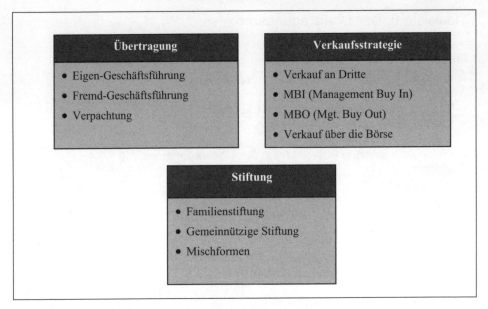

Abbildung 10: *Möglichkeiten der Nachfolgeregelung*

Es wird angenommen, dass, wie es bei den Regelungen im Jahr 2005 erfolgt ist, in den nächsten Jahren die Nachfolgelösungen in den deutschen Familienunternehmen nach Umsatzgrößen wie in Abbildung 11 aufgeführt vorgenommen werden.

Die Präferenz liegt eindeutig bei der Nachfolge aus der Eigentümerfamilie. Gibt es jedoch innerhalb der Familie keine geeigneten Nachfolger, die in der Lage sind, das Familienunternehmen fortzuführen, kann der Unternehmer entsprechend der familienexternen Nachfolge zwischen Fremdmanagement, Stiftung, Verkauf oder Liquidation wählen. Die Liquidation des Unternehmens beendet die Existenz des Unternehmens und wird aus diesem Grund nicht als Nachfolgevariante angesehen und weiterbehandelt.

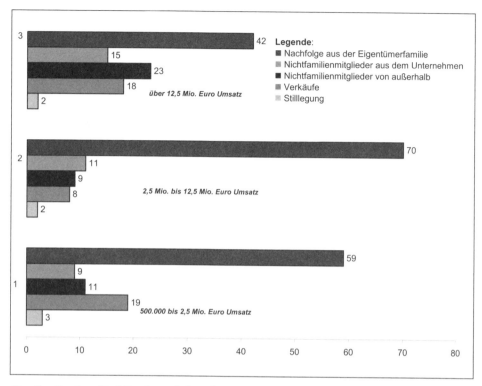

Quelle: Institut für Mittelstandsforschung Bonn 2001
Abbildung 11: *Zukünftige Unternehmensnachfolgen*

2.6.2 Nachfolge innerhalb der Familie

Zunächst müssen Sie sich die Frage beantworten, ob es in Ihrer Familie einen geeigneten Nachfolger gibt und was Sie von ihm erwarten. Alle Überlegungen Ihrerseits müssen von dem Gedanken getragen sein, die Handlungsfähigkeit Ihres Unternehmens sicherzustellen.

Viele Familienunternehmen bilden ihre Kinder im eigenen Unternehmen aus. Die Kinder haben eine qualifizierte Schul-, Berufs- und zum Teil auch akademische Ausbildung. Während ihrer Jugend und Studienzeit sind sie im Unternehmen tätig gewesen. Sie kommen dann als junge Nachwuchskräfte ins Unternehmen und erhalten bestimmte Aufgaben. Die Gefahr ist hierbei, dass diese jungen Leute einfach überfordert werden. Wenn es Ihnen gelungen ist, über eine gute Schulausbildung, die praktische Ausbildung im eigenen Unternehmen und das Studium eine feste Bindung Ihres Kindes oder Ihrer Kinder zur eigenen Firma zu entwickeln, dann sollten

Sie ihnen nun die Möglichkeit einräumen, in Fremdbetrieben Erfahrungen zu sammeln. Hier stehen sie nicht unter dem Druck, „sich als Kinder vom Chef" bewähren, Erfolge um jeden Preis erreichen zu müssen, bei Misserfolgen belächelt oder bedauert zu werden usw. Denn das führt dazu, dass ihre Führungsqualitäten verschlissen werden.

Anders in Fremdunternehmen. Hier können sie sich ihre Sporen in der Führungstätigkeit ohne Erfolgsdruck verdienen. Nach zwei bis fünf Jahren sollten sie dann ins Familienunternehmen zurückkehren und in der Geschäftsführung erste Teilaufgaben übernehmen.

Praxisbeispiel:

> *Christian* und *Christina Hagemeister* haben sich diesen Rat zu eigen gemacht.
>
> Seit über 100 Jahren produziert ihr Familienunternehmen Fassaden-, Pflaster- und Formklinker. Es entwickelte sich aus einer kompakten Ziegelmanufaktur zu einem der führenden Spezialisten der Klinkerherstellung in Deutschland und den europäischen Nachbarländern
>
> Die Produktionskapazität reicht aus, um in jedem Jahr eine Stadt für 30 000 Einwohner zu erbauen. Dies kombiniert mit einer umfassenden Logistik-Struktur macht Hagemeister zu einem kompetenten Partner bei der Realisierung von Großobjekten im nationalen sowie internationalen Rahmen.
>
> Heute wird das Unternehmen von zwei Alt-Gesellschaftern geführt. Beide Gesellschafter haben ihre Nachfolge langfristig intern vorbereitet. Christian Hagemeister hat nach seinem Studium praktischer Erfahrung in anderen Branchen gesammelt, sich intensiv innerhalb der Junioren-Akademie vorbereitet und ist nun bereits seit vier Jahren im Unternehmen. Seine Cousine Christina ist seit ca. einem Jahr im Unternehmen. Sie hat sich nach ihrem BWL-Studium ihre Managementkompetenz in einem internationalen Beratungshaus erworben und wissenschaftlich an ihrer Heimatuniversität Münster gearbeitet.

Dies ist ein gutes Beispiel der Vorbereitungen, denn ein Weg „von der Pike" an nach oben arbeiten im väterlichen Unternehmen ist nicht immer der richtige Weg. Es sollte eine gesunde Mischung zwischen lernen, Er-fahrungen sammeln im eigenen Betrieb und außerhalb, in Fremdunternehmen, gefunden werden. Dieses Vorgehen ermöglicht dem potenziellen Nachfolger, im Familienunternehmen schrittweise die Spitze zu übernehmen über Teilaufgaben, Projekte, Bereichsverantwortung, die Ernennung zum Geschäftsführer bis zur Übernahme der Gesamtverantwortung.

Je nach Gesellschaftsstruktur, Größe und Charakter des Unternehmens und der Familien unterscheiden sich die Formen der Übertragung der Gesellschaftsanteile.

Neben dem geschilderten Vorgang finden sich in der Praxis folgende Arten der Weitergabe seines Lebenswerkes durch den Unternehmer:

- Schenkung – „vorweggenommene Erbfolge",
- Nachfolge per Testament oder Erbvertrag,
- gesetzliche Erbfolge.
- Neben dieser Praxis ist es möglich, das Eigentum in der Familie zu belassen, aber die Unternehmensführung an einen
- Fremdgeschäftsführer

zu übergeben.

2.6.3 Schenkung – Vorweggenommene Erbfolge

Die Schenkung ist die Weitergabe zu Lebzeiten des Unternehmers an einen oder mehrere Erben. Sie ist also eine vorweggenommene Erbfolge, unter der Rechtsgeschäfte unter Lebenden verstanden werden, durch die der Vermögensübergeber sein Vermögen oder Teile davon im Vorgriff auf die künftige Erbfolge überträgt. Die Schenkung ist besonders dann ratsam, wenn es im Unternehmen hohe stille Reserven gibt. Beim Verkauf werden für Grundstück und Gebäude höhere Verkaufserlöse erzielt, als diese in den Büchern als Wert erfasst sind. Diese und ähnliche Wertsteigerungen von Wirtschaftsgütern ergäben beim Verkauf höhere Gewinne und damit womöglich hohe Steuerzahlungen (siehe Kapitel 5: Rechtliche, steuerliche und finanzielle Aspekte der Unternehmensübertragung).

Der Erwerb durch Schenkung oder vorweggenommene Erbfolge kann unentgeltlich oder teilentgeltlich erfolgen. Zu berücksichtigen sind die Abstandszahlungen an weichende Angehörige aus der Erbfolge.

Wenn der Erwerb voll unentgeltlich erfolgt, führt der Erwerber die Buchwerte bzw. das Kapitalkonto des Übergebers fort.

Diese Vorgehensweise ist die für das Unternehmen und für die Familie beste Variante, da bereits im Vorfeld viele Probleme besprochen und Schwierigkeiten vermieden werden können. Voraussetzung ist natürlich, dass ein Nachfolger in der Lage ist, das Unternehmen zu übernehmen (siehe dazu Kapitel 7: Der Nachfolger aus der Familie – Garant für Kontinuität).

Hier entsteht für den Unternehmer kein Veräußerungsgewinn, den er zu versteuern hätte.

Bei der gemischten Schenkung oder Auflagenschenkung entsteht ein Veräußerungsgewinn, soweit die Gegenleistung den gesamten Buchwert übersteigt.

Hier ist es besonders wichtig, einen Rechtsanwalt bzw. Steuerberater zu Rate zu ziehen, damit die Möglichkeiten des Einkommensteuergesetzes ausgeschöpft werden. Der Nachfolger hat in Höhe des den Buchwert übersteigenden Betrages zusätzliche Anschaffungskosten. Wenn die Gegenleistung niedriger als der Buchwert ist, sind die Buchwerte des Übergebers fortzuführen. Dabei hat der Nachfolger keine zusätzlichen Anschaffungskosten und der Übergeber kann keinen Verlust geltend machen.

Ehepartner, Kinder oder Eltern des Inhabers, die nicht Erbe werden, sind ausschließlich pflichtteilberechtigt. Will man vermeiden, dass im Todesfall Pflichtteile geltend gemacht werden, bieten sich Vorabschenkungen bzw. Regelungen zum Pflichtteilsverzicht an. Dabei werden aber alle Schenkungen der letzten zehn Jahre bei der Berechnung des Pflichtteils berücksichtigt.

Bei einer Schenkung müssen die Ansprüche möglicher anderer weichender Erben geklärt werden. Ein Verzicht auf ihr Erbe wäre von Vorteil. Andernfalls könnten durch eventuelle erbrechtliche Ansprüche an weitere Familienangehörige Ausgleichszahlungen auf den Nachfolger zukommen, die die Liquidität des Unternehmens wesentlich beeinträchtigen könnten.

Ziel einer konsequent angelegten familieninternen Nachfolgeplanung ist es nicht nur, den richtigen Unternehmernachfolger zu bestimmen, sondern auch, ihn rechtzeitig an seine zukünftige Rolle heranzuführen. Weitere Ausführungen dazu finden Sie im Kapitel 6: Der Nachfolger aus der Familie – Garant für Kontinuität. Hier soll nur noch auf die stufenweise Beteiligung eingegangen werden.

Stufenweise Beteiligung – Verantwortung und Entscheidungsmacht

Die Beteiligung Ihres Sohnes bzw. Ihrer Tochter, der/die zum Nachfolger bestimmt sind, kann nach einem Stufenplan erfolgen. Nach einer gewissen Zeit der Bewährung im Familienunternehmen sollte die erste Beteiligung übertragen werden. Diese kann in bestimmten Zeitabständen immer wieder aufgestockt werden. Damit wird der Unternehmernachfolger an das unternehmerische Risiko, das mit Entscheidungen für das eigene Vermögen verbunden ist, und nicht nur an das operative Management herangeführt.

Zum Beispiel sollte man die Kinder bereits im jugendlichen Alter als stille Gesellschafter einbinden. Nach Abschluss der Schulausbildung können Sie Ihren Sohn oder Ihre Tochter als Minderheitsgesellschafter einsetzen und ihnen ihre Anteile schrittweise übertragen. (Der Prozess der Nachfolgevorbereitung innerhalb der Familie sollte auch durch ein „Unternehmertraining" begleitet werden.)

Die vorzeitige Beteiligung anderer Familienmitglieder am Unternehmen kann auch günstig sein. Durch die vorweggenommene Übertragung fallen alle zukünftigen Wertsteigerungen und bei einer Schenkung ohne Nießbrauchsvorbehalt auch die zukünftigen Erträge bereits in der nachfolgenden Generation an und unterliegen damit nicht mehr der Erbschaftsteuer. Durch eine frühzeitige Übertragung von Anteilen haben alle Familienmitglieder Gelegenheit, sich in ihre Gesellschafterrolle einzuleben. Die Übertragung zu Lebzeiten gibt dem Senior die Möglichkeit, diesen Lernprozess zu begleiten und seine praktischen Erfahrungen und die Erkenntnisse daraus noch bei seiner Nachfolgeplanung zu berücksichtigen.

Wenn es aus der Sicht des Seniors optimal läuft, dann sollte zu einem bestimmten Zeitpunkt – wenn der Senior aus der operativen Geschäftsführung ausscheidet – die Unternehmensführung komplett in die Hände des Nachfolgers übergehen, dieser auch die Mehrheit am Familienunternehmen bzw. der Beteiligung am Familienunternehmen erhalten, wobei natürlich zugleich auch den Versorgungsinteressen des Seniors und seines Ehegatten Rechnung getragen werden muss.

Praxisbeispiel:

Eines meiner Musterbeispiele ist die Unternehmerfamilie Schmidt in Berlin, Gesellschafter der Hintz Fabrik GmbH, die ich im Prozess der Nachfolge partnerschaftlich begleiten konnte.

Das Unternehmen existiert seit 1886. Der Ingenieur Richard Hintz entwickelte damals seine holzverarbeitende Firma zum Büroausstatter. Aus unpraktischen Kontoren alten Stils wurden zweckmäßig ausgerüstete Büros. Die Firma entwarf Registraturen im Baukastensystem und variable Schreibtischsysteme. Ab 1906 etablierte sich das Unternehmen auch als Organisationsspezialist. Neben der Fertigung moderner Büroausstattungen bot Hintz seinen Kunden das Know-how zur Verbesserung der Büroorganisation an. Schon 1910 unterhielt er deutschland- und europaweit Zweigniederlassungen. 1921 wurde die Firma in Hintz Fabrik GmbH mit Sitz in Berlin-Marienfelde umgewandelt. Nach dem Wiederaufbau der Firma nach dem 2. Weltkrieg begann sich das Unternehmen auf das Gesundheitswesen zu spezialisieren. Die Philosophie des Dr. Hintz gilt heute mehr denn je: Erst der gezielte, durch Fachleute betreute Einsatz innovativer Produkte schafft wirklichen Fortschritt in der Organisation eines Unternehmens. Die Unternehmerfamilie hat ihren einzigen Sohn frühzeitig an der Nachfolge interessiert und mit Teilübertragungen in das Unternehmen eingebunden. Der Sohn hat ein betriebswirtschaftliches Studium, ein medizinisch-wirtschaftliches Aufbaustudium und die Deutsche Junioren Akademie absolviert und zwei Jahre praktische Erfahrungen außerhalb des Familienunternehmens gesammelt. Inzwischen haben sich die Eltern nicht nur daran gewöhnt, dass ihr Sohn im Unternehmen mitredet,

> sondern sie sind dabei, unternehmerische Verantwortung abzugeben. Vater und Sohn kommunizieren darüber, was – wann – warum – gemacht werden muss. Der Sohn wächst so in die Gesamtverantwortung für das Unternehmen hinein.

Nießbrauchsvorbehalt

Eine Schenkung unter Nießbrauchsvorbehalt führt dazu, dass dem Senior weiterhin die Stimmrechte und auch die Gewinne aus der geschenkten Beteiligung verbleiben, während auf den Unternehmernachfolger lediglich die Substanz übergeht. Bei einem sogenannten Quotennießbrauch kann der Gewinnzufluss zwischen dem abgebenden Senior und dem übernehmenden Junior aufgeteilt werden (z. B. 50 % des entnahmefähigen Gewinns). Da der Nachfolger von der geschenkten Beteiligung außer der reinen Tatsache der Übertragung nichts hat, wird sichtbar, dass derartige Übertragungen vorrangig steuerlich motiviert sind, um einen möglichst erbschaftsteuergünstigen Übergang der Beteiligung sicherzustellen.

Es sind aber auch Gestaltungen möglich derart, dass Eigentum und Stimmrechte der Gesellschafteranteile übergehen und nur der Gewinn bzw. eine vereinbarte Quote beim Altunternehmer verbleibt.

Was gehört in einen Schenkungsvertrag?

Ein Schenkungsvertrag ist grundsätzlich vom Notar zu beurkunden, sonst ist er nicht wirksam. Bei der Ausarbeitung sollte ein Rechtsanwalt, Steuerberater oder Notar hinzugezogen werden. Nachfolgend einige Hinweise, die im Schenkungsvertrag berücksichtigt werden sollten:

Checkliste 7: Schenkungsvertrag

Fragen	Antworten
✓ Wurde das Unternehmen ohne Gegenleistung angeboten (z. B. im Rahmen einer vorweggenommenen Erbfolge)?	
✓ Hat der Erwerber das Angebot angenommen?	
✓ Darf bzw. soll der Name des Unternehmens weitergeführt werden?	
✓ Bei Vollkaufleuten: Wurden Vereinbarungen zur offenen Vorsteuer und zu den Vorsteuererstattungsansprüchen getroffen?	
✓ Wurde dem Vertrag eine Liste mit allen beweglichen Gegenständen beigefügt?	
✓ Werden Forderungen und Verbindlichkeiten übernommen?	
✓ Werden Bankkonten und -guthaben übernommen?	
✓ Haftet der Übergeber bis zum Stichtag der Übertragung für Umsätze und Erträge?	
✓ Tritt der Nachfolger in laufende Vertragsverhältnisse (z. B. Arbeitsverhältnisse, Versicherungsverhältnisse) ein?	
✓ Haben die jeweiligen Vertragspartner zugestimmt?	
Weitere Fragen	**Antworten**
✓ Was geschieht mit Gewährleistungsansprüchen Dritter, die aus dem Zeitraum vor der Übertragung resultieren, aber erst nach der Übertragung geltend gemacht werden?	
✓ Übernimmt der Nachfolger Bank-Sicherheiten?	
✓ Was geschieht, wenn nach dem Stichtag eine Betriebsprüfung durchgeführt wird, die nachträglich Fehler oder Nachlässigkeiten des Alt-Inhabers aufdeckt?	
✓ Wurde die Abfindung der anderen Erben geregelt?	
✓ Gibt es Klauseln zur sofortigen Unterwerfung unter die Zwangsvollstreckung (in Notarverträgen üblich)?	
✓ Wurde eine salvatorische Klausel aufgenommen, wonach die im Vertrag aufgeführten Klauseln ihre Gültigkeit behalten, auch wenn eine der Klauseln unwirksam wird?	
Folgende Unterlagen sollten für einen Schenkungsvertrag vorliegen:	
✓ Unbedenklichkeitsbescheinigung des Finanzamtes, dass bis zum Übertragungsstichtag alle öffentlichen Abgaben für das/die Betriebsgrundstücke abgeführt wurden	
✓ Negativbescheinigung des Finanzamtes, dass bis zum Übertragungsstichtag keine betrieblichen Steuerschulden vorliegen	
✓ Bestätigung der Sozialversicherung, dass alle Beiträge abgeführt wurden	

Quelle: BMWA, 2004, S. 43

Bei der Übergabe des Unternehmens in Form einer Schenkung darf die psychologische Seite nicht unterschätzt werden. Der Sohn oder die Tochter oder ein anderer Verwandter hat jetzt das Sagen im Betrieb. Es ist allerdings die familienfreundlichste Lösung. Die Weichen werden rechtzeitig gestellt, um die Zukunft des Unternehmens zu sichern. Der Junior kann sich in Ruhe auf seine Unternehmerrolle vorbereiten und der Senior kann seine Erfahrungen weitergeben. Diese Konstellation kann aber auch viel emotionalen Zündstoff in sich bergen (siehe dazu auch Kapitel 6: Spannungsfeld Familie und Unternehmen).

Wer sein Unternehmen durch „dick und dünn" geführt hat und es weitergeben will, kann sich oft nicht von heute auf morgen trennen. Wie kann dann der Familienfrieden gesichert und das Unternehmen weiterhin erfolgreich geführt werden? Wie soll man die Übergabe gestalten? (Siehe Kapitel 7: Der Nachfolger aus der Familie – Garant für Kontinuität und Erfolg.)

Die Schenkung ist die beste Form der Nachfolge, die die Möglichkeit bietet, alle Konflikte, Fragen, Unstimmigkeiten in Ruhe und mit viel Zeit wirklich zu klären.

In der Nachfolgepraxis existiert weitgehend eine Kombination der folgenden Übergabemöglichkeiten:

- Schenkung zur Ausschöpfung der Freibeträge,
- Verkauf/Teilverkauf gegen Leibrente,
- Übertragung gegen Nießbrauch,
- Aufspaltung des Unternehmens in Betriebs- und Besitzgesellschaft, wobei die Besitzgesellschaft weiterhin im Eigentum des Seniorunternehmers verbleibt. Er bezieht daraus Nutzungsentgelte.

2.6.4 Nachfolge per Testament oder Erbvertrag

Diese Form der Unternehmensweitergabe basiert auf einem Testament oder Erbvertrag, den der Unternehmer noch zu Lebzeiten festgelegt hat.

Hier erfolgt eine plötzliche Unternehmensübergabe nach dem Tod des Unternehmers.

Das Testament wird vom Unternehmer verfasst und kann von ihm jederzeit geändert werden. Auch jüngere Unternehmer sollten sich nicht davor scheuen, ein Testament zu verfassen. Wie bereits im Abschnitt 2.2 beschrieben, ist es auch für einen Notfall erforderlich. Es zeugt von hohem Verantwortungsbewusstsein, die Existenz des Unternehmens und die finanzielle Absicherung Ihrer Familie im Unglücksfall zu sichern.

Der Unternehmer legt im Testament oder im Erbvertrag fest, welchen Erbanteil seine Nachkommen jeweils erhalten. Dabei kann er das gesamte Unternehmen z. B. einem Erben zukommen lassen.

Da es auch hier eine Reihe von gesetzlichen Bestimmungen gibt, sollte ein Notar zu Rate gezogen werden. So verbietet das Gesetz sittenwidrige Verfügungen und räumt dem nahen Angehörigen ein Pflichtteilsrecht ein. Wenn also Eltern, Ehegatten oder Kinder ohne Verfügung „von Tod wegen" Erben geworden sind, steht ihnen ihr gesetzliches Pflichtteil zu. Der Pflichtteil kann nur unter bestimmten engen Voraussetzungen entzogen werden bzw. man vereinbart einen Pflichtteilsverzicht im Gegenzug zu anderen Leistungen.

Die Abfassung eines Testaments muss sehr sorgfältig vorbereitet und gewissenhaft durchgeführt werden. Jeder Erblasser sollte bedenken, dass er selbst nicht mehr in der Lage sein wird, bei späteren Auslegungsschwierigkeiten seine Absichten zu erläutern. Was niedergeschrieben wird, muss deshalb eindeutig und zweifelsfrei sein. Oberflächlich abgefasste Testamente werden mit Sicherheit zu Streit in der Familie führen.

Übereinstimmung von Testament und Gesellschaftsvertrag

Bei der Erstellung des Testaments müssen Sie unbedingt beachten, dass es im Gesellschaftervertrag und im Testament bezüglich des Unternehmens keine sich widersprechenden Verfügungen bzw. Bestimmungen gibt. U. a. müssen Sie folgende Aspekte berücksichtigen:

- den zu übergebenden Gegenstand genau definieren;
- eindeutig regeln, welche Gegenleistung der Nachfolger an Sie und an die anderen Familienmitglieder zu erbringen hat;
- das Testament muss von Ihnen persönlich geschrieben und unterschrieben sein;
- notariell errichtete Testamente verursachen zwar Kosten, führen aber zu Kostenersparnissen hinsichtlich des Erbscheins und haben den Vorteil, dass der Notar fachkundig und belehrungspflichtig ist – spätere Streitigkeiten können so vermieden werden;
- die vorsorgliche Bestimmung von Ersatzerben muss enthalten sein, sowohl für den Fall, dass die Erben verstorben sind oder dass evtl. einer oder mehrere Erben die Erbschaft ausschlagen.

Eines der häufigsten Probleme, die im Erbfall auftreten, ist, dass Gesellschaftsanteile durch die gesetzliche Erbfolge an angeheiratete Ehepartner vererbt werden, der Gesellschaftsvertrag eine Gesellschafterstellung dieses Personenkreises jedoch nicht zulässt. Zank und Auseinandersetzungen sind vorprogrammiert.

Um in Familiengesellschaften den Gesellschafterkreis überschaubar zu halten, wird in den meisten Gesellschaftsverträgen nicht nur angeordnet, dass die Gesellschaft mit dem Rechtsnachfolger eines Gesellschafters fortgesetzt wird, sondern es erfolgt in der Regel auch eine Beschränkung dahingehend, dass die Beteiligung nur auf Abkömmlinge des Gesellschafters, ggf. auch auf dessen Ehegatten übergehen kann. Der Gesellschaftsvertrag setzt aber nicht nur den rechtlichen Rahmen für die Bestimmung des Nachfolgers, er ist auch die Grundlage, auf der die Mitglieder der nachfolgenden Generation als aktive oder passive Gesellschafter zusammenwirken. Damit spielt er für die streitfreie Fortführung des Familienunternehmens eine fundamentale Rolle. Eine Auswahl sinnvoller Vereinbarungen im Gesellschaftervertrag bei Familiengesellschaften ist in Tabelle 2 dargestellt:

Geschäftsführung

Wodurch werden die Kompetenzen der Geschäftsführung abgesteckt?	Für die effektive Führung des Unternehmens müssen den geschäftsführenden Gesellschaftern die notwendigen Handlungsspielräume eingeräumt werden. Nichts hemmt unternehmerische Entscheidungen mehr als eine zu starke Beschränkung der Geschäftsführung mit der Konsequenz, dass auch Entscheidungen im Tagesgeschäft von anderen Gesellschaftsorganen (Gesellschafterversammlung oder Beirat) abgesegnet werden müssen.
Ist ein Katalog zustimmungsbedürftiger Geschäfte vereinbart?	Die Kompetenz der Geschäftsführung, die das unternehmerische Vermögen aller Gesellschafter verwaltet, kann natürlich auch nicht grenzenlos sein. Daher sollten Geschäfte, die der vorherigen Zustimmung der Gesellschafterversammlung bzw. des Aufsichtsrats oder eines ggf. vorhandenen Beirats bedürfen, klar vereinbart sein: z. B. Investitionen, die über den verabschiedeten Investitionsplan hinausgehen, Errichtung von Niederlassungen oder Tochtergesellschaften, besonders wichtige Personalmaßnahmen.
Ist eine regelmäßige Berichtspflicht der Geschäftsführung gegenüber der Gesellschafterversammlung vorgesehen?	Ein regelmäßiger Bericht ist eine vertrauensbildende Maßnahme. Wer die Gesellschafter lediglich im Rahmen der einmal jährlich stattfindenden Gesellschafterversammlung über die laufende Geschäftslage informiert, kann kaum erwarten, dass das Interesse der Gesellschafter am Fortbestand der Gesellschaft und an ihrem Verbleib in der Gesellschafterstellung gefördert wird. Eine unternehmerische Steuerung ist nicht möglich. Sinnvoll sind Gesellschafterversammlungen in einem Rhythmus von einem bis zwei Monaten, besser noch, Bericht einmal monatlich an Gesellschafterausschuss, dann alle drei Monate an Gesellschafterversammlung.

Erhält der geschäftsführende Gesellschafter eine objektiv angemessene Vergütung?	Die Vergütung muss mit den in ähnlichen Unternehmen üblichen Geschäftsführergehältern vergleichbar sein und sollte außerdem eine nennenswerte erfolgsbezogene Komponente enthalten. Weder darf sie dem geschäftsführenden Gesellschafter ermöglichen, den auf die Gesellschafter entfallenden Gewinn unangemessen zu mindern, noch darf ein Blockadepotenzial dadurch entstehen, dass die Gesellschafter dem Gesellschafter-Geschäftsführer die ihm zustehende angemessene Vergütung nur unter Einforderung eigener Vorteile zugestehen.
Wird das Widerspruchsrecht des Kommanditisten eingeschränkt?	Eine Besonderheit bei Kommanditgesellschaften. Hier gewährt das Gesetz jedem Kommanditisten unabhängig von der Höhe seiner Beteiligung ein Widerspruchsrecht gegen Maßnahmen der Geschäftsführung, die über den gewöhnlichen Geschäftsbetrieb hinausgehen. Dieses Widerspruchsrecht kann im Gesellschaftsvertrag eingeschränkt oder ganz abgedungen werden. Dies ist in jedem Fall anzuraten, weil sonst praktisch jede größere Investitionsentscheidung einstimmig getroffen werden muss. Widerspricht auch nur ein Kommanditist (unabhängig von seiner Beteiligungsquote), so hat die Maßnahme zu unterbleiben. Das kann zu langwierigen Blockadesituationen führen. Die Zustimmung wird dann oft mit anderen Zugeständnissen, z. B. höheren Entnahmen, „erkauft".
Aufsichtsrat/Beirat	
Sind die Kompetenzen von Aufsichts- bzw. Beiräten präzise geregelt?	Eine genaue Beschreibung der Kompetenzen sollte im Gesellschaftsvertrag verankert werden. Wichtig ist auch, das Recht zur Benennung von Beiratsmitgliedern zu regeln, um zu verhindern, dass nach dem Tod des Seniors der Nachfolger das Gremium nur noch mit gefügigen Vertretern besetzt. Hier müssen auch die Interessen der Minderheitsgesellschafter gewahrt werden.

Gewinnausschüttungen/Entnahmerechte

Ist eine Mindestrücklagenbildung ebenso wie eine Mindestausschüttung festgeschrieben?	Bleibt die Entscheidung völlig der Gesellschafterversammlung überlassen, so ist die jeweilige Mehrheit in der Lage, eine einseitige Ausschüttungs- bzw. Entnahmepolitik zu verfolgen. Der Geschäftsführer-Gesellschafter, der ein Interesse daran hat, möglichst viele Mittel im Unternehmen zu halten, könnte seine Mitgesellschafter quasi aushungern. Dies fällt ihm leicht, wenn er seinerseits den Lebensunterhalt von seinem Gehalt bestreiten kann. Falls jedoch die nicht im Unternehmen tätigen Gesellschafter mehrheitlich die Ausschüttungshöhe bestimmen, besteht Gefahr, dass das Unternehmen durch die privaten Interessen der Gesellschafter ausblutet. In der Praxis hat sich die Lösung bewährt, sowohl eine Mindestgewinnausschüttung als auch eine Mindestrücklagenbildung im Gesellschaftsvertrag festzuschreiben und nur den Korridor zwischen den beiden Werten der Disposition der Gesellschafterversammlung zu überlassen.

Übertragung und Kündigung von Beteiligungen

Bedürfen der Verkauf einer Beteiligung und auch jede Verpfändung und unentgeltliche Verfügung der Zustimmung der Gesellschafterversammlung?	Derartige Klauseln, von denen i. d. R. nur Übertragungen auf Abkömmlinge eines Gesellschafters oder auf Mitgesellschafter ausgenommen werden, sind unerlässlich, um den Gesellschafterkreis auf Familienmitglieder zu beschränken. Sofern an einer Familiengesellschaft mehrere Familienstämme beteiligt sind, sind außerdem Mechanismen vorzusehen, die es jedem Familienstamm nahelegen, Beteiligungsverschiebungen zunächst nur innerhalb des Stammes vorzunehmen. Erst wenn eine Übernahme durch den Stamm ausscheidet, sollte auch den anderen Gesellschafterstämmen die Möglichkeit zur Übernahme gegeben werden.

Ist eine angemessene vertragliche Kündigungsfrist vorgesehen?	Abgesehen davon, dass bei Personengesellschaften ein dauerhafter Ausschluss des Kündigungsrechts ohnehin nicht zulässig ist, sollte auch hier ein Interessenausgleich zwischen dem ausscheidungswilligen und den übrigen Gesellschaftern getroffen werden. Will ein Gesellschafter in jedem Fall aus der Gesellschaft ausscheiden und wird daran aber durch zu lange Kündigungsfristen gehindert, so wird er sich auf die Möglichkeiten besinnen, in exzessiver Ausübung seiner Gesellschafterrechte ein lästiger Gesellschafter zu werden. Eine Kündigung der Gesellschaft sollte, wenn schon nicht zum Ende eines jeden Kalenderjahres, so doch spätestens zum Ende jedes dritten Kalenderjahres möglich sein. Wichtig ist hier eine angemessen lange Kündigungsfrist. Sie sollte zwischen 6 und 12 Monaten betragen, damit die verbleibenden Gesellschafter ausreichend Zeit haben, Dispositionen für die neue Situation, insbesondere für die Finanzierung des Abfindungsguthaben zu treffen oder aber auf die Suche nach einem neuen Gesellschafter zu gehen.
Abfindungsregelungen	
Orientieren sich Abfindungsguthaben an Buch- oder Verkehrswerten?	Abfindungsregelungen sollten schon wegen der drohenden Pflichtteilsansprüche nicht auf den rechtlich gerade noch zulässigen niedrigsten Wert eingerichtet werden, sondern auf einen Wert, den einerseits das Unternehmen noch finanzieren kann, der aber andererseits dem ausscheidenden Gesellschafter auch soweit wie möglich den Verkehrswert seiner Beteiligung zubilligt.
Gibt es ein vereinbartes Berechnungsschema?	Die Berechnung der Abfindung sollte konkret im Gesellschaftsvertrag und unter Nutzung ständig verfügbarer Zahlen geregelt werden, anstatt allgemeine Formulierungen, die in sich wieder streitanfällig sind (z. B. 70 % des Verkehrswertes der Beteiligung), zu wählen. Wenn erst Gutachter die Höhe der Abfindung feststellen müssen, sind Streitigkeiten und damit verbunden, hohe Kosten für alle Beteiligten unvermeidlich. Auch wenn damit vielleicht nicht die maximale Genauigkeit erreicht wird, ist allen Beteiligten besser damit gedient, ein eigenes Berechnungsschema anhand der Jahresabschlüsse des Unternehmens zu vereinbaren.

Wie sind die Auszahlungsmodalitäten geregelt?	11. Um die Gesellschaft vor einem nicht finanzierbaren Liquiditätsabfluss zu schützen, wird in der Regel die Auszahlung über eine bestimmte Anzahl von Jahren gestreckt. Die ausstehenden Raten sind dann angemessen zu verzinsen. Auch hier sollte der Auszahlungszeitraum nicht zu lange gewählt werden. Als angemessener Interessenausgleich dürfte ein Zeitraum von etwa 5, in Ausnahmefällen längstens 8 Jahren in Frage kommen. Allerdings sollte in jedem Fall die Möglichkeit vorgesehen werden, dass bei unvorhergesehenen Problemen des Unternehmens die Auszahlung weiter gestreckt werden kann.

Sonstige wichtige Regelungen	
Besteht vertraglich die Möglichkeit, an einem Gesellschaftsanteil einen Nießbrauch zu bestellen?	Ohne entsprechende Regelung im Gesellschaftsvertrag einer Personengesellschaft würde eine derartige Nießbrauchsbestellung die Zustimmung aller Gesellschafter erfordern. Diese Möglichkeit sollte daher von vornherein vertraglich eingeräumt werden, wobei allerdings der Personenkreis möglicher Nießbraucher einzuschränken ist. Hier gilt dasselbe wie bei den Nachfolgeklauseln bezüglich der Beteiligung, wobei in vielen Fällen auch eine Nießbrauchsbestellung zugunsten des überlebenden Ehegatten zugelassen wird, auch wenn dieser nicht Rechtsnachfolger für die Beteiligung selbst werden kann. Lässt man die Bestellung eines Nießbrauchs zu, sollte außerdem im Gesellschaftsvertrag geregelt werden, ob das Stimmrecht aus dem nießbrauchbelasteten Anteil dem Nießbraucher oder dem Gesellschafter zusteht.
Ist die Testamentsvollstreckung am Gesellschaftsanteil uneingeschränkt möglich?	Während die Testamentsvollstreckung bei Anteilen an Kapitalgesellschaften uneingeschränkt zulässig ist, muss sie für Kommanditanteile im Gesellschaftsvertrag der Kommanditgesellschaft ausdrücklich zugelassen werden. Geschieht dies nicht, so brauchen die übrigen Gesellschafter den Testamentsvollstrecker nicht zur Gesellschafterversammlung zu lassen.

Sind die Gesellschafter verpflichtet, die Beteiligung von güterrechtlichen und etwaigen Pflichtteilsansprüchen des Ehegatten freizuhalten?	Existenziell wichtig für das Familienunternehmen ist der Schutz vor liquiden Abflüssen, die sich aus den privaten Verhältnissen des Gesellschafters ergeben. Auch wenn diese Ansprüche nicht gegen die Gesellschaft gerichtet sind, sondern gegen den Gesellschafter bzw. seine Rechtsnachfolger, kann dies den Gesellschafter dazu zwingen, seine Beteiligung zu verkaufen oder zu kündigen, um diese Ansprüche befriedigen zu können. Es ist daher ratsam und entspricht auch gängiger Praxis, im Gesellschaftsvertrag des Familienunternehmens die Verpflichtung der Gesellschafter zu verankern, die Beteiligung zumindest von Zugewinnausgleichsansprüchen sowie etwaigen Pflichtteilsansprüchen seines Ehegatten freizuhalten (u. U. sittenwidrig – Zulässigkeit prüfen). Der Gesellschafter muss dann entsprechende Vereinbarungen mit seinem Ehegatten treffen, wenn er nicht seinen Ausschluss aus der Gesellschaft riskieren will.

Tabelle 2: Auswahl sinnvoller Vereinbarungen im Gesellschaftsvertrag bei Familiengesellschaften

Erbvertrag

Der Erbvertrag wird zwischen dem Unternehmer und einem – nicht notwendigerweise gesetzlichen – Erben geschlossen. So ist er auch für Partner einer nichtehelichen Lebensgemeinschaft geeignet. Ein Erbvertrag bedarf zwingend der notariellen Beurkundung. Wenn die junge Generation einer Unternehmerfamilie sich dauerhaft in einem Familienunternehmen engagieren soll, recht es zur Absicherung der Kinder nicht aus, dass der Unternehmer sie in einem Erbvertrag zu seinen Erben einsetzt. Die Kinder wissen damit, dass sie den Senior eines Tages beerben werden, aber der Senior kann in der Zwischenzeit – zum Beispiel bei neuer Bekanntschaft – sein gesamtes Vermögen einschließlich seines Unternehmens verschenken. „Wenn sich also die Nachfolger durch Ausrichtung der Berufausbildung oder Berufswahl eindeutig auf eine Zukunft im elterlichen Familienunternehmen festlegen, sollten sie sich nicht mit einer bindenden Erbeinsetzung durch den Senior in einem Erbvertrag begnügen, sondern die sofortige Übertragung eines Teils der Geschäftsanteile im Wege der vorweggenommenen Erbfolge verlangen."[13]

Wenn dieser Erbvertrag geändert werden soll, müssen immer beide Parteien zustimmen.

---

[13] Hennerkes, 2004, S. 139

In dem im vorhergehenden Kapital beschriebenen Notfallkoffer sollte immer das Testament bzw. der Erbvertrag enthalten sein. Deshalb sollten auch jüngere Unternehmer ein Testament aufsetzen, dies heißt, die Unternehmensexistenz sichern und die finanzielle Absicherung der Familie im Unglücksfall klären. Auf jeden Fall sollte hier ein Rechtsanwalt oder Notar zu Rate gezogen werden, der sich mit den verschiedensten Formen der Testamente auskennt. Aufgabe des Unternehmers ist es, zu prüfen, ob sein Testament noch der betrieblichen Entwicklung entspricht.

2.6.5 Gesetzliche Erbfolge

Wenn im Todesfall die gesetzliche Erbfolge eingetreten ist, weil kein Testament oder Erbvertrag formuliert wurde, bedeutet das häufig das „Aus" für das Unternehmen. Dafür gibt es in der Praxis genügend Beispiele.

Die Erbengemeinschaft muss (am besten mit einem Rechtsanwalt) einen Auseinandersetzungsplan entwickeln, wie das Erbe verteilt wird. Dabei müssen u. a. folgende Fragen beantwortet werden:

- Wer ist erbberechtigt?
- Welche Gegenstände gehören zum Nachlass (z. B. Eigentumswohnung, Pkw, GmbH-Anteile)?
- Wird das gesamte Erbe oder nur ein Teil geteilt?
- Wie hoch sind Schulden, Erbfallkosten wie Beerdigung, Grabpflege usw.?
- Wer erhält was und wie viel?
- Was geschieht bei teilweiser Aufteilung mit dem Rest?
- Welche Berater sind in welchem Umfang beteiligt (Rechtsanwälte, Steuerberater, Notar, Unternehmensberater usw.)?
- Wer übernimmt welche Kosten?[14]

Die Höhe des jeweiligen Erbteils ist auf dem Erbschein vermerkt, der vom Nachlassgericht ausgestellt wird. Die gesetzliche Erbfolge bedeutet, dass sowohl das gesamte betriebliche und private Vermögen als auch die Schulden auf den gesetzlichen Erben übergehen (Kinder/Enkel/Ehepartner). Die Erbengemeinschaft muss sich nun darüber einig werden, was mit dem Unternehmen geschehen soll. Es dauert in der Regel geraume Zeit, bis diese Entscheidung getroffen ist. Das Unternehmen ist in dieser Phase führungslos, was Auswirkungen auf das Personal, die Auftraggeber, Lieferanten, Banken usw. hat. Das Unternehmen gerät in eine Krise.

---

[14] Vgl. DIHT, 2000, S. 23

Hier sollte also sofort gehandelt werden. Wenn es einen Notfallplan gibt, dann ist das ein Vorteil für das Unternehmen, und er sollte umgesetzt werden. Wenn nicht, ist sofort ein Geschäftsführer einzusetzen. Findet sich keiner in der Familie, sollte als Übergangslösung ein Fremdgeschäftsführer bestellt werden. Weiterhin besteht die Möglichkeit, eine Kapitalgesellschaft (GmbH oder Aktiengesellschaft) zu gründen oder das Unternehmen zu verpachten. Alle drei Varianten bergen die Chance für die Familie, das Eigentum in der Familie zu belassen und nur die Unternehmensführung abzugeben.

Kann sich die Erbengemeinschaft nicht einigen, dann bleibt nur noch der Verkauf oder die Zwangsversteigerung des Unternehmens. Der Erlös wird dann unter den Erben aufgeteilt.

Wenn es also immer nur um das Erbe geht, dann hat das Unternehmen schlechte Chancen. Ihm werden bei Erbauszahlungen finanzielle Mittel entzogen, was das Unternehmen oft nicht verkraften kann.

2.6.6 Fremdmanagement – Ein Fremder im Betrieb?

Die Motive der Familie für den Einsatz einer Fremdgeschäftsführung können unterschiedlich sein:

- Interimslösung (Statthalter für Unternehmensnachfolger),
- keine Kompromisse bei der Qualifikation eingehen,
- Kräfte auf die Entwicklung von Unternehmenszielen konzentrieren, Umsetzung dem Management überlassen,
- einen herausragenden „Jockey" verpflichten, der das Unternehmen weiter nach vorn bringt,
- Betriebsblindheit überwinden, Know-how für Weiterentwicklung des Unternehmens einkaufen,
- die Familie aus der Hektik des Alltagsgeschäfts heraushalten.

Bei der Regelung der Nachfolge und zur Erleichterung der Suche nach einem geeigneten Nachfolger, wenn der familieninterne Nachfolger noch zu jung ist oder es keinen gibt, kann es sinnvoll sein, die Einheit von Kapitaleigner und Geschäftsführung aufzulösen.

Die Familie bestellt eine externe Geschäftsführung – Kapital und Aufsicht bleiben in der Hand der Familie.

Solch einen Weg geht auch eines der bekannten Unternehmen aus der Möbelbranche. Die zukünftige Erbin stellt sich heute schon die Frage, wie kann ich mein Lebensziel – Kinder und Familie – mit dem Erhalt der Firma vereinbaren. Die Lösung kann hier ein Fremdgeschäftsführer sein. Diese Lösung ist aber auch risikoreich. Die Ideallösung wäre für sie der geeignete Ehemann, der für sie in die Geschäftsführung eintritt. Sie könnte dann durchaus aus der Gesellschafterrolle heraus mitwirken.

Die Geschäftsverantwortung in externe Hände zu übergeben, das ist generell weder besser noch schlechter als eine Nachfolge aus der eigenen Familie. Dieser Wechsel kann der einzel- und auch gesamtwirtschaftlich zweckmäßige Übergang in eine neue Lebensphase Ihres Unternehmens sein.

Praxisbeispiel:

> In den mittelständischen Unternehmen *Schertler Verpackungen GmbH* in Neuburg geht der Firmenchef den Weg in die familieninterne Nachfolge mit Hilfe eines Fremdgeschäftsführers. Das Unternehmen für Verpackungen und Kartonagen mit selbst geschaffener Verfahrens- und Prozesstechnik bietet optimale Systeme für Verpackung und Logistik für Großkunden an. Der Senior möchte sich aus dem traditionellen Geschäft lösen. Sein Sohn ist ca. 30 Jahre alt, hat eine gute Grundausbildung inkl. Auslandsaufenthalt und die Deutsche Junioren Akademie besucht. Er ist aber noch nicht erfahren genug, um das Unternehmen selbst zu führen. Deshalb gibt der Vater seinem Sohn einen Geschäftsführer mit Branchenerfahrung, Vertriebserfahrung, Kenntnis der Kundensprache aus einem anderen großen Konzern an die Seite. Zugleich hat der Senior für sein Altenteil vorgesorgt, indem er Privat- und Geschäftsvermögen trennte. Er verwaltet in einer Holding gewerbliche Immobilien, wozu auch das Grundstück der Firma gehört. Darüber hinaus hat er noch geschäftlichen Einfluss auf seinen Junior.

Wenn Sie die Nachfolgeregelung als einen Aspekt der Unternehmenssicherung sehen und sie als strategisches Projekt betreiben, lautet die zentrale Frage für alle Beteiligten: Unter welcher Art der Führung, in welcher Gesellschaftsform und mit welchen Steuerungs- und Kontrollmöglichkeiten kann das Unternehmen seinen Stand nicht nur halten, sondern verbessern? Diese Frage stellt sich zunächst im Hinblick auf Entwicklungstrends Ihrer Branche, ganz unabhängig also von Ihren Interessen oder denen einzelner Familienmitglieder.

Führungsstil als Wettbewerbsvorteil

Ein Technologievorsprung oder Kostenvorteile, die sich im Wettbewerb nutzen lassen, werden von der Konkurrenz immer rascher eingeholt. Die Strategien der Wettbewerber in einer Branche werden immer ähnlicher – und damit auch leichter durchschaubar. Worauf es zunehmend ankommt, ist die Umsetzung solcher Strategien und die unverwechselbare Art, die Leistungen eines Unternehmens anzubieten.

Sie können das Projekt „Nachfolgeregelung" dazu nutzen, in dieser Situation einen Wettbewerbsvorsprung durch neue Führungspersönlichkeiten und durch einen neuen Führungsstil zu gewinnen. Denn für eine erfolgreiche Regelung Ihrer Nachfolge müssen Sie die Aufgaben der Führung in Ihrem Unternehmen sowieso überprüfen.

Änderung der Führungsstruktur

Ab einem bestimmten Zeitpunkt, der nicht nur von Ihrem Lebensalter, sondern auch von der Lebensphase oder Größe Ihres Unternehmens bestimmt wird, erwarten Ihre Mitarbeiter, „dass etwas geschieht". Sie werden daher auch bereit sein, Veränderungen im Rahmen eines Projektes „Nachfolgeregelung" mitzutragen. Machen Sie die Prüfung des Bewährten und Erreichten am Maßstab künftiger Anforderungen zu einem Projekt für das ganze Unternehmen! Dann werden Sie auch die besten Kräfte für Ihr Unternehmen gewinnen und binden können. Wie attraktiv Ihr Unternehmen für hoch qualifizierte Arbeitskräfte ist, hängt entscheidend davon ab, ob und wie offen über Auftrag und Strategie, aber auch über die Geschäftslage Ihres Unternehmens diskutiert wird.

Zwei Optionen: Eigentümer oder Unternehmer

Ihre Chancen, exzellente Führungspersönlichkeiten zu gewinnen, steigen, wenn Sie bzw. Ihre Familie sich auf die Rolle des Unternehmers/Gesellschafters konzentrieren und sich aus dem Alltagsgeschäft zurückziehen.

Wenn Sie bzw. Ihre Familie entschlossen sind, die unmittelbare Geschäftsverantwortung abzugeben, haben Sie zwei Optionen:

Sie konzentrieren sich auf Ihre finanziellen Interessen, also auf die Rolle des Eigentümers.

Sie wollen weiterhin unternehmerisch tätig sein und suchen sich als Gesellschafter für Ihre unternehmerischen Ziele die jeweils optimale Geschäftsführung.

Wesentlich ist, dass Sie in Ihrer Familie darüber Klarheit gewinnen, für welche Option Sie sich entscheiden. Danach sollten Sie gemeinsam mit ausgewiesenen Experten mehrere Lösungsvarianten für nachfolgespezifische Rechts-, Steuer- und Finanzfragen erarbeiten. Prüfen Sie jede Lösung daraufhin, welche Anforderungen Sie an die Führung Ihres Unternehmens stellen.

Praxisbeispiel:

> Mit Erfolg geschah das bei *Mahlo*, einen Familienunternehmen in der dritten Generation: Mahlo versteht sich in der Tradition eines fortschrittlichen, mittelständischen Familienunternehmens, das mit Forschung und Entwicklung innovativer Produkte, in Konzeption und Ausführung, mit technisch anspruchsvollen und betriebswirtschaftlich sinnvollen Problemlösungsangeboten und einem effizienten After-Sales-Service kundennah auf den Weltmärkten präsent ist. 1945 gründete *Dr.-Ing. Heinz Mahlo* die elektromechanischen Werkstätten. Das Unternehmen hat sich zu einem international agierenden Mittelständler entwickelt, der heute mit seinen Spezialmaschinen für die Textilindustrie einen der ersten Ränge im Weltmarkt einnimmt. Nach dem tragischen Tod der Erbin des Unternehmens – der Mutter des heutigen Hauptgesellschafters, *Ralph Greenwood-Mahlo* – wurden die Geschicke durch familienfremde Geschäftsführer geleitet. Seit 1979 führt *Robert Daul* auch als Mitgesellschafter das Unternehmen.
>
> *Renate Mahlo,* die Frau des Gründers und Großmutter von Ralph, nimmt trotz ihres hohen Alters ihre unternehmerische Verantwortung aus der Gesellschafterrolle wahr. Ralph hat sich nach einer praktischen Ausbildung außerhalb des Unternehmens durch den Besuch der Junioren Akademie und weitere Zusatzausbildung auf die Unternehmerrolle vorbereitet. Seit mehr als fünf Jahren bereitet er sich im Unternehmen durch die Übernahme von Teilverantwortungsbereichen mit Hilfe des erfahrenen Geschäftsführers Daul auf die Nachfolge vor.

Der richtige Geschäftsführer

Zentrale Anforderung ist zunächst die genaue Beschreibung der Führungsaufgabe, die sich aus den Branchentrends und dem Stand des Unternehmens entwickeln lässt. So erhalten Sie objektivierbare Kriterien für die Bewertung eines Nachfolgers, die professionelle Grundlage für ein detailliertes Anforderungsprofil an den künftigen Geschäftsführer bilden. Jetzt können Sie Personen – begründet und nachvollziehbar – hinsichtlich bestimmter Aufgaben vergleichen, ohne dabei „persönlich" zu werden. Das kann von entscheidendem Vorteil sein, wenn mit widerstreitenden Interessen in einer Familiengruppe zu rechnen ist.

Das ist keine leichte Aufgabe. Die Bewertung von Kandidaten anhand dieses Profils setzt viel Erfahrung voraus – und auch die Möglichkeit, Bewertungskriterien im Lichte von Qualifikationstrends immer wieder zu überprüfen.

Der Geschäftsführer ist der gesetzliche Vertreter, also z. B. das Organ der GmbH. Er ist aber auch weisungsgebundener Dienstverpflichteter der Gesellschaft, denn er ist mit dem Unternehmen durch einen Geschäftsführeranstellungsvertrag gebunden. Der Geschäftsführer muss sich auf der einen Seite an den Gesellschaftervertrag und auf der anderen an die Beschlüsse der Gesellschafterversammlung halten. Damit ist es möglich, über die Beschlüsse der Gesellschafterversammlung Einfluss auf die Unternehmensführung zu nehmen. Für beide Seiten ist es wichtig, dass im Geschäftsführungsanstellungsvertrag alle wichtigen Vertragsverhältnisse geregelt sind, wie Vertragsdauer, Kündigungsmöglichkeiten, Kündigungsfristen, Vergütung, Urlaub, Gehaltszahlung im Krankheitsfall, Spesenabrechnung, Pensionszusage, Hinterbliebenenversorgung, Wettbewerbsverbot, Tantiemen usw. Dies hilft, späteren Streitigkeiten aus dem Weg zu gehen.

Der Geschäftsführer muss sich selbst aber auch über einige Fragen im Klaren sein:

- Können Sie den starken Einfluss einer Familiengesellschaft als Geschäftsführer akzeptieren?
- Die Bestellung des Geschäftsführers kann von den Gesellschaftern jederzeit widerrufen werden. Ist Ihre Position als Geschäftsführer ausreichend abgesichert, vor allem gegen familieninterne Querelen?
- Um sinnvoll das Unternehmen zu führen, benötigen Sie genügend unternehmerischen Spielraum. Inwieweit reicht Ihre Befugnis für die Investition usw.?
- Ist die Zeit, die Sie als Fremdgeschäftsführer haben, ausreichend, um das Unternehmen aus Ihrer Sicht neu zu gestalten?
- Geben Ihnen die heutigen Gesellschafter die Möglichkeit, selbst Anteile am Unternehmen zu kaufen?

Bei der Übergabe der Geschäftsführung an ein familienfremdes Management sollten mindestens fünf wichtige Voraussetzungen beachtet werden:

1. *Klarheit über die Ziele*
   Über die grundsätzlichen Zielsetzungen muss sich die Familie einig sein, die Entwicklungsziele des Unternehmens und den Umstand, die unmittelbare Geschäftsverantwortung abzugeben.

   Ebenfalls sollte klar sein, ob die Familie sich auf finanzielle Interessen konzentriert oder weiter Einfluss auf Geschäftsstrategien nehmen will.

2. *Stabilität im Gesellschafterkreis*
   Fremdgeschäftsführung im Familienunternehmen sollte nur dann angestrebt werden, wenn einigermaßen sicher ist, dass auch die nur kapitalmäßig beteiligten Gesellschafter der nachfolgenden Generation grundsätzlich hinter der Fortführung des Familienunternehmens stehen.

3. *Kontrollierter Übergang*
   Das Fremdmanagement sollte noch für eine Übergangszeit unter der Aufsicht des Unternehmers agieren, ehe sich dieser aus der operativen Tätigkeit zurückzieht. Wenn der Unternehmer sich um den Übergang persönlich kümmert, kann nicht nur die Familie, sondern auch die Belegschaft Vertrauen zum neuen Management fassen.

4. *Kein Marionettenkabinett*
   Wenn es gelingt, eine unternehmerisch denkende und handelnde Geschäftsführung zu verpflichten, kann ein dauerhafter Erfolg eintreten. Ist der zukünftige Geschäftsführer nur die „lange Hand" des Unternehmers, so wird es dem Unternehmen oft an neuen notwendigen Impulsen fehlen. Die dann fehlende Eigeninitiative des Geschäftsführers wird sich auch dann nicht mehr einstellen, wenn der neue Geschäftsführer auf sich allein gestellt ist.
5. *Motivation zum Erfolg*
   Es gibt hier verschiedene Möglichkeiten über Zielprämie, Gewinnbeteiligung bis hin zum Erwerb einer Minderheitsbeteiligung am Unternehmen, die beim Verlassen des Unternehmens aber wieder zurückverkauft werden muss.

2.6.7 Verpachtung

Hält der Unternehmer an seinem Eigentum noch sehr fest, ist die Verpachtung eine Möglichkeit, die Führung des Unternehmens weiterzugeben. Dem Unternehmer werden somit laufende Einnahmen gesichert, die er als Altersversorgung nutzen kann, vorausgesetzt, es handelt sich um einen Pächter, der den Betrieb zuverlässig und langfristig führt. Dies ist sowohl als familieninterne als auch als familienexterne Nachfolge möglich. Auch für den Pächter gibt es finanzielle Vorteile gegenüber dem Kauf per Einmalzahlung.

Wichtig ist für den Pächter, den Vertrag so zu gestalten, dass er bei Misserfolg wieder aus dem Vertrag herauskommt.

Der Nachteil für den Pächter besteht vor allem darin, dass er weder Grundstück noch Gebäude als Sicherheit bei einer Aufnahme von Krediten für größere Investitionen nehmen kann. Auch wenn er größere Veränderungen an Gebäuden vornehmen möchte, muss er immer den Verpächter fragen, da sich diese Gebäude immer noch in dessen Eigentum befinden. Darauf soll hier aber nicht weiter eingegangen werden.

2.6.8 Externe Nachfolge

Hier unterscheide ich zwei Formen: die Familienstiftung und das Eigentum und die Geschäftsführung gehen an Externe, also Verkauf.

2.6.8.1 Familienstiftung

Heute finden wir in der Praxis bereits Unternehmen, die in einer Familienstiftung sind. Meist handelt es sich um größere bekannte Unternehmen, wie z. B. Bosch. Das Unternehmen als Ganzes oder seine Anteile in eine Stiftung einzubringen, kann durchaus sinnvoll sein. Wenn der Wunsch besteht, das Unternehmen unabhängig von den Nachkommen zu erhalten, eignet sich dafür die Gründung einer Stiftung. Das Besondere an einer Stiftung ist, dass sie keinen Eigentümer oder Gesellschafter benötigt. Die Stiftung gehört sich sozusagen selbst. Ihre rechtliche Selbstständigkeit ist im Bürgerlichen Gesetzbuch definiert.

Die juristische Trennung des Stiftungsvermögens vom Stifter und dessen Nachkommen ist charakteristisch für eine Familienstiftung. Die Erben sind von der Unternehmensnachfolge ausgeschlossen, also praktisch „enterbt". Das Unternehmen zerfällt nicht in einzelne Erbteile, sondern bleibt durch die Stiftung erhalten.

Wir unterscheiden zwischen familiennütziger (Familienstiftung) und gemeinnütziger Stiftung. Heute wird von dieser Variante der Nachfolgeregelung nicht nur bei Vermögen im mehrstelligen Millionenbereich, sondern auch bei kleineren Unternehmen Gebrauch gemacht.

Der wesentliche Vorteil der Stiftung ist, dass nur Erträge ausgeschüttet werden dürfen und damit die Substanz der Stiftung erhalten bleibt. Sie dient gleichzeitig als Abschirmung des Vermögens gegenüber Dritten (Scheidung, Haftungsklagen, Konkursgefahr).

Nachfolgend nur einige wesentliche Grundzüge der Familienstiftung:

Die Familienstiftung wird mit Stiftungsurkunde und Satzung vor der zuständigen Bezirksregierung errichtet. Die Genehmigung und Überwachung der Familienstiftung erfolgen durch die Landesstiftungsanstalt. Dies ist in den einzelnen Bundesländern unterschiedlich geregelt.

Stiftungszweck ist die laufende Unterstützung der Familie oder des Stifters. Zugleich können Familienmitglieder des Stifters Angestellte der Stiftung sein und Gehalt und Spesen beziehen. Die Stiftung wird von einem Aufsichtsrat geleitet.

Da es vielfältige Formen der Stiftung gibt, wie Familienstiftung, gemeinnützige Stiftung, Komplementärstiftung, muss auch hier ein spezialisierter Anwalt zu Hilfe gezogen und speziell für das Unternehmen die beste Form herausgearbeitet werden. Wichtig ist zu wissen, dass die Familienstiftung kein Steuersparmodell ist.

2.6.8.2 Verkauf

Erst wenn sich in der Familie keine geeignete Person für die Nachfolge findet und auch die Fortführung des Unternehmens durch einen Fremdgeschäftsführer mit der Familie in der Gesellschafterfunktion sich als nicht dauerhaft erweist, wird der Verkauf des Unternehmens ins Auge gefasst. Beim Verkauf muss der Unternehmer sich komplett von seinem Lebenswerk trennen. Aus diesem Grund wird die Entscheidung zum Verkauf immer wieder hinausgeschoben. Deshalb bleibt mancher Unternehmer bis weit über das Rentenalter hinaus in der operativen Geschäftsführung.

Für den Verkauf des Unternehmens ist sehr wichtig, den wirtschaftlich günstigen Zeitpunkt und einen befriedigenden Preis für das Unternehmen zu erhalten. Der Verkäufer darf auf keinen Fall der Ansicht sein, dass der Unternehmer sein Unternehmen verkaufen muss, denn das stärkt seinen Verhandlungsspielraum. Die Ungewissheit wirkt sich auch negativ auf die Mitarbeiter aus. Es steigt das Risiko, dass wertvolle Mitarbeiter in Schlüsselpositionen das Unternehmen verlassen, weil ihnen ihre persönliche Perspektive nicht mehr gesichert erscheint.

Die Veräußerung eines Unternehmens ist eine umfangreiche Aufgabe. Daher ist es nötig, den Unternehmensverkauf strategisch vorzubereiten. Je besser ein Unternehmen organisiert und strukturiert ist, desto leichter lässt es sich verkaufen. Die Vorbereitungen dazu erfordern Zeit.

Ein strukturiertes Vorgehen beim Unternehmensverkauf ist empfehlenswert.

Die verschiedenen Phasen beim Unternehmensverkauf

Phase 1: Analyse der Ausgangsposition

„Objektive" Analyse

- des relevanten Marktes,
- des Unternehmens,
- der möglichen Nachfolgealternativen als

Vorbereitung zur Realisierung der Nachfolge

Berücksichtigung relevanter Aspekte im Erb-, Gesellschafts- und Steuerrecht

- Rechtzeitige Planung

Phase 2: Entscheidungsprozess

Einbindung von Transaktionserfahrenen:

- M&A-Beratern,
- Steuer- und Rechtsberatern

Definition von Zielen und Entscheidungsparametern

Auswahl möglicher Übernahmekandidaten

- Reduktion von emotionalen Entscheidungen

Phase 3: Umsetzung des Verkaufs

Eventuell Mandatierung eines M&A-Beraters zur Koordinierung des gesamten Unternehmensveräußerungsprozesses

- Selektive Offenlegung von Detailinformationen

- Wahrung einer vertraulichen Vorgehensweise

Phase 4: Verhandlungsführung

Festlegung von Verhandlungszielen

Verstärkte Präsenz des Unternehmens in entscheidenden Verhandlungen

Vertrauensaufbau gegenüber Erwerbern

Unterstützung von transaktionserfahrenen Steuer- und Rechtsberatern

■ Optimierung der Übernahmemodalitäten

Defizite bei den Vorbereitungen schwächen die Verhandlungsposition und wirken sich negativ auf den Verkaufspreis aus. Verkaufszeitpunkt und Verkaufsgrund sind entscheidende Faktoren für den zu erzielenden Verkaufspreis.

Deshalb sollte der Verkauf bei der Entscheidung der Nachfolge im Unternehmen eine gleichwertige Alternative neben einer familieninternen Nachfolgeregelung und als strategische Option zur Erreichung unternehmerischer Ziele betrachtet werden.

Checkliste 8: Mögliche Motive und Argumente für die strategische Option Verkauf

Fragen	Antworten
✓ Verbesserung der Bilanzstruktur durch Erhöhung der Eigenmittelausstattung	
✓ Sicherung der Nachfolge durch Übergabe an einen „gestandenen" Unternehmernachfolger	
✓ Konzentration auf das Kerngeschäft durch Trennung von strategisch unpassenden oder marginalen Geschäftseinheiten	
✓ Finanzierung von Expansion in andere Bereiche aus dem Veräußerungserlös nicht mehr entwicklungsfähiger Geschäftseinheiten	
✓ Realisierung stiller Reserven und Ausbau der privaten Vermögensbasis des Unternehmers	
✓ Verringerung der wirtschaftlichen Abhängigkeit vom Unternehmen durch Desinvestition und	
✓ breitere Streuung des privaten Vermögens	

Welchen Wert hat mein Unternehmen?

Die externe Nachfolge kann ebenfalls sehr unterschiedlich sein. Hier ist zuerst einmal zu klären, welchen Wert mein Unternehmen hat und welchen Kaufpreis ich mir vorstelle. Natürlich hat jeder Unternehmer großes Interesse daran, einen möglichst hohen Preis zu erzielen. Doch ist der Preis dem Zustand des Unternehmens wirklich angemessen? Überhöhte Kaufpreise führen nach der Übergabe oft zum Aus des Unternehmens, da die dafür aufgenommenen Kredite nicht bezahlt werden können. Vor diesem Hintergrund sollte jeder Unternehmer sich die Frage stellen: Ist mein Unternehmen auf die Zukunft vorbereitet, fit für die Nachfolge? Hier ist also eine sachliche Bestandsaufnahme vonnöten, die Ihnen zeigt, wo Sie mit Ihrem Unternehmen stehen, und Ihnen hilft, den Wert Ihres Unternehmens festzustellen (siehe dazu Kapitel 3: Die Zukunft des Unternehmens).

Das Unternehmen zu bewerten und den richtigen Kaufpreis zu ermitteln, ist eine der wichtigsten Aufgaben. Hier können externe Gutachter, die alle Fragen rund um die Wertermittlung eines Unternehmens kennen, helfen. Der Unternehmer möchte sein Unternehmen bestmöglich verkaufen und der Nachfolger möchte so wenig wie möglich bezahlen.

Der Kauf kann als Einmalzahlung oder als wiederkehrende Zahlungen festgelegt werden. Für den Nachfolger ist es von Vorteil, wenn der Kauf als Einmalzahlung erfolgt, da er von Anfang an über die Geschehnisse im Unternehmen bestimmen kann. Der Unternehmer muss sich über die weitere Entwicklung seines ehemaligen Unternehmens keine weiteren Gedanken machen. Es ist aber für ihn auch eine wiederkehrende Zahlung von Vorteil, er kann damit seine monatliche Rentenzahlung sichern. Für den Nachfolger wäre dabei der Kapitalbedarf geringer.

Allgemein kann man bei wiederkehrenden Leistungen unterscheiden zwischen:

- Rente (Leibrente, Zeitrente),
- dauernder Last und
- Kaufpreisrate.

Wiederkehrende Leistungen im Zusammenhang mit einer Vermögensübertragung können Versorgungs- und Unterhaltsleistungen oder wiederkehrende Leistungen im Austausch mit einer Gegenleistung sein. Versorgungsleistungen sind regelmäßig nur wiederkehrende Leistungen auf die Lebenszeit des Empfängers. Wiederkehrende Leistungen auf bestimmte Zeit, auf eine Mindest- oder eine Höchstzeit, sind dagegen nur ausnahmsweise Versorgungsleistungen.

Dauernde Lasten sind wiederkehrende, nach Zahl oder Wert abänderbare Aufwendungen, die ein Steuerpflichtiger in Geld oder Sachwerten für längere Zeit einem anderen gegenüber aufgrund einer rechtlichen Verpflichtung zu erbringen hat.

Gewisse Risiken bestehen für den Übergeber des Unternehmens, wenn der Kaufpreis an die Person des Übernehmers oder den wirtschaftlichen Erfolg des Unternehmens geknüpft ist. Diese Risiken lassen sich jedoch minimieren, indem

- ein Teil des Kaufpreises vorab bezahlt wird,
- das Unternehmen lediglich unter Eigentumsvorbehalt auf den Erwerber übertragen wird,

- die Kaufpreisforderung zugunsten des Übergebers dinglich gesichert wird, zum Beispiel wenn zum Unternehmen ein Grundstück gehört.

Auf keinen Fall aber darf das berechtigte Sicherungsinteresse des Übergebers dazu führen, dass dem Übernehmer die Substanz des Unternehmens entzogen wird. Im Interesse aller Beteiligten müssen ausgewogene Sicherungsinstrumente gefunden werden, die sowohl die Zahlung des vereinbarten Kaufpreises als auch den wirtschaftlichen Fortbestand des Unternehmens ausreichend sichern. Ist zum Beispiel das einzige zum Betriebsvermögen gehörende Grundstück zur Sicherung des Kaufpreises belastet, läuft der Übernehmer Gefahr, nicht mehr über ausreichende unbelastete Vermögenswerte zu verfügen, um Sicherheiten für die Finanzierung notwendiger Investitionen für sein Unternehmen bestellen zu können.

Checkliste 9: Verkauf des Unternehmens

Fragen	Antworten
✓ Wie hoch ist der Kaufpreis für das Unternehmen?	
✓ Ist der Kaufpreis angemessen?	
✓ Liegt ein Wertgutachten eines unabhängigen Sachverständigen vor?	
✓ Verfügen Sie über die notwendigen Eigenmittel?	
✓ Haben Sie die verschiedenen Finanzierungsformen für Ihren Kapitalbedarf geprüft?	
Weitere Fragen	**Antworten**
✓ Welche Sicherheiten stehen Ihnen zur Verfügung?	
✓ Wissen Sie, welche öffentlichen Fördermittel Sie beantragen können und wer für die Vergabe öffentlicher Mittel zuständig ist?	
✓ Ist die notarielle Beurkundung des Kaufvertrages erforderlich?	
✓ Wie hoch ist der Veräußerungsgewinn?	
✓ Liegt eine steuerbegünstigte Unternehmensübertragung vor?	
✓ Können auf den Erwerber finanzielle oder sonstige Belastungen zukommen, die im Kaufpreis nicht berücksichtigt sind?	
✓ Wie sind die Geschäftsaussichten zu beurteilen?	

Verkauf an Dritte

Beim Verkauf an Dritte wird das gesamte Unternehmen mit allen Wirtschaftsgütern, Forderungen und Verbindlichkeiten wird an einen externen Nachfolger verkauft.

Der neue Inhaber kann über sein neu erworbenes Eigentum frei verfügen und es auch sofort als Sicherheit für evtl. übernommene Kredite einsetzen.

Es kann von Vorteil sein, wenn der Übergang gemeinsam gestaltet wird, indem der ehemalige Unternehmer den Nachfolger über eine bestimmte Zeit (6 Monate bis 2 Jahre) in das Unternehmen einführt und ihn berät. Dabei ist allerdings wichtig, dass sich beide aufeinander abstimmen, d. h., dass die „Chemie" stimmt.

Es kann auch zu einer schrittweisen Übertragung durch Gründung einer Personen- oder Kapitalgesellschaft kommen, was hat den Vorteil hat, dass die Übergabe in Etappen erfolgen kann. Der Nachfolger wird am Betrieb als Mitgesellschafter beteiligt und hat Zeit, sich einzuarbeiten.

Verkauf an das Management des Unternehmens (Management Buy-Out: MBO) oder auch an externe Branchenprofis (Management Buy-In: MBI)

Die Bedeutung dieser Modelle als Instrumente der Unternehmensnachfolge war in der Vergangenheit eher gering, nimmt aber angesichts der anstehenden Übergabeprobleme stark zu.

Management Buy-Out (MBO)

In vielen Familienunternehmen gibt es qualifizierte und hoch motivierte Führungskräfte, die in der Lage sind, die Unternehmernachfolge anzutreten. Sie sind mit allen betrieblichen Belangen genauestens vertraut und können das Unternehmen ohne Anlaufschwierigkeiten weiterführen.

Der Vorteil besteht darin, dass das Management das Unternehmen kennt. Dies erleichtert oft die Verkaufsverhandlungen, und auch das Risiko späterer Inanspruchnahme (Mängelgewährleistung oder Täuschung) wird deutlich reduziert. Der Nachteil für das Unternehmen besteht in der „Betriebsblindheit" der Nachfolger, weshalb weniger Innovationen im Unternehmen zu erwarten sind.

Es ist eine Frage der Unternehmenskultur und des Führungsstils, inwieweit unternehmerisches Denken bei den Mitarbeitern gefördert wird, was eine langfristige, kontinuierliche Entwicklungsaufgabe für den Unternehmer bedeutet. Wer seine Führungsmannschaft stets an der kurzen Leine geführt hat, kann nicht erwarten, dass sie, auf sich gestellt, genügend Biss hat, um sich an der Spitze zu behaupten. Ein MBO wird deshalb für einen Unternehmer nur in Frage kommen, wenn er über entsprechend qualifizierte und motivierte Führungskräfte verfügt.

Das MBO ähnelt gerade aus Sicht des Altunternehmers stark einem Wechsel beim Staffellauf: Der abgebende Unternehmer und der übernehmende Käufer gehören zur selben Mannschaft. Der Wechsel soll so harmonisch vonstattengehen, dass kein Boden an den Wettbewerb verschenkt wird und ein Außenstehender kaum bemerkt, dass überhaupt eine Übergabe stattgefunden hat. Ein derartiger erfolgreicher Wechsel setzt auf Seiten des Unternehmens wie des Managements besondere Qualitäten voraus.

Management Buy-In (MBI)

Auch profilierte Brancheninsider kommen als Kandidaten in Frage (MBI). Sie verfügen zwar nicht über spezifisches Firmenwissen, können aber Erfahrungen und wertvolles Know-how einbringen. Das sichert ihnen ebenfalls gute Erfolgschancen bei der Fortführung des Unternehmens.

Aus Sicht des Unternehmers können mehrere Gründe dafür sprechen, ein MBO/MBI in Betracht zu ziehen:

- Wahrung der Eigenständigkeit und des mittelständischen Charakters der Unternehmung. Wer keine unternehmerisch ambitionierten Nachkommen hat und anderen Kaufinteressenten hinsichtlich ihrer Motive nicht über den Weg traut, wird sich mit den Zielen beteiligungswilliger Führungskräfte am besten identifizieren können.

- Qualifikation ohne Kompromisse. Sie geben Ihr Unternehmen in die Hände des von Ihnen selbst entwickelten Führungsnachwuchses oder aber von Managern, die in der Branche bereits Erfolg hatten.

Auch hier gilt, wie beim Verkauf an Dritte: Die realistische Bewertung des Unternehmens ist besonders wichtig.

Eine MBO/MBI-Lösung steht und fällt mit einem überzeugenden Finanzierungskonzept, denn typischerweise verfügt das übernehmende Management nicht über ausreichend Eigenkapital für den Unternehmenskauf. Aus diesem Grund erfordert die Übernahme ein an der Ertragskraft des Unternehmens orientiertes Finanzierungskonzept unter Einbeziehung kompetenter Finanzierungspartner.

Die klassische Fremdfinanzierung ist dabei nur ein Baustein. Wenn die Eigenmittel des Managements nicht ausreichen, können auch Teile des notwendigen Eigenkapitals von Beteiligungsgesellschaften bereitgestellt werden. Möglich ist auch, dass sich der Alteigentümer an der Finanzierung des MBO/MBI im Wege eines Verkäuferdarlehens beteiligt. Weitere Möglichkeiten siehe Kapitel 5.3: Finanzierung.

Für den Verkäufer des Unternehmens	Für den Erwerber (Management)
Chancen: • Lösung des Nachfolgeproblems • Mittelständischer Charakter des Unternehmens bleibt gewahrt	**Chancen:** • Möglichkeit zur Selbständigkeit mit realistischer Eigenmittelhöhe und überschaubarem finanziellem Risiko • Geringes Risiko bei Einstieg in etabliertes Unternehmen gegenüber Neugründung
Risiken: • Unternehmenskontinuität hängt vom Einsatzwillen des neuen Unternehmers ab • Erzielbarer Verkaufspreis auf Finanzierbarkeit der Übernahme beschränkt	**Risiken:** • Akzeptanzprobleme im Unternehmen • Hoher Erfolgsdruck • Hohe Finanzierungsbelastung bei Abweichung von Liquiditäts- und Finanzierungsplan • Nur geringe Investitionstätigkeit bis zur Entschuldung

Abbildung 12: Chancen und Risiken bei Management Buy-Out (MBO)/Management Buy-In (MBI)

Praxisbeispiel:

Josè German Larrabe und *Herbert Busch,* erfahrene Manager aus der Luftfahrtbranche, haben hierzu ein gutes Beispiel gegeben. Die *Nayak Aircraft Service GmbH & Co. KG* wurde 1974 als Tochter der BAT-Air für Flugzeugwartung gegründet. 1992 wurde Nayak, die inzwischen Tochtergesellschaft der Nürnberger Flugdienst war, von der RFG Dortmund übernommen und als wichtiger Bestandteil der neuen Eurowings-Technik eingesetzt. An der Einführung der ersten Jets in die Eurowings-Gruppe war die Nayak maßgeblich beteiligt. Heute ist Nayak an allen großen Flughäfen in Deutschland mit Line Maintenance vertreten. Alle gängigen Flugzeugmuster der Regional-Fluggesellschaften sind bereits in der Betriebslizenz.

Die heutigen Unternehmer haben die Gesellschaft durch ein Management Buy Out erworben. Beide, German Larrabe und Herbert Busch, haben das Glück, dass ihre Söhne nicht nur Interesse an der Unternehmensnachfolge halten, sondern auch bereits langjährig in der Wartung und Instandhaltung von Luftfahrzeugen tätig sind. Die Ausbildung innerhalb der Deutschen Junioren Akademie war für sie nur der Beginn für die weitere Ausbildung im Managementbereich.

Kleine Aktiengesellschaft

Ein Verkauf bzw. Teilverkauf wird eventuell erleichtert durch die Umwandlung in eine kleine AG.

Die kleine Aktiengesellschaft ist eine Möglichkeit, das Vermögen und operative Geschäft zu trennen. Es bietet sich für kleine und mittlere Unternehmen die Gründung einer sogenannten „kleinen AG" an. Das Vermögen kommt damit in die Hände der Aktionäre und das operative Geschäft wird durch den Vorstand ausgeübt. Dieser kann sich bei seiner Tätigkeit Rat und Unterstützung beim Aufsichtsrat holen.

Eine kleine Aktiengesellschaft unterliegt vereinfachten Bestimmungen, wie z. B.:

- Die kleine AG ist von der Arbeitnehmermitbestimmung im Aufsichtsrat bei weniger als 500 Arbeitnehmern befreit.
- Für die Durchführung und Dokumentation gelten erhebliche Erleichterungen.
- Durch eine entsprechende Gestaltung der Satzung der AG können die Dispositionsbefugnisse der Aktionäre hinsichtlich der Gewinnverwendung gestärkt werden.

Die Einordnung einer Gesellschaft als kleine Aktiengesellschaft erfolgt anhand der Nichtteilnahme am Kapitalmarkt und nicht aufgrund der tatsächlichen Größenverhältnisse gemessen am Umsatz oder den Mitarbeiterzahlen. Die Aktionäre müssen namentlich bekannt sein. Das Grundkapital beträgt mindestens 50 000 Euro und ist in Aktien eingeteilt. Sofern nichts anderes in der Satzung festgelegt ist, kann die Weitergabe von Aktien an Dritte beliebig erfolgen. Die Übertragung einer Aktie erfolgt nach den Grundsätzen des Wertpapierrechts.

Im Erbfall erhalten die Nachkommen das Aktienpaket des Seniors und damit den Anspruch auf Dividende. Ansonsten haben sie die gleichen Rechte und Pflichten wie jeder andere Aktionär.

Aus einer kleinen AG kann sich später auch eine AG mit der Möglichkeit eines Börsengangs entwickeln.

Verkauf über die Börse

Mindestvoraussetzungen für den Börsengang sind:

- Jahresumsatz bei produzierenden Unternehmen grundsätzlich höher als 25 Mio. Euro,
- gute Ertragssituation,
- etablierte Marktstellung,
- gute Perspektiven der Unternehmensentwicklung.

Für den Börsengang müssen ein umfangreiches Informationssystem sowie eine klare Organisations- und Führungsstruktur geschaffen werden.

Die Börse steht dann als Eigenkapitalmarkt offen. „Der Finanzbedarf für die Abfindung von Gesellschaftern oder Erben ist ohne Kreditaufnahme möglich. Es entsteht eine strikte Trennung von Privat- und Betriebsvermögen. Wegen des besonderen Ansehens, das börsennotierte Aktiengesellschaften genießen, wird die Suche nach qualifizierten Managern einfacher."[15] Eine Alternative, die heute wieder durch einen stabilen Aktienmarkt reizvoll geworden ist.

Sie haben sich in diesem Kapitel ausführlich mit sich selbst und den Möglichkeiten und Alternativen der Übergabe und Nachfolge beschäftigt. Zum Abschluss dieses Kapitels noch einmal die Gedanken zu Ihrer eigenen Neupositionierung und zu der Ihres Unternehmens. Beginnen Sie zunächst mit der Positionierung Ihres Unternehmens (siehe Checkliste 10).

Nach der Beantwortung der Fragen zu Unternehmen sollten Sie sich über Ihre eigenen persönlichen Ambitionen Klarheit verschaffen. Dazu dienen die folgenden Fragen, deren Beantwortung Ihnen sicherlich nicht so schwer fallen wird, wie die Beantwortung der vorhergehenden Fragen.

---

[15] Unternehmensnachfolge – Die optimale Planung. nexxt- Initiative Unternehmensnachfolge, BMWA, 2004, S. 50

Checkliste 10: Neupositionierung des Unternehmens

Fragen	Antworten
✓ Haben Sie mit Ihrem Nachfolger eine detaillierte Absprache über Ihre zukünftige Rolle im Unternehmen getroffen?	
✓ Wie lange soll die Übergangszeit mit einer gemeinschaftlichen Geschäftsführung dauern?	
✓ Wie haben Sie sichergestellt, dass Sie nach der Übertragung der kompletten unternehmerischen Verantwortung auf den Nachfolger nicht weiter zur Anlaufstelle für Fragen/Wünsche von Mitarbeitern und Kunden geraten?	
✓ Ist eine offizielle Übergabe-Zeremonie im Kreis der Mitarbeiter vorgesehen?	
✓ Wäre ein Öffentlichkeitseffekt mit der Einladung von Gästen (Kunden, sonstige Geschäftspartner, Kommunalvertreter) zu einem Empfang anlässlich der Übergabe verbunden?	
✓ Haben Sie neue Projekte außerhalb des Unternehmens ins Rollen gebracht?	
✓ Können Sie Ihre unternehmerische Erfahrung über die Beiratstätigkeit im Familienunternehmen hinaus in einem institutionalisierten Rahmen zur Geltung bringen, z. B. durch Tätigkeit im Beirat eines anderen Unternehmens, Engagement als Berater für Wirtschaftsjunioren oder Übernahme von Management auf Zeit?	
✓ Welche Kontakte/Aktivitätsfelder können Sie bereits heute – noch parallel zum Tagesgeschäft – kontinuierlich auf- und ausbauen, um später einen „eleganten Wechsel" praktizieren zu können?	
Weitere Fragen	**Antworten**
✓ Haben Sie sich schon im Detail überlegt, in welche eigenen Projekte – oder Projekte Ihrer Kinder – Sie ggf. den Verkaufserlös Ihrer Anteile investieren wollen?	
✓ Gibt es Wünsche/Perspektiven, die Sie konsequent ins Auge fassen können, sobald keine wirtschaftliche Abhängigkeit mehr zwischen Ihnen/Ihren Vermögensdispositionen und dem Unternehmen besteht?	

Checkliste 11: Persönliche Positionierung

Fragen	Antworten
✓ Welche Aktivitäten haben Sie immer wieder bis zum Ruhestand hinausgeschoben?	
✓ Welche Träume wollten Sie sich schon lange erfüllen?	
✓ Welche Hobbys haben während Ihrer unternehmerischen Tätigkeit gelitten?	
✓ Gibt es eine ehrenamtliche Arbeit, die Sie sich vorstellen können?	
✓ In welchen Organisationen könnten Sie Ihr Wissen einbringen (z. B. Berufsverbände)?	
✓ Was könnte sich in den Beziehungen zu Ihrem Partner bzw. zu Ihrer Familie verändern?	
✓ Gibt es neue unternehmerische Perspektiven, die mit Ihrer Kraft, Ihrem Alter (mit den Interessen Ihres Partners) zu vereinbaren sind?	

Nach der Abarbeitung der Checklisten können Sie sich nun der Antwort der Frage nach der Zukunft Ihres Unternehmens widmet.

3. Die Zukunft des Unternehmens

Ist Ihr Unternehmen auf die Zukunft vorbereitet und fit für die Nachfolge?

Familienunternehmer haben ihre Entscheidung für die Selbständigkeit ganz bewusst getroffen, damit sie eigenverantwortlich handeln können. Die wenigsten von ihnen können sich heute noch vorstellen, als angestellte Manager in einem Großunternehmen zu arbeiten. Ein Hauptgrund dafür liegt in der vorhandenen Verbindung von Eigentum und Leitung in einer Person, einer Familie oder einem Familienverbund. Dies führt zu einer Einheit von Eigentumsinteressen und Unternehmensinteressen. Die Einheit muss auch im Prozess des Generationswechsels in der Unternehmensführung gesichert werden. Sie ist ein Vorzug des Familienunternehmens, der es ermöglicht, dass Entscheidungen schneller gefällt und realisiert werden können, weil es weniger Gremien gibt, die der Unternehmer vor seiner Entscheidung befragen muss, weil seine Entscheidung von keinem anderen Gremium im Unternehmen rückgängig gemacht werden kann und weil deren Verwirklichung ohne große Leitungs- und Verwaltungswege möglich ist. Die Unternehmensführung strahlt somit Verlässlichkeit aus, die zum einen für die Geschäftspartner und zum anderen für die eigenen Mitarbeiter von hoher Bedeutung ist. Diese Verlässlichkeit im Prozess der Nachfolgeregelung zu sichern und zu stärken, muss ein vorrangiges Ziel des Familienunternehmers sein. Um das zu erreichen, muss auf Basis Ihrer unternehmerischen Vision die Bestimmung der Qualität, der Stärke, der Zukunftsfähigkeit, kurz die strategische Positionierung des Unternehmens folgen.

3.1 Stimmt die strategische Positionierung?

Die Erfolglosen zeichnen sich gerade dadurch aus, dass sie das Rad immer wieder neu erfinden wollen. Erfolgreiche nutzen vorhandene theoretische und praktische Kenntnisse von anderen, um damit ihre eigenen Erfahrungen zu machen. Sie finden ab einem bestimmten Zeitpunkt zu einem ganz persönlichen Erfolgsweg. Daran können sie wiederum andere teilhaben lassen. In diesem Sinne haben sich in der aktuellen Diskussion in Theorie und Praxis bezüglich erfolgreicher Strategien *sieben Regeln* herauskristallisiert:

1. Konzentration der Kräfte.
2. Potenzial nutzen und zu zentralen Werten machen.

3. Der Kunde ist König – Kundenprobleme kann ich besser lösen, wenn ich Kunden besser kenne.
4. Auf die Mitarbeiter kommt es an, wir brauchen Unternehmer.
5. Die Organisation wird beherrscht, Flexibilität bleibt erhalten.
6. Innovationen gibt es über die gesamte Wertschöpfungskette, vom Produkt bis zum Verkaufen.
7. Komplexität beherrschen wir, unsere Strategie ist einfach und geradlinig.

Der Strategiebegriff wurde in der Betriebswirtschaftslehre erst relativ spät eingeführt. Bis Ende der sechziger Jahre wird vornehmlich von langfristiger Planung gesprochen. Durch die Dynamik und Veränderungen in Gesellschaft und Wirtschaft Mitte der siebziger Jahre wurden die Nachteile einer relativ statischen Betrachtungsweise in der Strategiedurchführung offensichtlich. In Zeiten zunehmender Rohstoffverknappung, des sozialen Wandels, der Währungsunsicherheiten sowie eines ungebrochenen technischen Fortschrittes wurde ein flexibler dynamischer Strategieansatz notwendig. Aufgrund dieser Problemstellung hat sich aus dem Konzept der strategischen Planung ein Konzept der strategischen Führung bzw. des strategischen Managements entwickelt. Auf dem III. Kongress der Familienunternehmen stellte Werner Baier die These auf: „Jedes Familienunternehmen braucht eine Strategie und hat in der Regel auch eine solche. Nur orientieren sich Unternehmen häufig nach einem ‚unbewussten Plan', der dann durch vorgelebte Praxis für die Umgebung erst sichtbar wird. Inwieweit dies genügt, hängt von der Größe der Unternehmen und dem Führungsstil des Inhabers ab."[16]

Was ist eigentlich eine Strategie? Strategien sind mit langfristigen Zielsetzungen oder mit Visionen verbunden, aber nicht mit ihnen identisch. Perspektivische Planung, exaktes Rechnen sind Voraussetzungen für Strategien und Instrumente ihrer Realisierung, aber Strategien lassen sich nicht darauf reduzieren. Strategien sind keine einmal gefundenen Fixpunkte der Unternehmensführung oder mustergültigen Management-Choreografien. Strategien sind niemals in Stein gemeißelte Gesetze, sondern immer interaktive Programme, weil sie für alternative Entwicklungen stets alternative Wege vorsehen müssen. Strategien festlegen heißt, aus der klaren Analyse der gegenwärtigen Situation des Unternehmens, der Marktentwicklung, ökonomischer und wissenschaftlich-technischer Entwicklungsprozesse strategische Unternehmensziele zu formulieren, mögliche Wege zu deren Realisierung zu erarbeiten und eine starke Wettbewerbsposition anzustreben.

„Und als sie das Ziel aus den Augen verloren, verdoppelten sie ihre Anstrengungen." Diese Beobachtung von Mark Twain verdeutlicht die Notwendigkeit einer strategischen Zielsetzung.

---

[16] Baier, 2000, S. 16

„Unter Strategie versteht man einen globalen Weg zur Erreichung vorgelagerter Ziele."[17] Porter leitet seine Strategien aus der Wettbewerbsposition eines Unternehmens ab. Die Wettbewerbsposition wird dabei einerseits durch den relativen Marktanteil, andererseits durch den Umfang der Abdeckung einer Branche beschrieben. Er schlägt dabei drei grundlegende Strategien zur Erlangung von Wettbewerbsvorteilen vor: Kostenführerschaft, Differenzierung und Fokussierung. Nach Porter ist es zwingend erforderlich, sich für eine der genannten Strategien zu entscheiden, um im Wettbewerb bestehen zu können. Dabei sind die Hauptstrategien Kostenführerschaft und Differenzierung. Die Fokussierung als Strategie in der Nische kann wiederum in die beiden Hauptstrategien unterteilt werden. Oft ist die Unterscheidung schwierig, ob sich ein Unternehmen in einer eigenständigen Branche oder lediglich in einer Nische befindet.

In diesem Sinne enthält die Unternehmensstrategie Entscheidungen über die grundlegenden Ziele und Verhaltensweisen der Unternehmungen. Im Zentrum der Überlegung steht der Aufbau von strategischen Erfolgspotenzialen. Solche Erfolgspotenziale beziehen sich in der Regel auf Produkte und Märkte. Sie kommen zum Ausdruck in Kostenvorteilen, Qualitätsvorteilen, überdurchschnittlichen Marktanteilen, Imagevorteilen, Distributionsvorteilen usw.

Strategische Erfolgspotenziale entstehen durch die Konzentration der Kräfte und durch bereits bestehende Potenziale und Stärken. Dementsprechend stehen folgende Fragen im Mittelpunkt des Interesses:

- Auf welche Märkte soll sich das Unternehmen konzentrieren?
- Welche Produkte sollen schwerpunktmäßig angeboten werden?
- Wie soll das Unternehmen seine Ressourcen einsetzen?

Langfristig wirkende strategische Erfolgspotenziale müssen in einer erfolgreichen Strategie unerwarteten Entwicklungen Rechnung tragen können. Das bedeutet, dass der Flexibilität und dem strategischen Controlling eine erhöhte Aufmerksamkeit geschenkt werden muss. Hier tut sich ein Spannungsfeld auf, da der Aufbau strategischer Erfolgspositionen nur langfristig erfolgen kann und strategische Erfolge nur über ein hohes Maß an Beharrlichkeit erreicht werden können. Die Überwachung der kritischen Parameter und die Wirkung von Abweichungen auf die einmal getroffene Strategie müssen deshalb in einem ständigen Prozess erfolgen.

Abbildung 13 zeigt deutlich den Einfluss der Dynamik der Märkte auf die Unternehmensstrategie:

---

[17] Heinen, 1991, S. 64

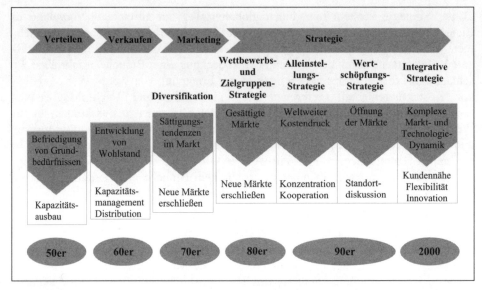

Abbildung 13: Die Dynamik der Märkte beeinflusst die Unternehmensstrategie

3.1.1 Strategische Erfolgsfaktoren

Allen auf Dauer erfolgreichen Unternehmen ist es gelungen, langfristig verteidigungsfähige Wettbewerbspositionen zu besetzen. Dies geschah meist durch die Konzentration auf besondere Stärken des Unternehmens. Pümpin nennt die so erreichten Positionen „Strategische Erfolgspositionen SEP". Bei erfolgreichen Unternehmen sind diese strategischen Erfolgspositionen klar zu identifizieren. So ist z. B. der große Erfolg von IBM nicht zuletzt darauf zurückzuführen, dass ein überlegener Kundenservice aufgebaut wurde. Rolls Royce ist es im Automobilbau gelungen, im Bereich Image und Qualität eine besondere Alleinstellung zu erreichen. Das strategische Denken muss darauf ausgerichtet sein, strategische Erfolgspositionen zu erkennen und zu besetzen.

Ein Unternehmen hat also eine *strategische Erfolgsposition, wenn es langfristige verteidigungsfähige Wettbewerbsvorteile gegenüber den Konkurrenten aufweist*. Nur Unternehmen, die über SEP verfügen, heben sich von Konkurrenten ab und können so die Existenz am Markt sichern.

Die Zukunft des Unternehmens

Wo können strategische Erfolgspositionen aufgebaut werden?

Dies sind im Wesentlichen drei Bereiche:

1. Produkte und Dienstleistungen

Beispiele:

- Ein Unternehmen entwickelt ein der Konkurrenz überlegenes Produkt, das durch laufenden Know-how-Vorsprung oder durch Patente geschützt ist.
- Kundenbedürfnisse werden rascher und besser als durch die Wettbewerber erkannt und damit die Sortimente bzw. Produkte und Dienstleistungen schneller den Marktbedürfnissen angepasst.
- Das Angebot einer hervorragenden Kundenberatung bzw. eines überlegenen Kundenservice.
- Die überlegene Beherrschung bestimmter Werkstoffe bzw. Produktionsverfahren und deren Anwendung.

2. Märkte

Beispiele:

- Ein Unternehmen besitzt in einem bestimmten Markt das profilierteste Image.
- Das Unternehmen bedient bzw. bearbeitet einen bestimmten Markt und eine spezifische Abnehmergruppe gezielter und wirkungsvoller als der Wettbewerb.
- Das Image in einem Markt eines Unternehmens ist dem Wettbewerber in bestimmten Bereichen, wie z. B. Qualität, Service, weit überlegen.

3. Unternehmensfunktionen

Beispiele:

- Eine Unternehmung setzt eine überlegene Produktionstechnologie ein und verfügt über ein einmaliges Distributionsnetz.
- Durch laufende Innovationen ist das Unternehmen schneller als die Konkurrenz und kann neue überlegene Produkte auf den Markt bringen.
- Beschaffungsquellen können besser bzw. ausschließlich genutzt werden.
- Das Unternehmen ist in der Lage, die am besten qualifizierten Mitarbeiter anzuziehen und zu halten.

Bestimmte Grundregeln sind jedoch zu beachten, um „Strategische Erfolgspotenziale (SEP)" erfolgreich aufbauen zu können:

1. Aufbau von strategischen Erfolgspotenzialen durch Zuordnung von Ressourcen

Zum Aufbau von SEP sind Ressourcen wie Managementzeit, sachliche und personelle Kapazitäten sowie Finanzen konzentriert einzusetzen. Zu einem starken SEP führt nur eine bewusste und intensive Mittelzuordnung.

2. Konzentration auf die wichtigsten strategischen Erfolgspotenziale

Es ist erheblicher Mitteleinsatz notwendig, um Überlegenheiten gegenüber der Konkurrenz aufzubauen. Da die Mittel in einer Unternehmung immer einer bestimmten Knappheit unterliegen, ist es besonders wichtig, sich auf ein bis zwei SEP zu konzentrieren.

3. Zusammenarbeit des gesamten Unternehmens

Starke SEP können nur aufgebaut werden, wenn alle Unternehmensbereiche zusammenarbeiten. Wichtig ist die ganzheitliche Orientierung des Unternehmens; dabei muss das Ressourcendenken überwunden werden.

4. Langfristiger Blickwinkel

Strategische Erfolgspositionen sind langfristig angelegt, d. h. auch, dass die Anstrengungen bedeutend sein müssen und nicht immer gleich zu kurzfristigen Ergebnissen führen. SEP zeichnen sich gerade dadurch aus, dass Konkurrenten mehrere Jahre benötigen, um diese SEP zu gefährden.

5. Fortdauernde Pflege der strategischen Erfolgspotenziale (SEP)

Da jedes SEP von der Konkurrenz angegriffen wird, bedarf es einer fortgesetzten Zuteilung überdurchschnittlicher Ressourcen. Es gibt kein „Ausruhen auf den Lorbeeren".

Um langfristig besser als andere sein zu können, müssen Sieger wirksame Schutzwälle gegen die Wettbewerber errichten. Diese Schutzwälle verhindern, dass andere Unternehmen das kopieren, was ich mit und in meinem Unternehmen selbst mache. Eine erfolgreiche Strategie zimmern, heißt also, sichere Barrieren gegen die Konkurrenz zu errichten.

Für das Familienunternehmen heißt Strategie nach Roland Berger, „Aufbau von langfristig verteidigungsfähigen Wettbewerbspositionen" und deren Sicherung und Erhaltung im Prozess des Generationswechsels.

Praxisbeispiel:

> Die *GRG Dienstleistungsgruppe Berlin* kann hier für viele Unternehmen beispielhaft stehen. Das Unternehmen wurde 1920 durch *Walter Schwarz* als Glasreinigungsfirma mit zwei Angestellten gegründet. Im Jahre 1970 trat die zweite Gene-

ration, der Sohn des Gründers, Hans Jochen Schwarz, die Geschäftsleitung an. Er hat die Geschäftsbasis auf Gebäudereinigung erweitert und hatte die strategische Weitsicht, einen Beirat aus unabhängigen Unternehmern und Experten zu installieren. Dies war von entscheidendem Vorteil für den weiteren Bestand des Unternehmens. Durch den tragischen Tod seines Vaters konnte der junge *Stephan Schwarz* mit Hilfe des Beirats und eines existierenden Notfallplanes den Bestand des Familienunternehmens sichern. Der Gründerenkel Stephan Schwarz führt heute zusammen mit seinem Bruder *Heiko Schwarz* und einem weiteren Geschäftsführer die Dienstleistungsgruppe in der dritten Generation außerordentlich erfolgreich. Basis für diesen Erfolg ist die von der Nachfolgegeneration entwickelte Geschäftsstrategie, die auf drei eindeutigen Säulen steht. Eine davon ist die überragende Qualität der Dienstleistung sowie die Gesamtqualität nach dem Business-Excellent-Modell. Seit 2003 ist Stephan Schwarz Präsident der Berliner Handwerkskammer und übernimmt neben seiner unternehmerischen auch gesellschaftliche Verantwortung.

Ohne Planung, Markt- und Konkurrenzanalysen geht es nicht. Deshalb sagt fast jeder mittelständische Unternehmer: „Als Unternehmer muss ich heute wissen, was übermorgen für mich wichtig ist."[18] Immer mehr mittelständische Unternehmer verlassen sich nicht mehr nur auf ihr Bauchgefühl, sondern sind aufgrund exakter Kenntnisse und Erfahrungen in der Lage, langfristige Entwicklungen und Trends in ihrem Fachgebiet zu sehen, zu erahnen, um sich am Markt durchzusetzen. Fachwissen und dessen ständige Erneuerung ermöglichen dies. Wer versucht, langfristig vorauszuplanen, hat auch langfristige Wachstumsziele. Dabei gilt es, die neuen Herausforderungen für die Zukunft wie Globalisierung, Informationstechnologie, Wertewandel und Veränderung des sozialen Umfeldes einzubeziehen. Sie müssen bei der Bestimmung der strategischen Positionierung des Unternehmens beachtet werden.

Das Hauptziel der Positionsbestimmung ist:

- das heutige Tätigkeitsgebiet des Unternehmens klar zu erkennen und daraus Möglichkeiten für neue Tätigkeitsfelder abzuleiten,

- die wichtigsten Stärken und Schwächen des Unternehmens zu erfassen, um aus möglichen Potenzialen strategische Stärken zu entwickeln,

- die Chancen und Risiken aus der Entwicklung der Marktseite aufzuzeigen,

- die Kostenstruktur des Unternehmens im Vergleich zum Wettbewerb herauszuarbeiten,

- die gelebte und gewollte Unternehmenskultur zu erfassen sowie

- die bisherige Strategie des Unternehmens zu hinterfragen.

---

18 Mind, Mittelstand in Deutschland, Köln, 2004, S. 28

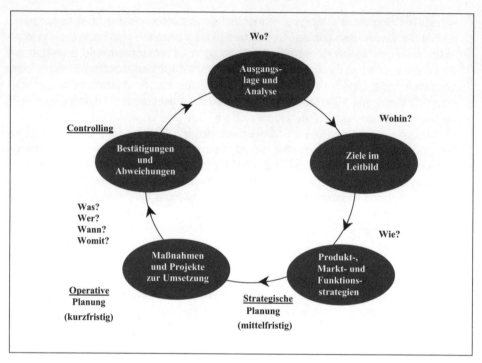

Abbildung 14: *Ablauf einer Strategieentwicklung*

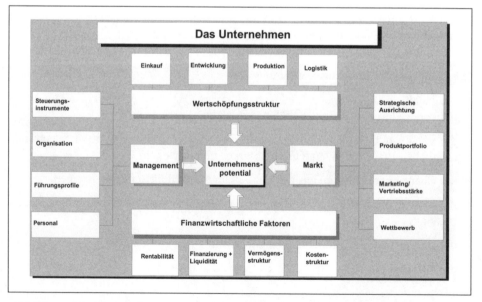

Abbildung 15: *Unternehmenspotenziale*

Die Positionsbestimmung ist einer Konkurrenzanalyse sehr ähnlich, aber sie wird sich stärker auf die Bewertung der Leistung konzentrieren, reichhaltiger sein und tiefer gehen. Sie ist außerdem sehr viel detaillierter, einerseits wegen ihrer Bedeutung für die Strategie, andererseits weil mehr Informationen verfügbar sind. Die Analyse stützt sich auf detaillierte und aktuelle Informationen über Absatz, Gewinne, Kosten, Organisationsstruktur, Managementstil usw.

In Abbildung 16 wird ein Überblick über die zu untersuchenden Aspekte gegeben.

Der erste Schritt zu einer erfolgreichen Unternehmensübertragung ist eine ausführliche Bestandsaufnahme. Machen Sie sich ein umfassendes Bild von Ihrer momentanen Situation. Es gilt also zu prüfen, wie gut Sie selbst und das Unternehmen auf eine Nachfolge vorbereitet sind.

Besonders beim Verkauf an Dritte zahlt sich eine Unternehmensanalyse aus. Es kommt darauf an, das Unternehmen souverän zu präsentieren und jederzeit auskunftsfähig zu sein. Dies dient vor allem der eigenen Verhandlungsposition.

Zur Identifizierung von Erfolgspotenzialen für die Unternehmensanalyse sind u. a. folgende Bereiche im Unternehmen zu betrachten:

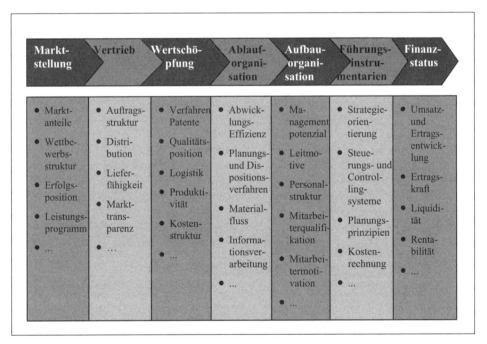

Abbildung 16: *Bereiche zur Identifizierung von Erfolgspotenzialen für die Unternehmensanalyse*

Checkliste 12: Wie wettbewerbsfähig ist Ihre Strategie?

Die nachfolgenden elf Fragen helfen Ihnen bei der Überprüfung Ihrer Strategie:

Fragen	Antworten
✓ Wie oft setzen Sie sich systematisch mit der langfristigen Zukunft Ihres Unternehmens auseinander?	
✓ Kennen Sie die Größe und das Wachstum Ihres Marktes?	
✓ Kennen Sie Ihre und die Marktanteile Ihrer Wettbewerber?	
✓ Kennen Sie die Chancen und Risiken, die Ihr Markt Ihnen bietet?	
✓ Kennen Sie die entscheidenden Erfolgsfaktoren Ihres Marktes?	
✓ Arbeiten Sie auf den richtigen Märkten?	
✓ Kennen Sie die Stärken und Schwächen Ihres Unternehmens?	
✓ Was unterscheidet die Produkte und Leistungen Ihres Unternehmens von anderen Wettbewerbern?	
✓ Sind Ihre Produkte und Leistungen wettbewerbsfähig?	
✓ Wissen Sie, wie Umsatz und Ertrag sich in Zukunft entwickeln werden?	
✓ Wissen Sie, ob Sie mit neuen Produkten oder neuen Märkten Erfolg haben werden?	

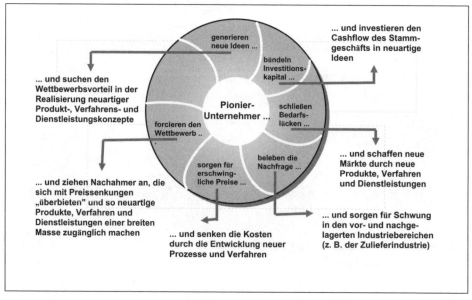

Quelle: BMWA, 2004

Abbildung 17: *Innovativer Mittelstand – Motor für Lebens- und Standortqualität*

Ein erfolgreicher Familienunternehmer ist mit seinem Unternehmen ein Motor für Lebens- und Standortqualität. Abbildung 17 zeigt die wichtigsten Aspekte dieser Feststellungs. Die Frage ist, ob Sie sich als erfolgreicher Unternehmer hier einordnen können. Oder finden Sie Positionen, bei denen Sie ein weniger gutes Gewissen haben? Das sind die Schwachstellen Ihrer strategischen Position, von deren Korrektur die weitere Entwicklung abhängt.

Die Qualität des Unternehmers zeigt sich in seinem Engagement für das operative Geschäft, in der Kontinuität der Führung, in seiner Zielstrebigkeit und Ausdauer sowie bei der Entwicklung und Umsetzung seiner geschäftspolitischen Konzeption. Aber nur wer die Bedürfnisse seiner bestehenden und potenziellen Kunden kennt, wird dauerhaft im Markt erfolgreich sein.

Eine Stärke der familiengeführten Unternehmen liegt in ihrer Nähe zum Kunden. Ein kundenorientiertes Familienunternehmen richtet alle Aktivitäten auf die Wirkung am Markt und die Anforderungen der Kunden aus. Dies beinhaltet unter anderem eine enge Zusammenarbeit mit Kunden, um Produkte und Leistungen ständig zu verbessern, aber auch ein rasches und flexibles Reagieren auf individuelle Kundenwünsche. Zum anderen haben Familienunternehmen zumeist eine handwerklich-technische Tradition und wollen mit ihrem fachlichen Ehrgeiz den Kunden eine besondere Qualität liefern. Die Kundenorientierung verschafft den Familienunternehmen gegenüber anderen Unternehmen Wettbewerbsvorteile. Die konsequente Ausrichtung auf die spezifischen Bedürfnisse der Kunden fordert und fördert eine hohe Innovationskraft. Diese hohe Innovationsbereitschaft in Verbindung mit einer konsequenten Konzentration auf die aufgebauten Kernkompetenzen sichert die Wettbewerbsfähigkeit des Familienunternehmens und ermöglicht es, sogar Marktführer im eigenen Segment zu werden. Der direkte Kontakt des Kunden zum Namensträger oder geschäftsführenden Gesellschafter ist ein entscheidender Wettbewerbsvorteil. Im Vergleich zur anonymen Kapitalgesellschaft hat ein Familienunternehmer es einfacher, Geschäftskontakte zu knüpfen und aufrechtzuerhalten. Außerdem ist die Kundenorientierung Voraussetzung für die Zufriedenheit Ihrer Kunden sowie Katalysator für den Geschäftserfolg und die Mitarbeiterzufriedenheit. Kundenzufriedenheit, die für eine langfristige Kundenbindung ausschlag-gebend ist, trägt zur Reduzierung der Akquisitions- und Betreuungskosten sowie zur erhöhten Ertragsfähigkeit des Unternehmens bei.

Selten analysieren Unternehmen die Erwartungen ihrer Kunden und überprüfen deren Erfüllungsgrad. Erst bei sinkendem Umsatz oder Kundenfluktuation wird festgestellt, dass sich die Anforderungen des Marktes geändert haben, ohne dass man dies erkannt und darauf reagiert hat. Kunden und Marktanteile sind dann jedoch meistens verloren.

In einem ersten Schritt geht es deshalb darum, das heutige Tätigkeitsfeld Ihres Unternehmens klar zu erkennen und übersichtlich darzustellen. Dabei genügt es nicht, die angebotenen Produkte und Dienstleistungen sowie die bearbeiteten Absatzmärkte aufzulisten. Vielmehr sind für jedes Produkt – evtl. Produktgruppen – und für jede Dienstleistung die folgenden Fragen zu beantworten:

- Welchen Nutzen bzw. welche Funktionen erbringt Ihr Unternehmen seinen Abnehmern mit seinen Produkten und Dienstleistungen?
- Welchen Abnehmern, d. h. Kunden, Absatzmittlern und Endver-brauchern, erbringt das Unternehmen diesen Nutzen?
- Welche Verfahren, Technologien oder Methoden setzt das Unternehmen ein, um seinen Abnehmern diesen Nutzen zu bringen?

„Klug fragen können, ist die halbe Weisheit.", wusste schon Sir Francis Bacon von Verulam (1561-1626). Weise ist es deshalb, Ihre bestehenden und potenziellen Kunden nach ihren Bedürfnissen zu fragen:

Wann haben Sie das letzte Mal die Wünsche Ihrer Kunden systematisch erfasst?

Wissen Sie, welche Leistungen und Services Ihren Kunden wirklich wichtig sind – und wofür sie bereit sind zu bezahlen?

Kennen Sie das Erfolgsrezept Ihrer Wettbewerber?

3.1.2 Der Vertrieb ist entscheidend

Eine wesentliche Seite der Bestimmung der strategischen Wettbewerbsposition Ihres Familienunternehmens ist der Vertrieb. Heute ist es nicht mehr ausreichend, den Kundenkontakt durch gelegentliche Treffen oder Telefonate aufrechtzuerhalten und über den Preis zu verkaufen. Es bedarf einer systematischen, abteilungsübergreifenden Zusammenarbeit von Kundendatenmanagement, Innen- und Außendienst sowie der Marketing- und Produktionsentwicklung:

- mehr Flexibilität und Reaktionsschnelligkeit,
- Verkauf von Problemlösungen statt Produktion,
- Kunden- statt Umsatzorientierung,
- Erhöhung der „Face-to-Face"-Zeit mit optimierter Besuchsplanung,
- Zusammenführung aller Informationen zum „Krankenblatt" des Kunden,
- verbesserte Implementierung von CRM/E-CRM,
- Umsetzung von Neukundengewinnung, Vertriebseffizienz, neuer Vertriebsorganisation, neuer Vertriebssteuerung sowie stetige Kundenorientierung sind nur einige der entscheidenden Erfolgskriterien.

Die Zukunft des Unternehmens

Wenn dies auch für Sie keine neuen Erkenntnisse sind, der Vertrieb Ihres Unternehmens aber den Ansprüchen eines modernen Käufermarktes nicht immer gerecht wird, sollten Sie Ihren Vertrieb coachen lassen. Denn ein optimierter Vertrieb rechnet sich.

Eine Umfrage des Instituts für Mittelstandsforschung Bonn, veröffentlicht in „mind. Mittelstand in Deutschland 2006", ergab, dass die Mehrheit der Familienunternehmer in den nächsten zwei Jahren auf Rationalisierung und Kostensenkung setzt, um die Wettbewerbsposition ihres Unternehmens zu erhalten oder zu stärken. Dabei zeigt sich ein Trend, dass bei größeren mittelständischen Unternehmen die Orientierung auf Rationalisierung und Kostensenkung größer ist als bei den Unternehmen, die eine geringe Mitarbeiterzahl haben.

Möglichkeiten	Anzahl der Beschäftigten in %					
	Gesamt	1 bis 4	5 bis 9	10 bis 19	20 bis 49	50 u. mehr
Rationalisierung, Kostensenkung	54,5	32,8	51,1	53,6	64,1	60,5
Mitarbeiter qualifizieren	33,9	15,1	26,1	34,6	34,7	47,6
In Marketing und Werbung investieren	32,4	30,9	26,9	31,6	30,2	38,7
Auf seine Kompetenzen konzentrieren	31,8	26,2	32,3	35,1	38,4	25,0
Umstrukturierung	26,9	20,2	22,2	30,6	33,5	24,9
In EDV/ Informationstechnologie investieren	23,0	20,1	16,9	19,4	22,9	31,9
Entwicklung neuer Produkte/Dienstleistungen	22,9	14,9	18,5	21,0	19,7	34,8
Ausbau des Vertriebs	22,1	13,7	16,1	23,9	18,9	32,2
Mitarbeitern zusätzliche Motivationsanreize bieten	22,1	19,4	17,5	21,6	23,4	27,1
In Maschinen und Anlagen investieren	18,5	12,4	14,9	20,2	16,7	24,1

Quelle: Mind. Mittelstand in Deutschland, Köln 2004, S. 28
Tabelle 3: *Nutzung von Möglichkeiten in den nächsten zwei Jahren die Wettbewerbsposition des Unternehmens zu erhalten oder zu stärken*

„Es kommt nicht darauf an, die Zukunft vorauszusehen, sondern darauf, auf die Zukunft vorbereitet zu sein." (Perikles.) Eine erfolgreiche Positionierung am Markt erfordert ein bewusstes Entwickeln und konsequentes Verfolgen und Kommunizieren von strategischen Wettbewerbsvorteilen.

Kein Berater kennt Ihren Markt so wie Sie. Trotzdem: Wissen Sie auf Anhieb, wie groß Ihr Markt international ist, wie stark er wächst, welchen Marktanteil Sie im Vergleich zu Ihren Wettbewerbern haben und – am wichtigsten – was den Erfolg beim Kunden ausmacht?

Antworten auf diese Fragen finden Sie gemeinsam mit Ihren Mitarbeitern nur, wenn das in Ihrem Unternehmen vorhandene Wissen systematisch gebündelt und Chancen und Risiken des Marktes strukturiert erarbeitet werden.

Bei der Beratung unserer mittelständischen Kunden in Strategie- und Kulturfragen nutzen wir eine Methodik, welche die strategischen Ziele und Meilensteine dem vom Unternehmen Erreichten, den getroffenen Entscheidungen und eingeführten Maßnahmen des Unternehmens gegenüberstellt. In dem Strategie- und Kulturaudit werden die Entwicklungsleistungen in den wesentlichen Erfolgsfaktorbereichen Kundenorientierung, Strategieorientierung, Führungseffizienz, Mitarbeiterorientierung und Informationsoptimierung in Abhängigkeit von ihrer Bedeutung für die Unternehmensstrategie positioniert. Aus der Abweichung von der Ideallinie ergibt sich dann der jeweilige Handlungsbedarf, der im Rahmen von Workshops mit dem Unternehmen in Form von Maßnahmenprogrammen erarbeitet wird.

Das besondere Problem ist die Einschätzung der Bedeutung, die der jeweilige Erfolgsfaktor oder die jeweilige Erfolgsfaktorengruppe für das untersuchte Unternehmen in dessen aktueller Situation tatsächlich hat. Dies ist besonders wichtig bei Unternehmen, die den Generationswechsel vor sich haben. Im Rahmen eines strukturierten Workshops und auf Basis von Einzelgesprächen mit wesentlichen Leistungsträgern wird die genaue Position des Unternehmens auf einer Neun-Felder-Matrix bestimmt und herausgearbeitet. Die Neun-Felder-Matrix wurde ursprünglich entwickelt, um mittelständische Unternehmen in ihrer gesamten Komplexität zu beschreiben. Im Gegensatz zu Konzernen lassen sich diese oft nicht in einfach aufgebaute, selektiv steuerbare Einheiten unterteilen. Es musste somit eine Möglichkeit gefunden werden, die sowohl die quantitativen als auch die qualitativen Parameter berücksichtigt. Bei der Neun-Felder-Matrix sind die Parameter, die das Aktionsfeld von Siegerunternehmen umschreiben sollen, jeweils dreistufig.

Dabei wird auf der X-Achse die Suche nach neuen Herausforderungen und auf der Y-Achse die Erweiterung des Selbstverständnisses aufgetragen.

- Die X- Achse wird unterteilt in die Bereiche:
    - mehr vom Gleichen: besser, schneller, billiger,
    - neue Produkte, Prozesse: anders,
    - neue Probleme, Herausforderungen: noch nie dagewesen.

- Die Y- Achse dagegen wird unterteilt in:
    - Branchenführung anstreben,
    - branchenübergreifender Problemlöser/Systemanbieter sein,
    - die Gesellschaft als Kunden begreifen.[19]

---

[19] Vgl. Windau/Schumacher, 1996, ab S. 85

Die Zukunft des Unternehmens 113

Die langjährige Beobachtung erfolgreicher Unternehmen zeigt, dass „Sieger" auf ihrem Erfolgsweg verschiedene Strategiekombinationen und damit auch verschiedene Rollen durchlaufen. Entscheidend ist, ob es auf dem Weg zum Erfolg gelingt, zur richtigen Zeit den Durchbruch in neue Rollen vorzunehmen, die richtige Rolle zu wählen und dafür die erforderlichen Voraussetzungen zu schaffen.

Die Neun-Felder-Matrix in Abbildung 18 gibt einen Überblick über die möglichen Rollen.

	Branchenfokus	branchenübergreifend	Gesellschaft als Kunde
neue Lösung für neues Problem neue Herausforderung	.... entwickelt Billighaus und bietet es an	.... entwickelt Billighaus und bietet zusammen mit Möbelversand an	.... entwickelt neue Wohnformen für Bürger Brandenburgs und des ehemaligen Ost- u. West-Berlin zumgesellschaftl. u. ökonomischen „Miteinander"
neue Lösung für bekanntes Problem	.... entwickelt Zuganker zur Baugrubenabstützung	.... entwickelt und fertigt Maschinen für den Spezialtiefbau	.... entdeckt besonders vorteilhafte Lagen und Konzepte für Kindergärten und betreibt diese
bekannte Lösung für bekanntes Problem	Klassischer Bauunternehmer	.... bietet Wohn-, Verwaltungs- und andere Projektentwicklungen an	.... bietet Bio-Häuser mit ökologischen Vorteilen an

Quelle: DGM 1997
Abbildung 18: *Strategiepfade von Siegern*

Die Analyse erfolgreicher Alt-Unternehmen zeigt, dass die meisten mindestens einen Rollenwechsel hinter sich haben. Dabei beschreiten Siegertypen immer ganz bestimmte Erfolgspfade – ihre Spur findet sich in der Siegermatrix.

Hierbei wird betrachtet, ob für den Generationswechsel die Ressourcen ausreichen, ob sich der beabsichtigte Generationswechsel mit den strategischen Unternehmenszielen verträgt. Nur so kann gewährleistet werden, dass die einzelnen Erfolgsfaktoren auch wirklich in der aktuellen und spezifischen Situation des Unternehmens wirken. Im Eingehen auf die individuelle Unternehmensnachfolge und auf das Veränderungspotenzial liegt die eigentliche Analysequalität.

3.2 Passt die Betriebsstruktur zu Ihrer Strategie?

Die Organisationsstruktur eines mittelständischen Familienunternehmens zeichnet sich häufig durch folgende Merkmale aus:

- ein auf den Unternehmer ausgerichtetes Einliniensystem,
- geringe Abteilungsbildung,
- wenige hierarchische Ebenen,
- das Fehlen von Stabsbereichen,
- wenig formalisierte Kommunikations- und Entscheidungsprozesse und
- kostenbewusster Umgang mit Ressourcen zur Erreichung der unternehmerischen Ziele.

Durch die flachere Organisation sind familiengeführte Unternehmen im Vergleich zu anonymen Großunternehmen überschaubarer, sie haben auch deutlich kürzere Entscheidungswege und eine günstigere Kostenstruktur. Diese Vorteile ermöglichen dem Familienunternehmen, sich schnell an veränderte Marktverhältnisse anzupassen, flexibel auf Kundenwünsche zu reagieren, Marktlücken auszunutzen sowie unternehmerische Ziele schnell und konsequent am Markt umzusetzen. Das Kopieren dieser Stärken und Differenzierungsvorteile fällt größeren Unternehmen schwer. Dadurch haben mittelständische Familienunternehmen genügend Zeit, ihre Investitionen ausreichend zu kapitalisieren und ihre Wettbewerbsfähigkeit zu sichern.

Diese Vorteile können aber auch ins Gegenteil umschlagen und zu Nachteilen werden, wenn die Entwicklung und Anpassung der Organisationsstruktur mit der wirtschaftlichen Entwicklung des Unternehmens nicht Schritt hält. Das kann sich in folgenden Problemen äußern:

- Die Organisation ist der Betriebsgröße nicht angepasst. Die Entwicklung der Organisation wurde bereits in der Gründungsphase abgebrochen. Die Firma ist weiter gewachsen und die Organisation ist in den Kinderschuhen stecken geblieben.
- Organisatorische Entscheidungen wurden erst dann getroffen, wenn die Probleme sichtbar wurden, und nicht in eine langfristige Strategie eingebunden.
- Typische Probleme der Organisation in mittelständischen Familienunternehmen sind die Mängel in der Aufgabenverteilung. Weil die Aufgaben und Kompetenzen der einzelnen Stellen nur unzureichend geklärt wurden, kommt es immer wieder zu erheblichen Reibungsverlusten.

Dazu kommen Schwächen bei der Abgrenzung der Aufgaben zwischen dem Familienunternehmer und seinen Leitungsmitarbeitern in der nächsten Leitungsebene. Es kommt zu einer Überlastung der Firmenleitung mit Aufgaben, die mit Unternehmensführung nichts oder nur wenig zu tun haben.

Abbildung 19 verdeutlicht, dass die Organisation selbst Gegenstand innovativer Überlegungen werden muss.

Wesentliche Gründe hierfür sind:

- eine zu stark zentralisierte Entscheidungsbefugnis (Dominanz der Hierarchie),
- Erstarren in formalisierten Abläufen (tradiertes Rollenverständnis), fehlendes Wissen über Innovationstechniken,
- Mangel an betrieblicher Weiterbildung und ungenügende Informationsbeschaffung sowie
- wenig Erfahrung in Projektmanagement und Projektorganisation.

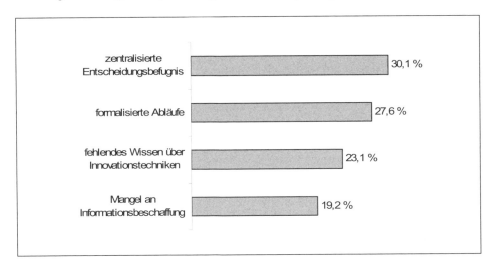

Quelle: DGM, 2004
Abbildung 19: *Innovationshürden*

Wie sieht es in Ihrem Unternehmen aus? Haben Sie eine Aufgabenverteilung in Ihrer Leitungsebene? Umgehen Sie Mitarbeiter und regieren sofort in die unterste Ebene? Welche Veränderungen müssten durchgeführt werden, damit die Organisation die neue Strategie unterstützt?

Das schließt aber auch die Frage nach der Unternehmensführung ein. Denn alle oben aufgezeigten Vor- bzw. Nachteile werden letztlich vom Führungsstil des Familienunternehmers hervorgerufen, befördert oder gebremst.

Praxisbeispiel:

All diese Fragen stellte sich rechtzeitig *Klaus Moch*, einer der Hauptgesellschafter der *Ludwig Bertram GmbH* in Laatzen:

Ludwig Bertram entschloss sich als 25-Jähriger zur Selbstständigkeit und eröffnete mit seinen eigenen bescheidenen Mitteln und mit finanzieller Hilfe Verwandter am 9. Juli 1874 das Gummidetailgeschäft Ludwig Bertram in der hannoverschen Innenstadt. 1904 übergibt er das Geschäft an seinen Nachfolger Heinrich Lüßen. Dieser führt den Markennamen *RUSSKA* (Russischer Kautschuk – Gummiwaren, die er aus Russland einführte) ein. Später stellte er sie selbst her. Im Jahre 1980 übernahmen drei langjährige Mitarbeiter – Helmut Groth, Hans-Joachim Tegtmeier und Klaus Moch – nach dem Tod von Heinz Lüßen das Unternehmen. Von diesen Gesell-schaftern sollen die Söhne künftig das Unternehmen übernehmen. Diese bereiten sich darauf intensiv vor. So hat der Junior Moch bereits ein Studium für Wirtschaftswissenschaften absolviert und auch die Deutsche Junioren Akademie besucht.

Vater und Sohn Moch arbeiten bereits zusammen im Unternehmen. Klaus Moch gibt schrittweise Verantwortung an den Sohn ab und beobachtet dabei aufmerksam dessen Entwicklung. Ein wichtiges Etappenziel hat Klaus Moch bereits erreicht. Seine wöchentliche Arbeitszeit hat sich von 60 auf 40 Stunden reduziert. Bemerkenswert ist auch die Einbeziehung des Managements in den Nachfolgeprozess, der gleichzeitig auch eine strategische Neuausrichtung des Unternehmens bedeutet.

3.3 Wie führen Sie Ihr Unternehmen?

Die Strategie muss sich unmittelbar in der Führung niederschlagen. Im Rahmen der Führung durch Zielsetzung sind diejenigen Ziele in den Vordergrund zu stellen, die einen Beitrag zum Aufbau von strategischen Erfolgspositionen leisten. Rein resultatsorientierte Führungssysteme müssen durch qualitative, fähigkeitsorientierte Ziele ergänzt werden.

Es können einfache Ziele und Grundsätze für die verschiedenen Abteilungen abgeleitet werden. Dabei sind die abteilungsbezogenen Kernfähigkeiten festzulegen. Diese Kernfähigkeiten entsprechen den auf Unternehmungsebene festgelegten strategischen Erfolgspositionen. Es handelt sich also um langfristige bedeutsame Eigenschaften einer Abteilung, die es erlauben, die Aufgaben im Rahmen der neuen Strategie erfolgreicher zu realisieren, um somit zum Aufbau der Erfolgsposition beizutragen. Dabei muss jeder Bereich, jede Abteilung einen Beitrag leisten.

Häufig fehlt es an einem schriftlichen Herunterbrechen der Planung auf Detailpläne (z. B. Marketing-, Vertriebs-, Umsatz-, Personal-, Liquiditäts- und Ergebnisplanung), der Festlegung von Zeitstrategien und einer regelmäßigen Überprüfung des strategischen Planungsansatzes. Unter den heutigen Marktbedingungen ist eine umfassende strategische Planung zur Sicherung eines Unternehmens jedoch unumgänglich. Nachteile, die sich aus der geringen strategischen Planung ergeben, sind u. a.:

- Mitarbeiter werden nicht durch Ziele geführt und sind wenig motiviert.
- Betriebliche Schwachstellen werden unter Umständen nicht identifiziert.
- Schlechte Reaktionsfähigkeit des Unternehmens auf Markt- und Konkurrenzsituationen.

Jeder unternehmerische Erfolg hängt nicht nur mit Kenntnissen über Stärken und Schwächen des eigenen Unternehmens, sondern auch zwangsläufig mit der Fähigkeit zusammen, Menschen zu führen und zu motivieren. Nach Gerd Walger ist „Führung im Familienunternehmen immer die ganz persönliche Führung des Unternehmers. Führung in Familienunternehmen ist von Generation zu Generation notwendigerweise unterschiedlich. In der Führung von Familienunternehmen hängt jede Generation von der anderen ab."[20]

3.3.1 Das Steuerungs- und Controlling-Instrumentarium für Ihr Unternehmen

Der Wandel in der Führung und Steuerung des Unternehmens ist nicht nur psychologischer Natur und von intensiverer Kommunikation gekennzeichnet. Der Führungsprozess ist komplexer geworden und mit der Notwendigkeit nach mehr Transparenz und mehr strukturierter Führungsinformation verbunden. Ein Modell für ein Führungs-Instrumentarium, das diesen Anforderungen gewachsen ist, wurde in Form der „Balanced Scorecard" entwickelt. Die Grundzüge dieses Modells sind für jeden mittelständischen Betrieb anwendbar und führen zu einer Verzahnung von strategischen Zielen und unternehmerischen Visionen mit den relevanten Steuerungszahlen der vier zentralen Bereiche jedes Unternehmens:

- den Mitarbeitern und Führungskräften mit ihrem Potenzial an Wissen und Erfahrung,
- den internen Prozessen, die meisterhaft beherrscht werden müssen,
- den Kunden und ihren Anforderungen,
- den finanziellen Strukturen und Ergebnissen.

---

[20] Walger, 2000, S. 17

Jeder dieser Bereiche ist Voraussetzung für den folgenden. Erst mit den kundigen Mitarbeitern und der Beherrschung aller geschäftsrelevanten Prozesse gelingt es Ihnen, Ihre Kunden zufrieden zu stellen und damit Ihr finanzielles Ergebnis und die Zukunft des Unternehmens zu sichern.

Wichtig ist nicht der Name der Managementmethode, sondern nutzen Sie das Modell, die Systematik, die Philosophie der „Balanced Scorecard".

Dieses Managementkonzept integriert die wirtschaftlichen, kundenbezogenen, auf die internen Prozesse und das Innovationspotenzial eines Betriebes bezogenen Aspekte und ergänzt somit die überwiegend anhand von finanziellen Größen gemessene Leistungsfähigkeit. Das Modell unterstützt die Manager, Zusammenhänge zu erkennen, die sich bisher der Darstellung harter Zahlen entzogen haben, sowie Ursache und Wirkung von aktuellen Entwicklungen auszumachen und auf dieser Basis zu planen und zu investieren. Durch diese Managementmethode wird der Führungsebene zudem ein präziser Blick auf die derzeitigen Stärken und Schwächen des Unternehmens ermöglicht.

3.3.2 Der Nachteil moderner Management-Strategien am Beispiel des Shareholder Values

Moderne Management-Strategien wie das Shareholder-Value-Konzept vernachlässigen den Blick auf die Menschen, die die eigentliche Grundlage dauerhafter Spitzenleistungen sind. Sie zielen allein auf die Vermehrung des Aktienwertes eines Unternehmens ab und fördern somit die Orientierung an kurz- und mittelfristig rentablen Kerngeschäften anstelle einer Orientierung an den betrieblichen Ressourcen. Der Marktwert der Firmen wird damit überbetont. Mit der Begrenzung des Fokus auf die wertschaffenden Kerngeschäfte läuft ein Unternehmen Gefahr, seine Kernkompetenzen zu verlieren, zu denen u. a. die Mitarbeiter gehören. Viele Menschen fühlen sich unsicher, bedroht und wenig anerkannt in ihrer Arbeit, was zu einem Verlust ihrer Motivation führt. Die Mitarbeiter engagieren sich zwangsläufig nicht mehr so intensiv für eine Sache, gehen nicht mehr bis an ihre Grenzen bzw. erledigen ihre Arbeit nicht mehr so gut, wie es ihnen möglich wäre.

Das Defizit des Shareholder-Value-Konzeptes ist daher seine Ignoranz gegenüber den Mitarbeitern, den Erzeugern des Unternehmenserfolgs, wodurch sich ein Unternehmen langfristig seiner Existenzgrundlage beraubt.

3.3.3 Aufgabe des neuen Steuerungsmodells der Balanced Scorecard

Die Grundidee ist dabei, dass eine eindimensionale Beschreibung und Steuerung des Unternehmens, unabhängig davon, welche Dimension Verwendung findet, in der Realität nicht funktioniert. Das Steuerungs- und Führungsmodell bildet daher alle wesentlichen Dimensionen ab und liefert damit wichtige Informationen für die Steuerung des Betriebes. Übersetzt heißt Balanced Scorecard soviel wie „ausgewogener Auswertungsbogen".

Aufgrund des häufig zu beobachtenden fehlenden Verständnisses, Unternehmensstrategie und -ziele zu verbinden, wird in diesem Modell die Vision und Strategie eines Unternehmens in Ziele und Kennzahlen bzw. Beurteilungsgrößen umgesetzt. Es werden dabei permanent kritische, unternehmerische Erfolgsfaktoren überprüft, um objektive Entscheidungen gewährleisten zu können. Die dabei zu entwickelnden Kennzahlen sollen einerseits eine Balance zwischen extern orientierten Messgrößen für Anteilseigner und Kunden sowie internen Messgrößen für kritische Geschäftsprozesse, Innovation, Lernen und Wachstum halten und andererseits ein Gleichgewicht herstellen zwischen Kennzahlen, die die Ergebnisse vergangener Tätigkeiten messen, und denen, die zukünftige Leistungen antreiben sollen.

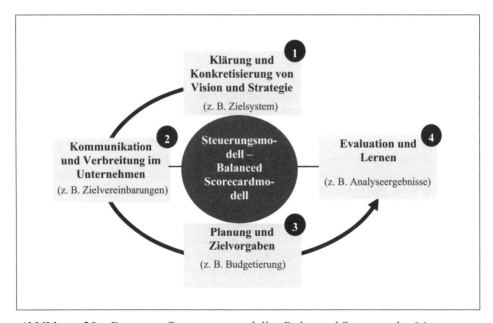

Abbildung 20: *Das neue Steuerungsmodell – Balanced Scorecard – führt zu einem Zyklus des strategischen Lernens*

3.3.4 Aufbau und Einführung des neuen Steuerungsmodells – Balanced Scorecard

Wie schon oben erwähnt, werden vier unterschiedliche betriebliche Sichtweisen abgebildet:

- Finanzperspektive,
- Kundenperspektive,
- interne Prozessperspektive,
- Lern- und Entwicklungsperspektive.

Die Finanzperspektive liefert Aussagen zur Vermögens-, Finanz- und Ertragslage, die Kundenperspektive zur Positionierung des Unternehmens in bestimmten Marktsegmenten, zur Kundenzufriedenheit und Kundenbindung. Bei der internen Prozessperspektive stehen Informationen zur Qualität der internen Betriebsprozesse oder Durchlaufzeiten im Mittelpunkt, während die Lern- und Entwicklungsperspektive weiche Erfolgsfaktoren beinhaltet und somit Auskunft über die Motivation und den Ausbildungsstand der Mitarbeiter, den Zugang zu externen Informationsquellen sowie den organisatorischen Aufbau des Unternehmens gibt.

Alle Perspektiven haben dabei den gleichen Aufbau. Es werden für alle vier Sichtweisen, unter denen das Unternehmen betrachtet wird, strategische Ziele formuliert, aus denen anschließend geeignete Messgrößen bzw. Kennzahlen für jeden Unternehmensbereich abgeleitet werden. Sie sollen eine Messung des jeweiligen Zielerreichungsgrades zulassen und damit zu einer besseren Strategieerfüllung des Unternehmens auf allen Ebenen beitragen. Voraussetzung für die spätere Messung ist die Festlegung bestimmter Toleranzbereiche, Ziel- und Grenzwerte für die Kennzahlen. Im Rahmen der Operationalisierung der strategischen Ziele müssen nun den ausgewählten Messgrößen konkrete Plangrößen gegenübergestellt werden, anhand derer man durch einen Plan-/Ist-Vergleich Aussagen über den Fortschritt der Zielerreichung treffen kann. In dieser Phase sollte aber nicht nur der Erfüllungsgrad der gesteckten Ziele überprüft werden, sondern auch die Ziele selbst sollten einer Prüfung unterzogen werden.. Dies erfordert eine Kontrolle der Prämissen, unter denen die Strategie entwickelt und festgelegt wurde. Bei einer Änderung der Rahmenbedingungen müssen die Ziele dementsprechend angepasst und gegebenenfalls eine Überarbeitung der Unternehmensstrategie in Betracht gezogen werden. Im letzten Schritt der Umsetzung dieses Steuerungsmodells ist es wichtig, die zum Erreichen der einzelnen strategischen Ziele vorgesehenen und ergriffenen Maßnahmen schriftlich zu fixieren, damit deutlich wird, mit welchen konkreten Handlungen die operativen und damit letztlich die strategischen Ziele umgesetzt werden sollen. Dieser sogenannte Maßnahmenkatalog dient dem Unternehmen als eine Art Leitfaden für seine zukünftige Vorgehensweise.

Den Aufbau zeigt Abbildung 21 noch einmal grafisch:

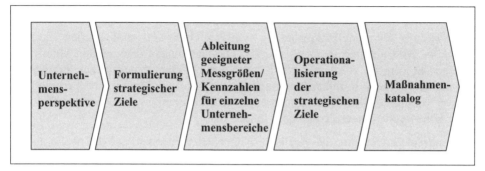

Abbildung 21: Aufbau eines Steuerungsmodells: Balanced Scorecard

Das Steuerungsmodell dient einerseits als eine Art Kommunikationsmittel zwischen Zielen und Maßnahmen, da es die Unternehmensstrategie in Maßnahmen umsetzt, andererseits als Messinstrument zur Überprüfung des Zielerreichungsgrades. Mit dieser Konkretisierung der Unternehmensstrategie kann das gesamte Unternehmen letztlich strategisch besser ausgerichtet werden.

Grundvoraussetzungen für die Einführung der neuen Managementmethode sind eine klare Vorstellung des Managements über die strategische Stoßrichtung des Unternehmens und die aktive Beteiligung aller Betroffenen. Da gemeinsame, bereichsübergreifende, strategische Ziele verfolgt werden sollen, müssen zwangsläufig die unterschiedlichen, spezifischen Merkmale jedes Unternehmensbereiches miteinbezogen werden. Im Allgemeinen wird das Steuerungsmodell zuerst für die Gesamtunternehmensebene und anschließend für die einzelnen Geschäftsbereichsebenen bzw. Mitarbeiterebenen entwickelt. Die Ziele der jeweiligen Unternehmensebenen müssen dabei so lange bearbeitet werden, bis sie von allen Beteiligten mit Überzeugung vertreten werden können. Nur so kann ein hoher Einsatz aller Beteiligten für die Erreichung der erarbeiteten Ziele sichergestellt werden. Rückmeldungen und Verbesserungsvorschläge der Mitarbeiter sollten dabei in die Diskussion miteinbezogen werden. Wenn aber durch Interessenkonflikte bestimmte Vorschläge nicht berücksichtigt werden können, sollte dies auf den betroffenen Unternehmensebenen begründet werden. Verordnete Ziele werden ansonsten von Mitarbeitern als von außen auferlegter Zwang angesehen und kaum mit Überzeugung und Initiative verfolgt. Dies widerspräche dem kommunikativen Prinzip des neuen Steuerungsmodells, dessen Anliegen ein gemeinsam gestalteter Prozess zur Verfolgung gemeinsam vertretener Ziele ist, die zu den gemeinsam geplanten Ergebnissen gelangen wollen.

Trotzdem müssen auch folgende Probleme einkalkuliert werden. Zwischen den strategischen Zielen unterschiedlicher Unternehmensperspektiven können Zielkonflikte entstehen, die durch klare Priorisierung der Einzelziele vermieden werden müssen.

Dabei sind die Auswirkungen der zur Zielerreichung eingesetzten Maßnahmen einer Unternehmensperspektive auf die Kennzahlen und Messgrößen der übrigen Perspektiven, insbesondere der Finanzperspektive, zu beachten.

Ein ständiger Kommunikationsprozess zur Erreichung der strategischen Ziele ist damit im Unternehmen in Gang gesetzt. Darüber hinaus erkennt der Mitarbeiter anhand der Vorgabe von konkreten Kennzahlen, welchen Anteil er zur Strategieerfüllung beiträgt bzw. in Zukunft beitragen kann. Somit wird ihm indirekt ermöglicht, an der Gestaltung des Steuerungssystems teilzunehmen, was aus seiner Sicht zu einer höheren Akzeptanz desselbigen führen kann.

Im Anschluss sollen nun die vier Unternehmensdimensionen, auf die bereits mehrfach hingewiesen wurde, näher beschrieben werden. Dabei wird durch die Betrachtung des Unternehmens aus unterschiedlichen Perspektiven jeweils eine andere Fragestellung in den Mittelpunkt gerückt.

Die Finanzperspektive

Ziele eines Unternehmens aus finanzwirtschaftlicher Perspektive sind die langfristige Rentabilität, Finanzkraft und Ergebnisverbesserung des Unternehmens. Werden nun im Finanzsektor strategische Ziele abgeleitet, müssen sie zwangsläufig die oben genannten Unternehmensziele vertreten.

Je nach „Lebensphase" des Unternehmens, in der es sich augenblicklich befindet, können sich aber die finanzwirtschaftlichen Ziele stark unterscheiden. In der Wachstums- und damit Anfangsphase eines Unternehmens steht der Umsatz auf neuen Märkten mit neuen Produkten, Dienstleistungen und Kunden im Mittelpunkt. Dabei werden für die Entwicklung und Förderung neuer Produkte und Dienstleistungen beträchtliche finanzielle Ressourcen benötigt. Der Fokus in der Reifephase liegt in der Kapazitätserweiterung und kontinuierlichen Verbesserung der Unternehmenstätigkeit, wobei der Marktanteil weiter ausgebaut, aber mindestens gehalten wird. Das Ziel der Erntephase ist die Erwirtschaftung einer exzellenten Rendite aus dem verfügbaren Kapital. Es werden daher kaum noch Ausgaben für die Forschung und Entwicklung bzw. Kapazitätsausweitung getätigt.

Wie jeder der vier Dimensionen eines Unternehmens sind auch der Finanzperspektive Erfolgsfaktoren bzw. Indikatoren zugeordnet, die als operationale Messgrößen fungieren und damit die aktuelle Unternehmenssituation widerspiegeln. Es ist aber darauf zu achten, dass die Kennzahlen, die den Stand des Unternehmens in traditionellen und damit vergangenheitsorientierten Berichtsgrößen anzeigen (z. B. der ROI, Cashflow), gemischt werden mit Kennzahlen, die den Marktwert des Unternehmens beschreiben (z. B. Marktwert-/Buchwert-Quoten) und somit eher Auskunft über sein zukünftiges Potenzial geben können.

Sie können sich vorstellen, welche spannenden Diskussionen sich aus dieser Perspektive mit Ihrem Nachfolger ergeben können. Unterschiedliche Sichtweisen sind im Nachfolgeprozess ja vorprogrammiert.

Die Kundenperspektive

Mit der Abbildung des Unternehmens aus Kundensicht sollen Kunden- und Marktsegmente bestimmt werden, in denen das Unternehmen die Möglichkeit besitzt, wettbewerbs- und konkurrenzfähig zu sein. Nur mit der Kenntnis dieser in Frage kommenden unternehmerischen Aktionsräume kann sich ein Unternehmen strategisch zielorientiert ausrichten und letztlich unter der finanziellen Perspektive erfolgreich sein. Zur Bestimmung der Aktionsbereiche und der anschließenden Ableitung einer geeigneten Strategie, die eine optimale Führung des Unternehmens vom Markt her gewährleistet, bedarf es zunächst einer gründlichen Analyse und Bewertung der existierenden Markt- bzw. Kundensegmente sowie der Kundenwünsche. Bezüglich der Kundenwünsche sind folgende Aspekte zu beachten:

- Preis der Produkte/Dienstleistungen,
- Qualität der Produkte/Dienstleistungen,
- Funktionalität der Produkte,
- Image des Produktes/ Unternehmens,
- Service des Unternehmens.

Was den Preis einer Ware oder Dienstleistung anbelangt, so ist er für den Kunden immer noch von entscheidender Bedeutung, da er Hinweise auf die Qualität, das Image der Produkte/Dienstleistungen geben kann. Beispielsweise können selbst preissensible Kunden im Bereich der Zuliefererindustrie Lieferanten bevorzugen, deren Produkte höherpreisig sind. Das liegt u. a. daran, dass sie sichergehen wollen, dass sie fehlerfreie Produkte erhalten und ihnen somit geringere Kosten für die Qualitätssicherung entstehen. Diese Tatsache muss bei der Strategieentwicklung berücksichtigt werden.

Erst wenn das Unternehmen seine Zielsegmente auf dem Markt identifiziert und eine strategische Stoßrichtung vorgegeben hat, kann es beginnen, Ziele und Kennzahlen für diese Strategie festzulegen. Ein häufiger Fehler ist dabei der, dass die notwendigen, abgeleiteten Kennzahlen auf die Maßnahmen zur Zielerreichung, nicht aber auf die Ziele selbst bezogen werden. Eine wichtige Kennzahlengruppe aus der Kundenperspektive ist neben dem Marktanteil, der Kundentreue und -akquisition die Kundenzufriedenheit, auf die man sich heute aber nicht mehr ausschließlich stützen kann. Zufriedene Kunden sind nicht immer gleichzeitig rentable Kunden. Selbst höchste Kundenzufriedenheit kann für ein Unternehmen nutzlos sein, wenn es keine

Gewinne mehr erzielt. Der Aufwand aus der Kundengewinnung muss daher den Erlösen durch die Kunden gegenübergestellt werden. Dabei sollten rentable Kunden in den Zielsegmenten gehalten, unrentable Kunden außerhalb der Zielsegmente vernachlässigt werden. Was die unrentablen Kunden innerhalb der Zielsegmente angeht, so besteht die Möglichkeit, sie durch das Entwickeln geeigneter Werbemaßnahmen in rentable Kunden umzuwandeln. Ältere unrentable Kunden verlangen dabei vielleicht eine neue Preisstrategie für Produkte und Dienstleistungen oder neue Methoden der Produktion (z. B. umweltfreundliche Produktion). Die Kundenerwartung muss jedoch stets differenziert betrachtet werden. Es ist daher zwischen Kunden im Sinne von Endverbrauchern und Kunden im Sinne von Händlern zu unterscheiden. Letztere sind in der Regel unabhängige Geschäftsagenturen, nicht Angestellte oder nicht einseitig Abhängige, die ihre eigenen finanzwirtschaftlichen Ziele verfolgen und sich von einem Lieferanten Dinge erhoffen, die über die eigentliche Produktlieferung hinausgehen.

Die interne Prozessperspektive

Traditionelle Performance-Measurement-Systeme der Unternehmen konzentrierten sich bisher nur auf die Verbesserung der internen Betriebsprozesse, wobei folgende Messgrößen im Mittelpunkt standen:

- Qualitätskennzahlen,
- „Ausbeutekennzahlen",
- Durchlaufkennzahlen.

Das neue Balanced Scorecard Modell hingegen richtet sein Augenmerk auf das Management der gesamten Wertschöpfungskette und erfasst deshalb neben dem Betriebsprozess auch den Innovations- und Serviceprozess. Beim Innovationsprozess geht es darum, die aktuellen und zukünftigen Kundenwünsche zu identifizieren sowie dementsprechende neue Produktlösungen zu entwickeln. Der Prozess lässt sich dabei in zwei Phasen unterteilen:

1. Marktdifferenzierung,
2. Schaffung des Produktions- und Dienstleistungsangebotes.

In der ersten Phase geht es um die Ermittlung der Marktgröße, der Besonderheiten der Kundenwünsche und der preislichen Eckpunkte für die Zielprodukte mittels Marktforschungsmethoden. Das Unternehmen muss hier versuchen, neue Kunden sowie latente und aufkommende Kundenwünsche zu erkennen und zu befriedigen.

Die zweite, sich anschließende Phase befasst sich mit der Entwicklung der neuen Produkte und Dienstleistungen unter Nutzung der vorhandenen Technologien sowie mit ihrer gezielten Positionierung auf dem Markt.

Wichtige Kennzahlen für diese zweite Phase des Innovationsprozesses sind dabei:

- die Prozentzahl des Umsatzes aus den neuen Produkten,
- die Anzahl neuer, eingeführter Produkte im Vergleich zur Konkurrenz,
- die Dauer der Zeitspanne bis zur Entwicklung der nächsten Produktgeneration,
- das Verhältnis von Betriebsgewinn zu Gesamtentwicklungskosten für eine bestimmte Periode.

Beim Serviceprozess stehen zwei Fragen im Mittelpunkt: Wie kann ein Unternehmen seinen Kunden dienen? Wie kann es Garantie- und Wartungsarbeiten, Reklamationsbearbeitung und Zahlungsverkehr optimieren? Er beschäftigt sich also mit allen Aspekten, die die Kundenzufriedenheit, Kundenbindung und Kundentreue positiv beeinflussen können. So sollte ein Unternehmen beispielsweise besonderen Wert auf kompetente Mitarbeiter legen, die die Kundenwünsche möglichst schnell erkennen und umsetzen können. Weiterhin ist ein 24-Stunden-Service wichtig, der dem Kunden eine ständige Unternehmenspräsenz garantiert und ihm so ermöglicht, sich zu jeder Zeit mit jedem Problem an das Unternehmen zu wenden. Ein angemessener Service zeichnet sich außerdem durch schnelle Reaktionsfähigkeit aus, die der vom Kunden empfundenen Dringlichkeit entspricht oder sogar darüber hinausgeht. Als Beispiel seien schnelle Lieferzeiten genannt, die einen hohen Stellenwert auf der Skala der Kundenzufriedenheit einnehmen.

Grundsätzlich sollen also unter der internen Prozessperspektive diejenigen Geschäfts- bzw. Kernprozesse herausgefiltert werden, die zur Erreichung der Kundenzufriedenheit und damit letztlich der finanziellen Unternehmensziele beitragen. Im Vordergrund steht daher nicht die Verbesserung der bestehenden Betriebsprozesse, sondern die Frage, wie diese Prozesse vor dem Hintergrund der Kundenwünsche zu gestalten sind. Die traditionelle Orientierung an Fertigungsprozessen reicht vor allem deshalb nicht mehr aus, weil ein Wettbewerbsvorteil heute nur noch durch die Gewährleistung eines kontinuierlichen Stroms innovativer Produkte und Dienstleistungen erreicht werden kann.

Die Lern- und Entwicklungsperspektive

Die Lern- und Entwicklungsperspektive schafft und beschreibt die notwendige organisatorische Infrastruktur, die die Grundlage für die Erreichung der Ziele aus der Finanz-, Kunden- und internen Prozessperspektive bildet. Die Organisation muss im Hinblick auf diese Ziele besondere Leistungen erbringen, um zu einer optimalen Umsetzung des Steuerungsmodells beizutragen. Systeme und Prozesse sollen daher so gestaltet und Menschen so motiviert werden, dass eine lernende und wachsende Organisation geschaffen und erhalten wird. Zu den Kriterien, die für eine organisatorische Infrastruktur ausschlaggebend sind, zählen:

- die Leistungsklarheit (Aufgabenklarheit),
- die Mitarbeiterkompetenz,
- die Leistungsbereitschaft der Mitarbeiter,
- das Leistungsumfeld (Arbeitsklima/technologische Infrastruktur).

Die optimale Ausgestaltung dieser Kriterien schafft eine leistungsfähige Organisationsstruktur innerhalb der betrachteten Perspektive und hat damit letztlich positive Auswirkungen auf die übrigen drei Unternehmensperspektiven. Die wichtigsten Ziele der vierten Dimension sind u. a. die Mitarbeiterzufriedenheit und -produktivität, die gleichzeitig als Kennzahlen fungieren, die Weiterbildung des Personals und die Personaltreue. Für Letztere können gängige Kennzahlen, wie z. B. Krankenstand, Fluktuation, herangezogen werden. Die Wahl dieser Ziele liegt darin begründet, dass die eigentliche Grundlage dauerhafter Spitzenleistungen die Mitarbeiter sind, die die Arbeit verrichten. Um ihnen heutzutage nicht das Gefühl zu geben, sie seien Opfer und nicht Nutznießer der im Allgemeinen ausschließlich auf den zahlenmäßigen Erfolg ausgerichteten Unternehmensstrategien, muss ein Unternehmen seinen Mitarbeitern ein optimales Arbeitsumfeld bereitstellen, in dem sie sich wohl fühlen und in dem sie bereit sind, Bestleistungen zu erbringen. Ist dies nicht der Fall, hat das verheerende Folgen für das Klima im Unternehmen.

Bei einer erfolgreichen Umsetzung der Lern- und Entwicklungsperspektive trifft der Kunde jedoch auf ein engagiertes und kompetentes Unternehmen, das sich permanent seinen Bedürfnissen anpasst.

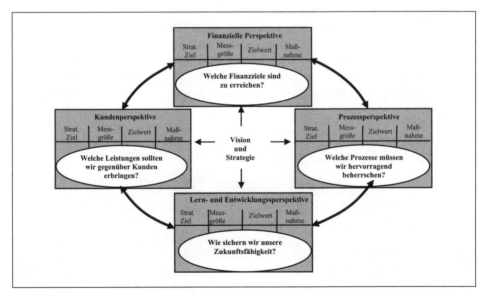

Abbildung 22: Die vier Perspektiven zur Operationalisierung der Vision

3.4 Führung und Management

3.4.1 Gestaltungsformen der Geschäftsführung

Im Hinblick auf die Zusammensetzung der Führungsspitze bestehen folgende Möglichkeiten:

Bei der reinen Gesellschafter-Geschäftsführung hat das Familienunternehmen keinen fremden Geschäftsführer, keinen Beirat oder Verwaltungsrat. Der geschäftsführende Gesellschafter trifft die letzte Entscheidung allein.

Bei der gemischten Geschäftsführung ohne Gleichrangigkeit gibt es neben dem Geschäftsführer aus der Eigentümerfamilie einen Fremdgeschäftsführer. Der Vorsitz der Geschäftsführung wird von einem Familienmitglied eingenommen, wodurch es keine Gleichrangigkeit unter den Geschäftsführern gibt. Hier besteht häufig ein Beirat überwiegend aus Familienvertretern.

Die gemischte Geschäftsführung bei Gleichrangigkeit der Geschäftsführer ist dadurch gekennzeichnet, dass der Fremdgeschäftsführer und der Gesellschafter-Geschäftsführer zumindest formal gleichrangig sind. Der häufig bestehende Beirat setzt sich überwiegend aus Familienfremden zusammen.

Besteht eine Fremdgeschäftsführung, so wird die Geschäftsführung ausschließlich von beauftragten Fremdmanagern wahrgenommen, die Mehrheitsentscheidungen treffen können. Den Vorsitz nimmt ein Familienfremder ein. Die Gesellschafter üben ihren Einfluss nur über die Gesellschafterversammlung, einen Aufsichtsrat oder einen Beirat aus.

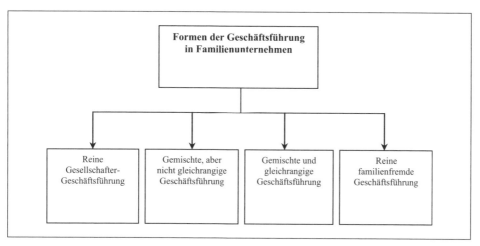

Quelle: *In Anlehnung an Bechtle, Frankfurt am Main, St. Gallen 1983*
Abbildung 23: *Formen der Geschäftsführung in Familienunternehmen*

Dies sind sehr wichtige Aspekte im Bereich der Führung des Unternehmens. Für die Zukunft entscheidend wird nicht mehr der Einzelne in der Führung, sondern immer mehr die Fähigkeit der gesamten Führungsmannschaft, den Wandel und die Zukunft zu gestalten.

3.4.2 Paradigmenwechsel in der Führung

Die heutige Wirtschaft unterliegt ständigem Wandel. Das Umfeld für unternehmerisches Handeln und betriebliches Management hat sich geändert. Wer heute sein Unternehmen für die Zukunft fit machen will, muss sich den veränderten Gegebenheiten stellen und bereit sein für Veränderungen.

Mit dem schon vorher beschriebenen Wertewandel in Gesellschaft und Wirtschaft sind neue Rahmenbedingungen verbunden, von denen Erfolg und Misserfolg unternehmerischen Handelns maßgeblich bestimmt werden. Dazu gehören vor allem die Verknappung der Ressourcen Zeit und Geld sowie die Zunahme von Komplexität aller Prozesse und Tätigkeiten.

3.4.3 Verknappung der Ressource Zeit

Der durch die technologische Entwicklung bedingte Leistungs- und Veränderungsdruck in der Wirtschaft führt zu einem erhöhten Zeitbedarf. Verstärkte Mobilität (Entfernung von Wohn- und Arbeitsplatz, weite Geschäftsreisen etc.) führt dazu, dass immer mehr Zeit im Auto, Zug oder Flugzeug verbracht wird und weniger Zeit für den eigentlichen Wertschöpfungsprozess zur Verfügung steht. Veränderungen im Umfeld der Unternehmen und jahrelanger stabiler Werte erhöhen den individuellen Anpassungsdruck und verknappen so unsere Zeit. Das äußert sich z. B.:

- in raschen Veränderungen der Konsumentenwünsche und Kundenbedürfnisse,
- in der Entstehung neuer Berufe,
- in der Globalisierung und der damit verbundenen Entstehung neuer Wirtschaftsräume,
- in Zusammenbrüchen bestehender und der Entstehung neuer Märkte,
- in der Veränderung der Attraktivität der Exportmärkte und Verschiebung der Produktionsstandorte.

Das Fazit daraus: Das wirtschaftliche, politische und soziale Umfeld sind hochgradig instabil geworden. Unternehmen müssen sich schnell und kurzfristig an veränderte Bedingungen anpassen.

3.4.4 Verknappung der Ressource Geld

Die bisherige weltweite Entwicklung, vor allem die industrielle Entwicklung und das Bevölkerungswachstum, führten zu einer Verknappung und Verteuerung der natürlichen Ressourcen.

Gesellschaftliche Fehlentwicklungen in unseren hoch entwickelten Industriestaaten führen zu gravierenden Verschiebungen bisher bestehender Strukturen und Prozesse. Das äußert sich z. B. in der Verschiebung der Armutsgrenzen oder in der Massenarbeitslosigkeit selbst bei Hochqualifizierten, in der Überalterung der Bevölkerung, in Fehlsteuerungen im Gesundheitswesen, in steigender Beschaffungskriminalität u. a. All diese Veränderungen führen dazu, dass sich die Vielfalt staatlicher Aufgaben erhöht und verteuert. Obwohl sich auf vielen Ebenen des bisherigen Sozialstaates ein Leistungsabbau vollzieht, ist die Finanzierung der staatlichen Funktionen nur durch wachsende Verschuldung und höhere Steuern zu gewährleisten. Gleichzeitig folgt der staatlich verordnete „Bürokratieabbau" nur im Schneckentempo der Flut neuer Gesetze und Verordnungen. Durch die Vielzahl der Gremien und deren Entscheidungen in der Europäischen Union wird dies um ein Vielfaches verschärft.

Die beschriebenen Veränderungen gehen einher mit steigender Verschuldung von Konsumenten, Wirtschaftsunternehmen, Kommunen, Ländern und Staaten. Das Problem zu vieler Anbieter mit zu großen Kapazitäten in klar begrenzten Märkten führt zu ruinösem Verdrängungswettbewerb in den westlichen Industrienationen. Jeder bekommt für mehr Leistung immer weniger Geld. Zugleich führen Globalisierung, Gewinnmaximierung und Konkurrenz zur Verlagerung von Produktionsstandorten in Niedriglohnländer. Hieraus resultiert, dass das zukünftige Denken und Handeln von Leistungs- und Kostenoptimierung geprägt sein muss.

3.4.5 Zunahme von Komplexität

Im Gefolge der Globalisierung der wirtschaftlichen und gesellschaftlichen Entwicklungsprozesse, der technischen Umwälzungen, der Nutzung und des Verbrauchs aller natürlichen Ressourcen und Lebensbedingungen haben sich das Tempo und die Komplexität aller Entwicklungsprozesse so erhöht, dass deren Verlauf kaum prognostiziert werden kann. Diese Entwicklung und die zunehmende Vernetzung und Eigendynamik der ökonomischen, politischen und gesellschaftlichen Prozesse erschweren die Unternehmensführung besonders im mittelständischen Bereich. Führungskräfte stehen daher vor völlig neuen Aufgaben, die nach neuen Kenntnissen und Fähigkeiten verlangen. Aus unseren Erfahrungen bei der Beratung und Betreuung mittelständischer Unternehmen ergeben sich eine Reihe allgemeiner Trends der wirtschaftlichen und gesellschaftlichen Entwicklung:

Allgemeine Trends

Die Kenntnis dieser Trends ist für Manager, Berater und Verkäufer die Grundlage für ihren zukünftigen Job – zufriedene und motivierte Mitarbeiter.

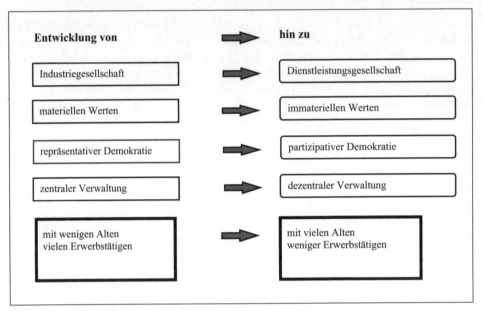

Quelle: Czichos, Reiner, Change-Management, München, Basel 1995
Abbildung 24: *Allgemeine Trends*

Diese in Abbildung 24 schematisch dargestellten Trends bedingen Ver-änderungen im Herangehen an die Unternehmensführung. Sie erfordern u. a. den Übergang von einer bisher vorwiegend hierarchisch aufgebauten Führungsstruktur zu einer dezentralen Netzwerk-Organisation und von einer kurzfristigen zu einer langfristigen/rollierenden Planung der Unterneh-mensentwicklung. Bei der Lösung von Problemen müssen wegen der oben genannten Komplexität immer stärker und immer öfter mehrere auch sich ausschließende oder durchkreuzende Lösungsmöglichkeiten genutzt werden, während frühere Entwicklungen durch „Entweder-/oder-Lösungen" vorangetrieben wurden. Mit der Komplexität verbunden ist auch der Trend, neben der Nutzung aller technischen Möglichkeiten auch alle menschlichen, sozialen und ökologischen Komponenten in die Entscheidungen einzubeziehen. Hatte es der Unternehmer in der Vergangenheit mit Arbeitern und Angestellten als Mitarbeiter zu tun, so geht der Trend heute zu Fachkräften und Experten als Mitarbeiter. Diese Mitarbeiter wollen als Individuen ernst genommen werden, verlangen abwechslungsreiche, interessante Arbeitsaufgaben, mit eigenen Entscheidungsfeldern und Möglichkeiten einer aktiven Gestaltung des Aufgabengebietes.

Trends im Markt aufgrund des Wertewandels

Der Wertewandel hat Auswirkungen auf die Bedürfnisstruktur der Kunden und somit auf das direkte Kaufverhalten. Dies wiederum hat Auswirkungen auf die Anbieter, die Produkte, die Markt- und Verkaufsstrategien.

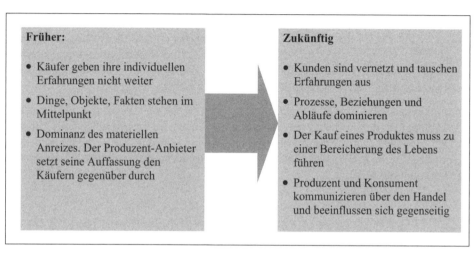

Abbildung 25: Wesentliche Veränderungen des Käuferverhaltens

Trends in der Organisation aufgrund des Wertewandels

Aufgrund des Wertewandels zeichnet sich auch in Unternehmen ein starker Veränderungsdruck auf die Organisation und auf das Führungskräfte-Mitarbeiter-Verhältnis ab.

- Abbau von hierarchischen Strukturen,
- Einführung von Matrix-Management, Qualitätszirkeln,
- Arbeitnehmerbeteiligungen, Kooperationen, Netzwerken,
- Erhöhung der Flexibilität und Kreativität,
- Bildung kleiner funktions- und bereichsübergreifender Arbeitsteams mit geringer Bedeutung von Position und Autorität.

3.5 Change Management – Veränderungsprozesse aktiv gestalten

Die Herausforderung zur Gestaltung des Wandels, ist erheblich. Kundenorientierung, Kosteneffizienz, Mitarbeiterorientierung sind die Schlagworte, die es zu füllen gilt. Dabei ist der Manager als Führungskraft gefragt, als Trainer, als Coach, als Berater. Als Führungskraft, die den Mitarbeitern Rahmenbedingungen schafft, innerhalb derer diese ihre Aufgaben selbständig und effizient erfüllen können. Und dazu gehört, selbst keine Angst vor dem Neuen zu haben.

Im Folgenden sind einige Aspekte des Managements von Veränderungsprozessen zusammengestellt. Sie sollen als Anregung oder auch als Inspirationsquelle dienen. Sie stellen keinen Leitfaden dar und keine vorgefertigte Lösung. Sie sollen ermöglichen, Ideen für die Lösung von Problemen zu entwickeln, die sich aus dem Management der Veränderung ergeben.

3.5.1 Überblick über die zukünftigen Herausforderungen für das Management [21]

Folgende Herausforderungen stellen sich dem Management:

- Durchführung organisatorischer Veränderungen
- Schaffung eines intakten sozialen Umfeldes
- Abbau hierarchischer Schranken
- Erzeugung von Leistung durch Synergie
- Flexibilisierung der Arbeitsformen und -zeiten
- Organisation von Lernen und Entwicklung
- Management von Konflikt- und Krisensituationen
- Entlassungen
- Bewältigung innerer Zielkonflikte und Widersprüche
- Steuerung und Kontrolle durch Kommunikation
- Zukunftsplanung aufgrund komplexer Szenarien
- Integration durch Visionen und Leitbilder

---

[21] Czichos, 1995, S. 185

Durchführung organisatorischer Veränderungen

- Verlagerung von Aufgaben, neue Schnittstellen: Umgestaltung der Produktpalette, Reduktion von Verwaltungsaufwand, flache Hierarchien, Schaffung ergebnisverantwortlicher Geschäftsbereiche, Dezentralisierung, Kooperationen, Verlagerung der Aktivitäten in andere Länder.
- Aufrechterhaltung des Normalbetriebes bei gleichzeitiger Umstrukturierung der Organisationseinheit erfordert besondere Mechanismen der Planung, Steuerung, Kommunikation und Führung.

Schaffung eines intakten sozialen Umfeldes

Gewährleistung eines angenehmen Zusammenlebens und Zusammenwirkens im engeren Arbeitsumfeld neben adäquatem Lohn, interessanten Arbeitsaufgaben oder Selbständigkeit am Arbeitsplatz.

Abbau hierarchischer Schranken

Flache Hierarchien:

- Viele Hierarchieebenen sind für das heutige Tempo zu schwerfällig und ineffizient.
- Bedeutet auch breitere Führungsspannen, also erhöhte Komplexität im Führungsprozess.

Voraussetzung: Kommunikation über mehrere Ebenen hinweg.

Erzeugung von Leistung durch Synergie

Mit dem Konkurrenten gemeinsame Nutzung von Ressourcen:

- Erzielung einer höheren Gesamtleistung durch Synergien,
- erfordert sinnvoll gebündelte Aufgaben,
- abhängig vom Verhalten der Menschen, besonders von deren Kommunikations- und Kooperationsfähigkeit,
- Einflussnahme darauf ist eine Kernfunktion der Führung, erfordert ein besonderes Führungsinstrumentarium,
- Erhöhung des Know-hows und der Kompetenz.

Flexibilisierung der Arbeitsformen und -zeiten

Erfolgsfaktoren für die Zukunft: Attraktivität als Arbeitgeber und Mitarbeiterbindung.

- Flexible Arbeitsformen schaffen die Voraussetzung: Teilzeitarbeit, Heimarbeit, Jobsharing, Jobrotation.
- Frauen bieten entscheidendes Nachwuchspotenzial für anspruchsvolle Fach- und Führungsfunktionen – diese sind nur bei flexiblen Arbeitszeiten attraktiv.

Folgen: Erhöhung der Ausbildungskosten pro Arbeitsplatz, zusätzlicher Koordinationsaufwand.

Organisation von Lernen und Entwicklung

Grundlage erfolgreicher Personalpolitik:

- individuelle Entwicklung und fachliches Know-how gezielt fördern,
- Integration von Lernen,
- Lernen „on-the-job", problem- und erfahrungsorientiert am Arbeitsplatz,
- Förderer wird zum Begleiter individueller Entwicklung durch sinnvolle Aufgabendelegation, Zielvereinbarung, offene und gegenseitige Kritik sowie durch Aufzeigen von Perspektiven für die weitere berufliche Laufbahn.

Management von Konflikt- und Krisensituationen

Normalerweise kommt es immer wieder zu Meinungsverschiedenheiten zwischen einzelnen Personen, Mitarbeiter-Gruppen oder Organisationseinheiten.

Führungskräfte sehen sich immer häufiger mit kritischen Situationen konfrontiert:

- als Konfliktpartner, z. B. als Vertreter der Unternehmensinteressen in überbetrieblichen Gremien,
- als Konfliktmanager, z. B. bei Nicht-Kooperation einzelner Mitarbeiter oder ganzer Abteilungen im eigenen Verantwortungsbereich.

Voraussetzung: Belastungsfähigkeit, Sensibilität, Dialogfähigkeit, Know-how im Krisenmanagement.

Entlassungen

Entlassungen werden zum Bestandteil des Führungsgeschäfts aufgrund der Notwendigkeit, durch immer höherwertigere Arbeit im teuren Produktionsstandort Deutschland wettbewerbsfähig zu bleiben.

- Auf das „Wie" kommt es an: persönliche Auseinandersetzung mit den Betroffenen.

Bewältigung innerer Zielkonflikte und Widersprüche

Zukünftig werden Führungskräfte immer wieder in Situationen geraten, in denen die eigenen Interessen, Bedürfnisse und Wertvorstellungen miteinander in Widerstreit geraten können. Es kommt zu Widersprüchen zwischen der eigenen Meinung und der Notwendigkeit öffentlicher Stellungnahmen als Funktionsträger und Vertreter der Unternehmensinteressen.

Hierarchischer Druck durch Vorgesetzte, Gruppendruck durch Mitarbeiter und Kollegen führen zu Widersprüchen zwischen persönlichen Ansichten und der im Umfeld vorherrschenden Meinung.

Steuerung und Kontrolle durch Kommunikation

Schnellere interne als auch externe Informationsverbreitung, hervorgerufen durch die stärkere Vernetzung von Unternehmen und Öffentlichkeit:

- zunehmende Überforderung der Führungskräfte der mittleren Stufe als Meinungsmacher im politischen Kontext,
- Image wird sowohl unternehmensintern als auch extern zum Machtfaktor.

Ein wichtiger Tätigkeitsbereich für Manager wird der Umgang mit seinen Mitarbeitern, der Öffentlichkeit und den Medien.

Neue Voraussetzungen: Glaubwürdigkeit in Aussagen, Spontaneität, Schlagfertigkeit, Gespür.

Zukunftsplanung aufgrund komplexer Szenarien

Zukünftig erfolgen sowohl die langfristige als auch die mittelfristige Planung zunehmend unter Berücksichtigung verschiedener möglicher Zukunftssituationen.

Zwei wesentliche Voraussetzungen müssen daher gegeben sein:

1. Beweglichkeit und Anpassungsfähigkeit mit dem Ziel, schnell auf sich verändernde Marktgegebenheiten reagieren zu können.

2. *„Design for Change"* lautet das Motto, um eine Flexibilität der Strukturen und Abläufe, der Mobilität und Anpassungsfähigkeit der Mitarbeiter als strategische Erfolgsfaktoren zu gewährleisten. Konzentration auf Kernkompetenzen, um auf diesen Gebieten, die man besonders gut beherrscht, zukünftig besser zu sein als andere.

Umgestaltung der Organisation als Voraussetzung für Flexibilität mit dem Ziel, menschen- und prozessorientierte Führungsformen zu erreichen.

Integration durch Visionen und Leitbilder

Ziel: Verhalten in eine bestimmte Richtung lenken, um Mitarbeiter in großen und komplexen Organisationen auf ein gemeinsames Ziel hin zu lenken.

Führungsmaßnahmen müssen für Mitarbeiter in ihren Ideen und Grundsätzen glaubwürdig bis auf die unteren Ebenen kommuniziert werden, um jedem Mitarbeiter den Nutzen der Unternehmensleistung für den Kunden als auch die Bedeutung seiner individuellen Leistung für den gemeinsamen Erfolg nahezubringen.

Voraussetzungen für den radikalen strukturellen Umbruch – Veränderung der Unternehmenskultur

Grundlage für die Veränderung der Unternehmenskultur ist die Identifikation der Mitarbeiter mit dem Unternehmen. Hierfür bedarf es einer starken, lebendigen und auf Offenheit und Vertrauen beruhenden Unternehmenskultur.

Wir haben fünf Schlüsselfaktoren einer veränderungsfreundlichen Unternehmenskultur identifiziert:

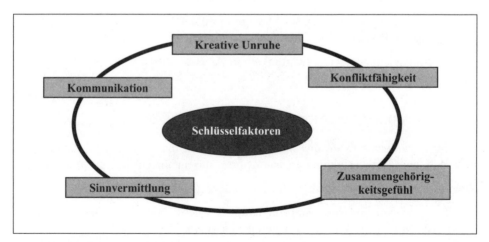

Abbildung 26: *Schlüsselfaktoren der Unternehmenskultur*

Kreative Unruhe

Pioniergeist, kreative Unruhe und Experimentierfreude auf allen Stufen sind notwendige Ingredienzen der Veränderungskultur.

Konfliktfähigkeit

Strukturen, Abläufe, Spielregeln, Verhaltensweisen, Informationskanäle und Entscheidungswege müssen verändert werden. Neues muss durch Ungewohntes ersetzt werden. Dies führt zu Spannungen und Konflikten. Konstruktive Streitkultur wird zum Erfolgsfaktor. Spannungsfelder müssen frühzeitig geortet und Konflikte nicht verdrängt, sondern konstruktiv ausgetragen werden.

Zusammengehörigkeitsgefühl

Das schließt das Gefühl des Dazugehörens und des Beteiligtseins und einen auf Offenheit, Vertrauen und gegenseitiger Akzeptanz beruhenden Gemeinschaftssinn ein.

Unternehmen mit stark ausgeprägtem Wir-Gefühl bieten ihren Angestellten keine Arbeitsplatz-Sicherheit, aber ein hohes Maß an Beschäftigungssicherheit.

Sinnvermittlung

Jedem Mitarbeiter müssen die Ziele des Unternehmens sowie der Sinn des eigenen Tuns verständlich gemacht werden. Der Mitarbeiter ist nur dann bereit, sich für das Unternehmen zu engagieren, wenn ihm klar ist, welchem Sinn seine tägliche Arbeit dient.

Kommunikation

Die informelle Kommunikation durch ebenenübergreifende Informationsveranstaltungen und Arbeitstagungen wird gefördert: „Management by wandering around" ist die einzige Möglichkeit, die erforderliche Gesamtsteuerung im Unternehmen zu gewährleisten.

3.5.2 Wege zur Veränderung der Unternehmenskultur

1. Die angestrebte Kultur beschreiben
2. Notwendigkeit der Veränderung begründen
3. Normen setzen durch Vorbildfunktion
4. Gemeinsame Arbeit an der Veränderung
5. Schlüsselpositionen mit geeignetem Personal besetzen
6. Belohnung und Sanktion
7. Konsequentes Projektmanagement

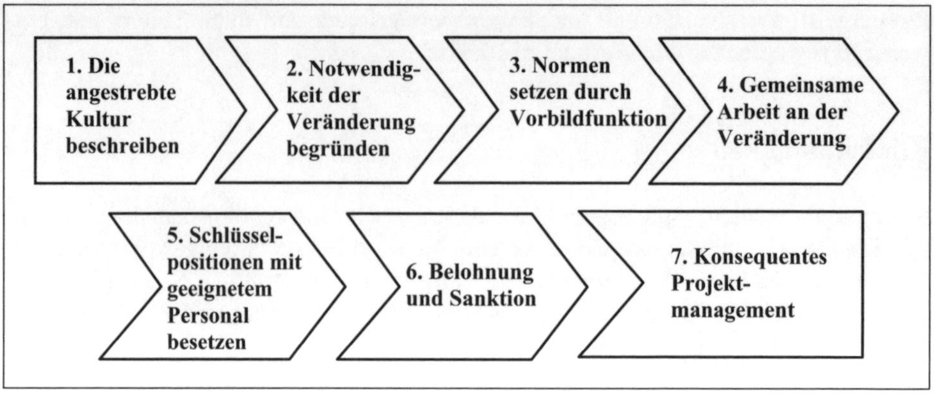

Abbildung 27: *Wege zur Veränderung der Unternehmenskultur*

1. Die angestrebte Kultur beschreiben

Beschreiben von Kernelementen, Benennen von zugrunde liegenden Normen und Werten, Konkretisierung abstrakter Begriffe, Beispiel „Kundenorientierung", sind erforderlich:

Jeder weiß, wer sein Kunde ist. Der Kunde und seine Bedürfnisse werden ernst genommen. Auch interne Partner werden als Kunden betrachtet und behandelt.

Es herrscht nach außen wie nach innen eine ausgeprägte Dienstleistungsmentalität. Die Beziehungen zu den Kunden sind lebhaft, freundschaftlich und persönlich geprägt. Interne und externe Kunden werden aktiv an der Entwicklung neuer Produkte und an der Verbesserung der Dienstleistung beteiligt. Das Denken und Handeln von Mitarbeiter/innen und Führungskräften ist konsequent auf das Steigern von Kundennutzen ausgerichtet.

2. Notwendigkeit der Veränderung begründen

Ohne Einsicht in die Notwendigkeit gibt es keine Verhaltensänderung. Deshalb: Erklärung der Notwendigkeit, Schwächen der bisherigen Unternehmenskultur, z. B. in Bezug auf die veränderten Rahmenbedingungen, aufzeigen, Definition von strategischen Erfolgsfaktoren für das Unternehmen erarbeiten. Eine glaubhafte Begründung bildet die notwendige Voraussetzung für Bewusstseinsänderungen.

3. Normen setzen durch Vorbildfunktion

Glaubwürdiges Vorleben der gesetzten Werte und Normen beeinflusst die Einstellungen und das Verhalten der Mitarbeiter am wirkungsvollsten. Die Führung muss selbst nach Werten, die sie für wichtig hält, handeln. Kontrolle der Direktunterstellten, inwiefern die Ideen weitergetragen und konsequent umgesetzt werden. Direkte Kontaktaufnahme mit den Mitarbeitern der nächstunteren Stufe.

4. Gemeinsame Arbeit an der Veränderung

Sensibilisierung der Mitarbeiter als erster Schritt der Veränderung, aktive Einbindung der Mitarbeiter bei der Umgestaltung, Animieren der Mitarbeiter zur gemeinsamen kritischen Bestandsaufnahme der Ist-Situation, Beschreibung des Soll-Zustandes, kreative Entwicklung von Verbesserungsmöglichkeiten unterstützen die gemeinsame Arbeit an den Veränderungen.

5. Schlüsselpositionen mit geeignetem Personal besetzen

Hohe Bedeutung der Entwicklung von Führungsnachwuchs, schnelle und flexible Neu- und Umbesetzung von Führungspositionen notwendig, zunehmende Bedeutung von Projektleitern für die Entwicklung des Gesamtunternehmens, Übereinstimmung des Verhaltens von Führungskräften mit den Werten des Unternehmens sind Maßstab für die Besetzung von Schlüsselpositionen.

6. Belohnung und Sanktion

Wichtigste Steuerungsinstrumente sind Zielvereinbarung und Mitarbeiterbeurteilung. Die angestrebte Unternehmenskultur gilt als Messlatte für individuelles Führungsverhalten. Beobachtetem Verhalten müssen auch Konsequenzen folgen.

7. Konsequentes Projektmanagement

Die existenzielle Dringlichkeit neuer Strukturen erfordert eine Schlüsselstellung für die Veränderung der Unternehmenskultur und ein konsequentes Management. Auch die Veränderung der „soft facts" erfordert ein zielorientiertes Management mit klaren Zielsetzungen, Erfolgskriterien, eine funktionsfähige Projekt-Organisation, einen realistischen Phasen- und Terminplan, ein Projekt-Controlling sowie geeignete Formen der Kommunikation, die Auswahl der konkreten Maßnahmen und steuernde Funktion der Führung inbegriffen.

3.5.3 Anforderungen an den neuen Manager und neuen Unternehmer

Bei der notwendigen Entwicklung vom klassischen Manager zum „Change Agent" sind die Schlüssel zum Erfolg für Manager von Veränderung: Glaubwürdigkeit und Vertrauen.

Drei Grundvoraussetzungen sind hierzu erforderlich:

- *Strategische Kompetenz:*
  Verstehen komplexer Zusammenhänge und dynamischer Vorgänge und die Ableitung handlungsrelevanter Konsequenzen
- *Soziale Kompetenz:*
  Fähigkeit, mit vielen Menschen in allen Spannungsfeldern umzugehen, Verstehen der Dynamik von Gruppen und Nutzung der Vorteile der Teamarbeit für die Unternehmensentwicklung

■ *Persönlichkeit:*
für die Zukunft bedeutende Eigenschaften: Offenheit, Ehrlichkeit, Selbstvertrauen, Zivilcourage, Mobilisierung der Energie der Mitarbeiter

Manager müssen lernen, dass es in Zukunft nicht um Befehle und Kontrolle, sondern um Verhältnisse *wechselseitiger Übereinkunft und Verantwortung* geht.

3.6 Etablierung eines Beirats

Uns begegnen Familienunternehmer, die wirklich „einsame Männer" sind. Die geschäftlichen Sorgen müssen sie mit sich allein austragen. Häufig kann oder will der Familienunternehmer auch nicht mit seinem leitenden Mitarbeiter darüber sprechen, ob er Partner aufnehmen oder eine andere Gesellschaftsform bilden soll, damit er finanzielle Unterstützung hereinholen kann. Auch in der Familie findet er für solche Fragen selten einen Ansprechpartner, kaum ein offenes Ohr oder hört keine kompetente Meinung. Bei Veranstaltungen mit Unternehmern scheut er sich, solche Fragen überhaupt zu stellen, sonst könnte man ja denken: „Dem geht es nicht gut". Es bleibt nur der Rat von Fremden.

In diesem Zusammenhang stellt sich die Frage nach einem Beirat. Inwieweit kann er bei der Leitung des Unternehmens und beim Prozess der Unternehmensnachfolge helfen?

Die Akzeptanz von Beiräten in Familienunternehmen ist in den letzen Jahren erheblich gestiegen. Früher galt noch stärker als heute das Bonmot von Hermann Josef Abs: „Was ist der Unterschied zwischen einer Hundehütte und einem Aufsichtsrat? Die Hundehütte ist für den Hund, der Aufsichtsrat ist für die Katz!" Traditionelle Vorbehalte von Eigenunternehmern gegen die Mitwirkung Familienfremder in Organen des Unternehmens sind in den letzten Jahren erheblich gesunken. Auch die Angst vor dem Machtverlust und der Geheimhaltungsbedarf sowie Interessengegensätze sind heute nicht mehr so stark ausgeprägt. Der Sinneswandel der Eigner liegt u. a. im enormen Zuwachs des zur Unternehmensführung erforderlichen Wissens begründet. Ein Beirat im Unternehmen gilt in der Öffentlichkeit deshalb schon lange nicht mehr als Schwäche des Unternehmers. Trotzdem gibt es immer noch eine Abneigung gegenüber diesem Gremium, wie eine Studie des Instituts für Demoskopie in Allensbach aus dem Frühjahr 2003 zeigt.[22] 81 % der befragten Unternehmer waren für den Beirat, aber nur 60 % von ihnen besitzen überhaupt ein solches Gremium. Der Anteil steigt allerdings bei größeren Familienunternehmen mit mehr als 1 000 Mitarbeitern auf gut 80 %. Die dem Beirat ablehnend gegenüberstehen, sind der Meinung, dass ein Beirat mehr Nachteile als Vorteile hat. Sie sehen in der zeitli-

---

[22] Vgl. Hennerkes, 2004, S. 26

chen Belastung der geschäftsführenden Gesellschafter und im Verlust von unternehmerischem Einfluss, der Beeinträchtigung der Flexibilität, in hohen Kosten und mangelnder Geheimhaltung die Hauptgründe ihrer Ablehnung.

Bei vielen Unternehmen habe ich die Erfahrung gemacht, dass diese Befürchtungen sehr schnell schwinden, wenn der Beirat erst einmal gegründet ist, der Unternehmer sich Rat bei den Mitgliedern des Beirates holen kann.

Das heißt aber auch, die Mitglieder des Beirates müssen zum Unternehmer und zum Unternehmen passen.

Heute unterscheiden wir zwischen dem beratenden Beirat, dem zustimmenden Beirat und dem entscheidenden Beirat.

- Beratender Beirat:
  - Funktion als Coach bzw. Gesprächspartner
  - Keine Entscheidungsbefugnis oder Zustimmungsverpflichtung
  - Regelung über Beratungsanlass oder -häufigkeit
- Zustimmender Beirat:
  - Ergänzung der Beraterfunktion um Zustimmungspflicht bei bestimmten Geschäftsvorgängen, wie z. B. Investitionsplanung, Businessplanung, Bestellung von Führungspersonal etc.
- Entscheidender Beirat:
  - Mitwirkung bei Entscheidungsfindung als letzte, objektive Entscheidungsinstanz (Kernentscheidungen, Strategieentscheidungen)

Bevor Sie einen Beirat etablieren, müssen Sie sich über folgende Fragen Klarheit verschaffen:

Checkliste 13: Beirat

Fragen	Antworten
✓ Warum möchte ich einen Beirat? Zielsetzung des Beirats (laufende Beratung contra Problembeirat)	
✓ Welche Primärfunktion soll der Beirat haben?	
✓ Wo möchte ich den Beirat einrichten (auf Gesellschaftsebene/auf Gesellschafterebene/in einer Holdinggesellschaft/bei allen Beteiligungsgesellschaften)?	
✓ Welche Kompetenzen soll der Beirat haben?	
✓ Welches Know-how müssen die Mitglieder des Beirats mitbringen?	
✓ Was möchte ich für den Beirat jährlich ausgeben?	
✓ Wie finde ich die richtigen Beiratsmitglieder?	

Praxisbeispiel:

> *Thomas Brand,* geschäftsführender Gesellschafter der *Schneider Mineralöl GmbH & Co.* und Enkel des Gründers, wird sich in den nächsten Jahren aufgrund der Gesellschafterstruktur mit der Gründung eines Beirates beschäftigen müssen. Voll Stolz berichtet Brand über sein Unternehmen:
>
> „Von 1950 bis heute haben wir uns von einem kleinen Esso Petroleum- und Dieselhändler zu einem der größten ExxonMobil Händler in Deutschland entwickelt. Über 50 Jahre Zusammenarbeit mit Industrie, Gewerbe, Landwirtschaft, Transport und privaten Haushalten sowie unserem starken Partner ExxonMobil haben uns Know-how gebracht und Flexibilität gelehrt. So sind wir in der Lage, mit über 70 Mitarbeitern und über 50 Fahrzeugen im eigenen Fuhrpark nahezu jeden Wunsch unserer über 35 000 Kunden zu erfüllen, ob es um einen konkreten Liefertermin, eine fachspezifische Beratung durch unsere geschulten Schmierstoffexperten oder eine Energieberatung im Zuge einer Heizungsmodernisierung geht."
>
> Die besondere Rolle von Thomas Brand ist dadurch gekennzeichnet, dass er als Enkel des Gründers 12,5 % der Gesellschafteranteile vertritt, weitere 37,5 % gehören seinen drei Geschwistern (je 12,5 %), welche diese auch selbst bei Gesellschafterversammlungen vertreten, ansonsten sind sie aber nicht im Unternehmen tätig. Ein erfahrener Manager aus der Gründerzeit vertritt die anderen 50 %, eine Konstellation, die in der Entscheidungssituation nicht gerade flexibel ist. Er kann aber sagen, dass die 50 : 50-Situation beider Familien ihnen zur Zeit keine Schwierigkeiten bereitet, da Herr Wiegel und Herr Brand sehr harmonisch miteinander arbeiten. Es ist aber geplant, nach dem Ausscheiden des Seniorgesellschafters als Geschäftsführer einen Beirat zu installieren, um eventuellen zukünftigen Pattsituationen zwischen den Familienstämmen entgegenwirken zu können. Ein persönliches Ziel, das er als Nachfolger und Unternehmer bereits erreicht hat, ist die Sicherung der Gleichwertigkeit von Unternehmen und Familie.

3.6.1 Motive für die Beiratserrichtung in der Praxis

Fast immer liegt der Errichtung eines Beirats ein konkreter Anlass und nur selten eine strategische Organisationsüberlegung zugrunde:

- Kontinuitätssicherung in der Unternehmensnachfolge,
- Ausgleich und Vermittlung zwischen unterschiedlichen Familienstämmen oder Generationen,
- Wunsch nicht unternehmerisch tätiger Gesellschafter nach stärkerer Kontrolle der Geschäftsführung,

- Koordination auseinanderstrebender Gesellschafterinteressen, Lähmung der Gesellschafterversammlung,
- Wunsch außenstehender Dritter, z. B. Banken,
- Umstrukturierung und Neuausrichtung des Unternehmens.

Wenn Sie sich also darüber im Klaren sind, dass Sie einen Beirat möchten, müssen Sie die Auswahl der Personen, die Sie für den Beirat gewinnen wollen, sehr sorgfältig treffen. Meine Erfahrungen zeigen, dass es sehr oft besser ist, wenn der erste Kontakt über einen „Vermittler" (Unternehmensberater) getätigt wird. Er wird darauf verweisen, dass Sie sich noch in den ersten Überlegungen bei der Gründung des Beirats befinden und es sich bei diesem ersten Kontakt nur um ein völlig unverbindliches Sondierungsgespräch handelt, das ohne Wissen des Unternehmers geführt wird. So kann man im Vorfeld evtl. unpassende Kandidaten ablehnen, ohne dass es zu peinlichen Vorfällen kommt.

Je nachdem, welchen Typ von Beirat Sie für Ihr Unternehmen als richtig erachten, müssen Sie auch die Voraussetzungen für die Rechte und Pflichten des Beirats schaffen:

- Aufbau eines Managementinformations- und Planungssystems (soweit nicht bereits vorhanden),
- originäre Planungstätigkeit, d. h., das Aufstellen von Plänen ist Aufgabe der Geschäftsführung

Kernbefugnisse des Beirats liegen im Recht zur unbeschränkten Information über alle Geschäftsangelegenheiten, im Recht, einen Katalog von Maßnahmen zu erstellen, die die Geschäftsführung dann nur mit Zustimmung des Beirats treffen darf, im Recht, die lang-, kurz- und mittelfristige Unternehmensplanung zu genehmigen, und – dies ist für jeden Beirat entscheidend – in seiner Befugnis, die Geschäftsführer zu bestellen und zu entlassen.

All diese Aufgaben kann ein Beirat aber nur erfüllen, wenn seine Rechte und Pflichten im Gesellschaftsvertrag bzw. in der Satzung des Beirats verankert sind. Empfehlenswert ist, dass Sie die Satzung so knapp wie möglich halten. Im Wesentlichen müssen in der Satzung enthalten sein:

- Wahl,
- Abberufung und Amtsdauer der Beiratsmitglieder,
- Rechte und Pflichten des Beirats als Organ,
- Beschlussfähigkeit,
- Vergütung der Beiratsmitglieder.

3.6.2 Die Besetzung des Beirats

In der Praxis ist die kompetente Besetzung von Beiräten mit unternehmerisch erfahrenen Personen – wie schon beschrieben – leider oft nicht einfach, weil die Bereitschaft der Unternehmer, quasi auf Gegenseitigkeit Beiratsfunktionen zu übernehmen, noch unterentwickelt ist.

Wesentliche Voraussetzung für die überaus positiven Effekte des Beirats ist die richtige personelle Besetzung.

In den Beirat gehören unabhängige unternehmerische Persönlichkeiten. Die Gefahr von Interessenkonflikten muss ausgeschlossen sein. Deshalb scheiden der Hausanwalt, der tägliche Steuerberater und Vertreter der kreditgewährenden Banken – sofern bei diesen ein Interessenkonflikt eintreten kann – als Beiräte aus. Besonders Letztere geraten in Konflikt, wenn ihr Kreditengagement gefährdet ist. „Ein Gramm Charakter ist mehr wert als ein Kilo Sachverstand."

Die Zusammensetzung des Beirats muss auf die speziellen Bedürfnisse des Unternehmens ausgerichtet sein. So benötigt beispielsweise ein Unternehmen in der Modebranche einen kreativen Modeschöpfer, ein Leasingunternehmen einen Finanzierungsfachmann und ein Anlagenbauer einen Ingenieur mit Auslandserfahrung. Die überwiegend anzutreffende Zusammensetzung der Beiräte mit Kaufleuten, Rechtsanwälten und Steuerberatern ist ineffektiv.

Die Information des Beirats darf sich nicht in den üblichen Monats- und Quartalszahlen erschöpfen. Sie muss an die speziellen Erfolgs- bzw. Misserfolgskriterien des jeweiligen Unternehmens anknüpfen. Diese sollten durch eine externe Unternehmensberatung ermittelt werden. Das hilft dem Beirat und dem Management in gleicher Weise.

Im Beirat muss ein gesunder Mix aus unternehmerischem Wagemut der Jugend und bewahrendem Vorsitz des Alters erhalten bleiben. Im Übrigen: Neue Besen kehren gut.

Wenn Ihnen dies zu weit geht, dann müssen Sie sich mit einem reinen Team von Beratern zufrieden geben, denn qualifizierte Beiratsmitglieder für Ihr Unternehmen zu gewinnen ist nur möglich, wenn Sie über diese Instrumente verfügen, damit Sie Ihrer Verantwortung gerecht werden können.

3.6.3 Der Beirat im Nachfolgeprozess

Für die Nachfolgeregelung kann ein Beirat Sicherheit gleich unter mehreren Aspekten schaffen. Er hat im Nachfolgeprozess folgende Aufgaben:

- Ausgleich von Spannungen im Generationsverhältnis,
- Ausgleich von Spannungen zwischen unternehmerisch und nichtunternehmerisch tätigen Erben,

Die Zukunft des Unternehmens

- Auswahl und Coaching des Unternehmensnachfolgers,
- Kontrolle und Überwachung des Fremdmanagements, wenn Erben nur in Gesellschafterstellung aufrücken,
- Sicherung der Unternehmenskontinuität,
- schrittweises Ausscheiden des Seniors aus der Geschäftsführung durch Wechsel in den Beirat,
- Beschäftigung und Beratung des Seniors (Auffangposition),
- Führungsinstrument bei unerwartetem Ausfall des Seniors.

Gestaltungsmöglichkeiten eines Beirats im Nachfolgeprozess

Grundsätzlich bieten sich vielfältige Gestaltungsalternativen bei der Einrichtung eines Beirats im Prozess der Unternehmensnachfolge:

- *Installation eines Beirats während der aktiven Tätigkeit des Seniors*
  Der Beirat kann grundsätzlich bereits vor Ausscheiden des Seniors aus der Geschäftsführung etabliert werden. Dies sichert weitestgehende Kontinuität im Unternehmen, da zum Zeitpunkt des Ausscheidens des Seniors aus der Geschäftsführung der Beirat bereits konstituiert und arbeitsfähig ist. Einzelne Kompetenzzuweisungen an den Beirat können aufschiebend bedingt auf den Zeitpunkt des Ausscheidens des Seniors aus der Geschäftsführung verankert werden.

- *Einrichtung eines „schlafenden" Beirats*
  Die Einrichtung eines Beirates wird zwar im Gesellschaftsvertrag verankert. Die tatsächliche Einrichtung erfolgt aber erst nach Ausscheiden des Seniors/Ableben des Seniors.

- *Testamentarische Anordnung eines Beirats auf den Todesfall*
  Der Senior kann in seinem Testament seinen Erben die Einrichtung eines Beirats zur Auflage machen und testamentarisch die Wahl bestimmter Beiratsmitglieder anordnen. Für den Fall der Nichtbefolgung können Straf- oder Verwirkungsklauseln vorgesehen werden.

Absicherung des Beirats gegen widerstrebende Erben

Im Einzelfall kann es hilfreich und sinnvoll sein, die Existenz eines Beirats gegen den Willen der ins Unternehmen nachfolgenden Erben abzusichern.

Instrumente zur Absicherung des Beirats können sein:

- lange Amtszeit eines Mitgliedes, fünf bis zehn Jahre,

- Erschwerung der Abberufung,
- qualifizierte Mehrheitserfordernisse/Einstimmigkeitserfordernis für Änderung der Beiratsverfassung,
- erbrechtliche Absicherung durch Anordnung einer Testamentsvollstreckung über Gesellschaftsanteile,
- erbrechtliche Strafklauseln für den Fall der Abschaffung des Beirats.

Die Beibehaltung eines Beirats ist jedoch nicht sinnvoll, wenn keiner der Erben/Gesellschafter dieses wünscht.

3.7 Ist die richtige Mannschaft an Bord?

In mittelständischen Familienunternehmen herrschen zwischen Unternehmensführung und Arbeitnehmern familiäre Beziehungen. Dabei stehen die Menschlichkeit im Umgang miteinander, die Loyalität und das langjährige Sozialverhalten des Familienunternehmens im Vordergrund.

Im Vergleich zu anonymen Großunternehmen erzeugen Familienunternehmen hierdurch ein starkes Zugehörigkeits- und Gemeinschaftsgefühl. Daraus resultieren eine hohe Motivation sowie Einsatz- und Leistungsbereitschaft der Beschäftigten. Aber auch gelebte Prinzipien, wie Verlässlichkeit und Fairness, stärken die Bindung zwischen Arbeitnehmern und der Führung, so dass die Firmentreue in Familienunternehmen ausgeprägter ist als in NichtFamilienunternehmen. Die ausgeprägte Firmentreue hat eine geringe Fluktuation der Mitarbeiter und gleichzeitig geringere Personalkosten zur Folge.

Für die Mitarbeiter sind wenige grundsätzliche Ziele zu entwickeln, die in erster Linie darauf ausgerichtet sind, einen Beitrag zur Unterstützung der Unternehmensstrategie zu leisten. Entlohnungssysteme sind auf das strategiegerechteste Verhalten auszurichten. Dabei sollte erfolgreiches Verhalten im Sinne der Strategie nicht nur durch finanzielle, sondern auch durch nichtfinanzielle Anerkennung gelobt werden. In der Regel ist nicht der Umfang der Belohnung maßgebend, sondern die Häufigkeit. Deshalb sollte jede Gelegenheit zur Anerkennung genutzt werden.

Viele Firmen machen den Fehler, dass sie zu lange an einem einmal eingeführten Entlohnungssystem festhalten. Es sollte deshalb in relativ kurzen Zeitabständen überprüft und ggf. neu konzipiert werden.

Nicht alle Belohnungen, Prämien usw. sollen systematisch geplant werden. Spontane Belohnungen haben eine besonders große Wirkung, da eine enge Kopplung zwischen positiver Leistung und Anerkennung stattfindet.

Den beschriebenen Stärken der Familienunternehmen stehen auch einige Schwächen gegenüber, die in anonymen Kapitalgesellschaften entweder nicht ausgeprägt oder dort besser handhabbar sind. Nachfolgendes verdeutlicht Ergebnisse aus der schon erwähnten DGM-Untersuchung. So kann eine mangelnde Kundenorientierung des Personals, weil der Kontakt zum Kunden ausschließlich vom Unternehmer gestaltet wird, sich auf dessen Innovations- und Leistungsverhalten negativ auswirken. Das Denken und Handeln des Personals ist von einem hohen Sicherheitsdenken geprägt. Sowohl ein „Uns kann in diesem Familienbetrieb nichts passieren", als auch ein „Nur nichts unternehmen, was die bestehende Sicherheit gefährdet" hemmen einen möglichen Innovationsfortschritt. Eine weitere solche Bremse ist die mangelnde Kooperationsgemeinschaft der Mitarbeiter, oft hervorgerufen durch eine gewisse Abschottung des Unternehmens gegenüber anderen Firmen aus Wettbewerbsgründen.

Tendenziell haben Familienunternehmen im Vergleich zu Großunternehmen Wettbewerbsnachteile bei der Beschaffung von qualifiziertem Personal. Potenzielle Arbeitnehmer befürchten häufig, dass

- Familieninteressen im Konfliktfall immer an erster Stelle stehen,
- im Unternehmen Vetternwirtschaft existiert,
- Entscheidungen nicht nach objektiven Kriterien getroffen werden,
- Führungspositionen nur von Familienmitgliedern besetzt werden,
- ein autoritärer Führungsstil herrscht.

Neben der Suche nach Personal haben die familiengeführten Unternehmen auch Nachholbedarf hinsichtlich der Qualifikation der Mitarbeiter. So gibt nach einer Studie von Horst Albach fast jedes zehnte Familienunternehmen die Mitarbeiterqualifikation als Schwachstelle gegenüber nur etwa jedem 16. Nicht-Familienunternehmen an. Die Notwendigkeit zu einer höheren Qualifikation schließt leitende Mitarbeiter sowie den eigenen oder den von außen gewonnenen Führungsnachwuchs mit ein. Dieses Defizit innerhalb des Personalbereiches mittelständischer Unternehmen beruht auf einer meist unterentwickelten und nicht schriftlich fixierten Personalplanung sowie der angestrebten Einsparung von Personalkosten. Jedoch ohne ausreichende Einstellung von qualifiziertem Personal und ohne Weiterbildung der Beschäftigten kann kein Unternehmen auf Dauer erfolgreich am Markt bestehen. Denn die Qualifikation und Motivation der Mitarbeiter sind strategische Erfolgsfaktoren für das Unternehmen. Die bereits zitierte Befragung des Instituts für Mittelstandsforschung Bonn ergab, dass die mittelständischen Unternehmen dieses Defizit erkannt haben. Mehr als ein Drittel der Unternehmer wollen in ihren Unternehmen zukünftig Qualifizierungsmaßnahmen zur Sicherung der Wettbewerbsposition durchführen.[23]

---

23 Vgl. Mind, Mittelstand in Deutschland, Köln, 2004, S. 28

4. Welchen Wert stellt Ihr Unternehmen dar?

4.1 Verschiedene Sichtweisen auf das Unternehmen

Wenn Sie einmal überlegen, wie wertvoll Ihr Unternehmen ist, dann denken Sie nicht zuerst an das finanzielle Vermögen, das die Anlagen, Maschinen und Material ausmachen, sondern Sie denken an die Zeit, die Leidenschaft, mit der Sie Ihr Unternehmen aufgebaut und entwickelt haben, an die Disziplin, die notwendig war, und dann erst kommt das Geld.

Während Sie als Unternehmer, wenn Sie Ihr Unternehmen verkaufen möchten, neben den Sachwerten auch die Arbeit sehen, die Sie in der Vergangenheit in das Unternehmen investiert haben, denkt der Erwerber daran, was er mit dem Unternehmen in der Zukunft erwirtschaften und wie er den Kaufpreis finanzieren kann.

Sie als Senior müssen vielleicht vom Verkaufserlös Ihre Altersversorgung sichern, und Ihr Käufer startet vielleicht erst ins selbstständige Unternehmerleben und darf sich dabei finanziell nicht „übernehmen".

Weiter steht im Vordergrund, was wirft Ihr Unternehmen ab, solange Sie sich noch um alles kümmern? In dieser Hinsicht ist der Wert eines Unternehmens von der Kondition und dem Durchblick desjenigen abhängig, der die Geschäfte führt.

Der Zeitpunkt der Bewertung des Unternehmens spielt bei der Wertermittlung eine nicht untergeordnete Rolle, z. B. wenn ein Unternehmer – aus gesundheitlichen Gründen – ganz unerwartet und damit unter Zeitdruck sein Unternehmen verkaufen muss, ist klar, dass diese Umstände ihm den aktuellen Wert seines Unternehmens diktieren.

Natürlich präsentiert schon Ihr Unternehmen nach außen einen bestimmten Wert, und dieser Wert aus Sicht von Dritten weicht mehr oder weniger stark von Ihrer eigenen Einschätzung ab.

Unter rein rationalen, d. h. wirtschaftlichen, Überlegungen, ist es am sinnvollsten, das Unternehmen in die Hände desjenigen zu übergeben, der ihm tatsächlich die höchste individuelle Wertschätzung – im Sinne Ihrer Ziele – entgegenbringt.

Für einen *strategischen Käufer* ist der Wert und damit der Preis für Ihr Unternehmen von seiner Unternehmensstrategie abhängig. Er ist unter Umständen bereit, einen höheren Preis für Ihr Unternehmen zu zahlen, wenn er damit Wettbewerbsvorteile – Integration eines nachgelagerten Marktes –, die sich aus dem Kauf Ihres Unternehmens ergeben, erzielt.

Die *Führungskräfte* in Ihrem Unternehmen haben eine derart hohe Identifikation mit der Aufgabe, mit dem Werdegang des Unternehmens und seinen Perspektiven, dass sie den Wert des Unternehmens sehen wie Sie ihn selbst.

Der *Finanzinvestor* sieht in Ihrem Unternehmen die Ertragschancen auf mittlere Sicht. Das Risiko, mit dem diese Erträge behaftet sind, ist ein wesentliches Bewertungskriterium und damit auch der Zeithorizont, für den er eine klare Perspektive erkennen kann.

Die *Familie* und *Ihre möglichen Erben* schätzen den Wert Ihres Unternehmens nur insoweit ein, wie sie am Unternehmen teilhaben können. So schätzen Familienmitglieder ohne direkten Bezug zum Unternehmen den Wert des Unternehmens nur als Versorgungsquelle ein. Werden Sohn, Tochter oder Neffe dagegen mit wachsender Verantwortung in die Firma eingebunden, wächst auch die Einsicht in unternehmerische Gestaltungspotenziale und damit auch aus deren Sicht der Wert des Unternehmens.

Sie als Unternehmer bestimmen somit selbst den Wert und die Wertschätzung für Ihr Unternehmen, indem Sie selbst bestimmen, unter welchen Umständen, an wen und in welcher Form Sie Ihr Unternehmen übertragen werden.

Mit der konsequenten Ausrichtung auf langfristige Sicherung und Steigerung des Unternehmenswertes ist die Nachfolgeplanung ein Bestandteil der strategischen Unternehmensplanung. Durch eine frühe Integration der anstehenden Gestaltungs- und Optimierungsaufgaben in die strategische Unternehmensplanung können Sie vermeiden, dass das Problem der Nachfolgeregelung für sich genommen eine derart hohe Komplexität erreicht, dass es zuletzt zum unlösbaren Gordischen Knoten wird. Wer bereit ist, sich dieser persönlichen Aufgabe zu stellen, und innere Hemmschwellen überwindet, räumt damit eines der größten Hindernisse für die Kontinuität des Unternehmenserfolges aus dem Weg.

Jedes Unternehmen ist unterschiedlich. Handelt es sich um ein Unternehmen, das mit viel Personal und einer geringen Betriebsausstattung gesunde Gewinne erwirtschaftet? Oder sind im Betrieb große Werte in teuren und neuen Maschinen gebunden? Schon hier sehen Sie, dass nicht „Äpfel und Birnen" verglichen werden.

Deshalb existiert eine rechtlich verbindliche Vorgehensweise für die Unternehmensbewertung nicht. Wissenschaft und Praxis haben unterschiedliche Methoden entwickelt, um den Unternehmenswert zu ermitteln. Selbst nach der Durchführung einer solchen Bewertung ist nicht gewährleistet, dass das Ergebnis automatisch dem Kaufpreis entspricht. Jedes Verfahren kann nur Anhaltspunkte für die Ermittlung des Wertes und damit des Preises geben.

Letztlich bleibt es aber den Verhandlungen zwischen Verkäufer und Käufer überlassen, sich auf angemessene Übernahmebedingungen zu einigen und damit den Preis zu bestimmen.

4.2 Wahl des Bewertungsverfahrens

Die Wahl des Bewertungsverfahrens und damit das Ergebnis der Wertermittlung hängen von der Bewertungssituation und dem Bewertungsziel ab, das Sie als Übergeber bzw. als Übernehmer verfolgen. Es ist durchaus möglich, dass Sie sich jeweils für eine andere Bewertungsmethode entscheiden als Ihr Übertragungspartner, um triftige Gründe für Ihre eigene Kaufpreisvorstellung zu sammeln.

Im Folgenden sind einige gängige Bewertungsverfahren, die im Mittelstand verwendet werden, dargestellt:

4.2.1 Ertragswertverfahren

Das Ertragswertverfahren ist die meist verbreitete Methode zur Ermittlung des Unternehmenswertes. Diese Methode ist der deutsche Standard. Sie basiert auf der Annahme, dass der Wert eines Unternehmens für den Erwerber hauptsächlich in den zu erwartenden Ertragsüberschüssen, also durch sein Potenzial, in Zukunft Gewinne zu erzeugen, bestimmt wird. Das Verfahren berücksichtigt die Anlagealternativen des Käufers, der mit seinem Kapital entweder das Unternehmen erwerben kann oder sein Geld am Kapitalmarkt anlegt. Die zugrunde liegende Fragestellung lautet:

Wie hoch darf der Unternehmenswert sein, damit der erwirtschaftete Gewinn eine angemessene Verzinsung auf das eingesetzte Kapital, den Kaufpreis, darstellt?

Bei dem reinen Ertragswertverfahren entspricht der Wert des Unternehmens dem Barwert aller zukünftigen Einnahmen-Überschüsse. Der Ertragswert wird somit bestimmt durch den zu erwartenden Unternehmenserfolg in den folgenden Jahren und durch einen Kapitalisierungszinsfuß, mit dem die zukünftigen Überschüsse auf den Zeitpunkt des Verkaufs abgezinst werden.

Der Kapitalisierungszins entspricht dem Zins, den die Industrie für eingesetztes Kapital erhält. Er liegt derzeit bei ca. 10 bis 15 %.

Der Ertragswert entspricht damit dem ideellen Wert des Unternehmens, wie z. B.:

- Ruf des Unternehmens,
- Kunden-/Patienten-/Klientenstamm,
- Serviceleistungen des Unternehmens,
- Qualifikation und Motivation des Personals,
- Kooperation mit anderen Unternehmen,
- Standortqualität usw.

Die Prognose der zukünftigen Erträge baut in der Regel auf den Werten der Vergangenheit auf. Die Erträge aus der Vergangenheit sind jedoch nur ein Indikator unter vielen für die zukünftige Entwicklung des zu bewertenden Unternehmens. Für den Erwerber des Unternehmens ist entscheidend, wie viel Gewinn er in Zukunft mit dem Unternehmen erwirtschaften kann. Vor der eigentlichen Bewertung des Unternehmens sollte daher eine umfassende Analyse sämtlicher Aspekte des Unternehmens durchgeführt werden, insbesondere eine intensive Untersuchung des zukünftigen Umsatz-, Kos-ten-, Investitions- und Ergebnispotenzials.

4.2.2 Discounted-Cashflow-Verfahren (DCF-Verfahren)

Dieses Verfahren ist internationaler Standard und ähnelt dem Ertragswertverfahren. Hier ist nicht der Gewinn der Ausgangspunkt, sondern der Cashflow des Unternehmens und man zinst diesen mit einem internen Zinsfuß ab, der sich als sogenannter Kapitalkostensatz aus den gewogenen zukünftigen Eigen- und Fremdkapitalkosten ergibt.

4.2.3 Substanzwertverfahren

Bei dem Substanzwertverfahren werden die Kosten addiert, die bei der Reproduktion des vorhandenen Unternehmens anfallen würden. Der Substanzwert bezeichnet den gegenwärtigen Verkehrswert aller materiellen, immateriellen, betriebsnotwendigen und nicht betriebsnotwendigen Vermögensgegenstände, abzüglich der Schulden und Verbindlichkeiten des Unternehmens. Die Substanz kann unter der Annahme der Fortführung (Substanzwert) oder der Liquidation (Liquidationswert) eines Unternehmens ermittelt werden.

Der Substanzwert wird bestimmt durch Anschaffungswert, Zustand, durchschnittliche technische Nutzungs- und Lebensdauer der zu veräußernden Wirtschaftsgüter, aber natürlich auch durch die Nachfrage nach diesen Gütern. Die Schwierigkeit, die immateriellen Werte zu berechnen, führt in der Praxis meist dazu, dass nur die materiellen Werte erfasst werden. Immobilien können vereidigte Gutachter schätzen. Bei der Schätzung des Substanzwertes der beweglichen Wirtschaftsgüter helfen ebenfalls vereidigte Sachverständige, Berater und Verbände.

Die Vorteile dieses Verfahrens liegen in seiner langjährigen Praxisbewährung und der relativ einfachen Ermittlung des Ergebnisses. Nachteil ist allerdings, dass nicht-bilanzierungsfähige Werte nicht berücksichtigt werden. Deshalb wird zum Substanzwert oftmals noch der sogenannte Firmenwert hinzugerechnet, der den zusätzlichen Ertrag jenseits der reinen Vermögensverzinsung beziffern soll (Image, Kunden- und Lieferantenbeziehungen, Know-how der Mitarbeiter).

4.2.4 Stuttgarter Verfahren

Das Stuttgarter Verfahren ist ein von der Finanzverwaltung verwendetes Bewertungsverfahren, das häufig bei der Teilung von Gesellschaften angewendet wird. Es berücksichtigt sowohl die vergangenen Erträge als auch die Substanz. Für Firmenverkäufe und Unternehmensbewertungen im Rahmen von Nachfolgeregelungen ist es allerdings nicht gut geeignet, da kein Nachfolger seinen Business- und Finanzierungsplan auf vergangenen Erträgen aufbauen wird.

Wenn Sie einen Check der Unternehmensbewertung Ihres Unternehmens durchführen möchten, dann hilft Ihnen hierbei auch die Unternehmensnachfolgeinitiative „nexxt" des Bundesministeriums für Wirtschaft und Technologie. Sie stellt unter dem Stichwort „Unternehmen bewerten" im Internet Berechnungsformulare zur Verfügung, mit denen Sie Ihren Unternehmenswert nach den Varianten des Ertragswertverfahrens, der DCF-Methode oder des Stuttgarter Verfahrens online berechnen können.

Ein Vergleich der unterschiedlichen Ergebnisse verdeutlicht, dass mit den Verfahren einerseits nur Näherungswerte errechnet werden können und andererseits die Kenntnis der einzelnen Bewertungsverfahren und der darin einfließenden Bewertungsparameter von essenzieller Bedeutung sowohl für die Vorbereitung von Verkaufs-/Kaufverhandlungen als auch für die Ausarbeitung von detaillierten Finanzierungskonzepten ist.

Individuelle Hilfestellung bieten Ihnen bei der Ermittlung Ihres Unternehmenswertes Steuerberater, Unternehmensberater und Wirtschaftsprüfer. Häufig empfiehlt sich deren Einschaltung für eine neutrale Wertermittlung als Grundlage der Verhandlungen zwischen Verkäufer und Käufer. Entsprechende Fachleute finden Sie z. B. bei der KfW-Mittelstandsbank.

5. Rechtliche, steuerliche und finanzielle Aspekte der Unternehmensübertragung

Rechtliche und steuerliche sowie finanzielle Aspekte sind bei allen Varianten der Übertragung eines Familienunternehmens auf einen potenziellen Nachfolger zu berücksichtigen. Grundsätzlich ist davon auszugehen, dass die Planung einer Unternehmensübertragung erst betriebswirtschaftlich vorgenommen und dann rechtlich und steuerlich optimiert werden muss und nicht umgekehrt.

Vorangestellt: Es ist unbedingt notwendig, dass Sie einen Rechtsanwalt oder Notar sowie einen Steuerberater in Ihre Vorbereitungen einbeziehen. Beide müssen mit diesen Fragen vertraut sein.

Unangefochten ist der Steuerberater für den wirtschaftsrelevanten Mittelstand der wichtigste externe Ansprechpartner. Über 90 % der Unternehmen arbeiten regelmäßig mit ihm zusammen. Aber nur jedes zweite Unternehmen arbeitet regelmäßig mit einem Rechtsanwalt zusammen. Im Prozess der Unternehmensübertragung muss dies aber jedes Unternehmen tun.

5.1 Welche Rolle spielt die Rechtsform?

Die Wahl der Rechtsform ist eine unternehmerische Entscheidung, die sich langfristig auf die rechtliche und steuerliche Behandlung Ihres Unternehmens auswirkt.

Die Frage, in welcher Rechtsform ein Unternehmen betrieben werden soll, hat viele Aspekte: Neben steuerlichen Kriterien sind hier Gesellschaftsrecht, Mitbestimmungsrecht wie auch wirtschaftliche Aspekte (z. B. wirtschaftliche Auswirkungen von Veröffentlichungspflichten) von Bedeutung. Umfragen bei mittelständischen Unternehmen ergaben folgende Rangfolge – nach der Bedeutung des Arguments:

- Haftung,
- Weisungsbefugnis/Management,
- Publizität,
- Finanzierung und Kapitalstruktur,
- Besteuerung,
- Eigenkapital,
- Gewinnbeteiligung.

Unbeschadet dieser Rangfolge müssen die einzelnen Punkte individuell gewichtet werden, d. h., die Präferenz des Unternehmens wird ausschlaggebend sein.
Die Wahl der Rechtsform ist deshalb nicht nur bei der Existenzgründung zu entscheiden, sondern auch in bestimmten Entwicklungsetappen des Unternehmens und besonders beim Generationswechsel.

Die entscheidenden Kriterien bei der Wahl der Rechtsform im Überleitungsprozess des Unternehmens sind:

- die Haftung,
- die Steueroptimierung,
- die Finanzierung beim Kauf,
- die Eignung für eine schrittweise Nachfolge.

Sowohl für den Nachfolger als auch für den übergebenden Unternehmer ist deshalb die Wahl der Rechtsform von Bedeutung. Beide müssen entscheiden, ob es sinnvoll ist, die bestehende Rechtsform zu behalten oder umzuwandeln.

Welche Steuerbelastungen fallen je nach Rechtsform an? Welche Entscheidungsstrukturen entstehen? Wie reagiert die Hausbank?
Auch sind je nach Rechtsform mit der Übertragung wichtige Fragen zur Haftung und Zustimmung evtl. weiterer Gesellschafter verknüpft. Inwieweit haftet beispielsweise der Käufer für Schulden, die vor der Übertragung entstanden sind? Inwieweit haftet der Verkäufer nach der Übertragung für zurückliegende Verbindlichkeiten?
Diese und weitere Fragen bedürfen einer verbindlichen Klärung im Prozess der Unternehmensübergabe.

5.1.1 Die Rechtsformen im Überblick

Zunächst unterscheidet man zwischen Einzelunternehmen, Personengesellschaften und Kapitalgesellschaften sowie Stiftungen:

- Einzelunternehmen
- Personengesellschaften:
    - Gesellschaft bürgerlichen Rechts (GbR oder BGB-Gesellschaft)
    - Partnerschaftsgesellschaft (PartG)
    - Offene Handelsgesellschaft (OHG)
    - Kommanditgesellschaft (KG), auch in der besonderen Ausprägung der GmbH & Co. KG

Rechtliche, steuerliche und finanzielle Aspekte der Unternehmensübertragung

- Kapitalgesellschaften:
  - Gesellschaft mit beschränkter Haftung (GmbH)
  - Aktiengesellschaft (AG)
- Stiftungen

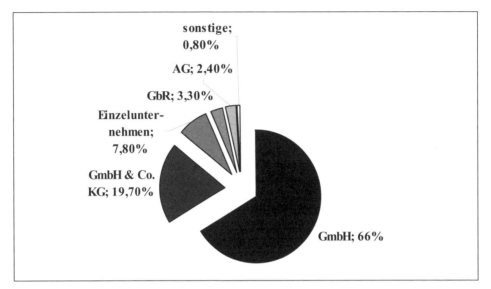

Quelle: Vgl. BDI und Ernst Young, S. 59
Abbildung 28: *Verteilung der Rechtsformen*

5.1.2 Was hat der Übertragende zu beachten?

Folgende Aspekte der einzelnen Rechtsformen sind bei der Unternehmensübertragung für den Übertragenden von Bedeutung:

- *Einzelunternehmen*
  Das Einzelunternehmen steht für Kleingewerbetreibende, Handwerker, Dienstleister, freie Berufe. Der Unternehmer haftet unbeschränkt mit seinem gesamten betrieblichen und privaten Vermögen. Das gesamte Unternehmen wird übertragen. Der „alte" Unternehmer haftet bis zu fünf Jahren nach der Übertragung für Verbindlichkeiten, die er selbst zu verantworten hat. Der „neue" Unternehmer haftet gegenüber Gläubigern für Altschulden des Vorgängers. Diese kann er nach Leistung beim Vorgänger einfordern.

Vermögen und Schulden gehen auf den oder die Erben in ungeteilter Erbengemeinschaft über. Jeder Erbe haftet bei Fortführung der Firma persönlich auch mit eigenem Vermögen.

- *Personengesellschaften – Gesellschaft bürgerlichen Rechts (GbR oder BGB-Gesellschaft)*
Personengesellschaften stehen für Gewerbetreibende und Freiberufler. Ein Verkauf ist nur mit Zustimmung aller Gesellschafter möglich.

Die mindestens zwei Gesellschafter haften für die Verbindlichkeiten der Gesellschaft gegenüber Gläubigern als Gesamtschuldner persönlich.

Beim Verkauf seiner Gesellschaftsanteile haftet der ausgeschiedene Gesellschafter maximal in Höhe seines ehemaligen Anteils für Altverbindlichkeiten der Gesellschaft, wenn diese innerhalb von fünf Jahren nach dem Ausscheiden fällig und daraus Ansprüche gerichtlich geltend gemacht werden. Der Käufer haftet gegenüber Dritten für Altschulden in der Regel mit seinem Anteil am Gesellschaftsvermögen.

Die Erben haften für Altschulden grundsätzlich mit dem Nachlass, darüber hinaus aber auch mit ihrem sonstigen privaten Vermögen. Sie haben aber die Möglichkeit, innerhalb von drei Monaten aus der Gesellschaft auszusteigen und von den übrigen Gesellschaftern eine Abfindung zu verlangen.

- *Partnerschaftsgesellschaft (PartnG)*
Die Partnerschaftsgesellschaft ist neben der Gesellschaft bürgerlichen Rechts den freien Berufen vorbehalten. Die mindestens zwei Gesellschafter haften für die Verbindlichkeiten der Gesellschaft gegenüber Gläubigern als Gesamtschuldner persönlich. Nur für „Fehler" in der Berufsausübung haftet allein derjenige, der den Fehler begangen hat.

Die Übertragung ist nur mit Zustimmung des anderen Gesellschafters möglich. Der Übergeber haftet bis zu fünf Jahren nach der Übertragung maximal in Höhe seines ehemaligen Anteils für Verbindlichkeiten. Der Käufer haftet für Altschulden gegenüber Dritten mit seinem Anteil am Gesellschaftsvermögen.

Für die Erben trifft hier das Gleiche zu wie bei GbR und BGB-Gesellschaft.

- *Offene Handelsgesellschaft (OHG)*
Die OHG ist die Grundform der kaufmännischen Personengesellschaft (Personenhandelsgesellschaft). Auch hier sind es mindestens zwei Gesellschafter. Die Gesellschafter haften für die Verbindlichkeiten der Gesellschaft gegenüber Gläubigern als Gesamtschuldner persönlich. Bis zu fünf Jahren nach der Übertragung haftet der Übergeber für die Verbindlichkeiten, die er selbst zu verantworten hat. Auch der Käufer haftet mit seinem gesamten Vermögen für Altschulden gegenüber Dritten. Die Erben haften für die Altschulden mit ihrem Nachlass und sonstigem privatem Vermögen.

- *Kommanditgesellschaft (KG)*
  Die Kommanditgesellschaft ist in der Kommanditistenstellung geeignet für Gesellschafter, die keine persönliche Haftung übernehmen wollen und von der Geschäftsführung ausgeschlossen sein wollen. Hier gibt es einen oder mehrere Komplementäre und einen oder mehrere Kommanditisten. Nur der Komplementär/die Komplementäre (persönlich haftender Gesellschafter) haften für die Verbindlichkeiten der Gesellschaft gegenüber Gläubigern als Gesamtschuldner persönlich. Der Kommanditist/die Kommanditisten haften nur in Höhe der geleisteten und im Handelsregister eingetragenen Einlage. Eine Unternehmensübertragung ist nur mit Zustimmung der Gesellschafter möglich. Der ausscheidende Kommanditist haftet noch fünf Jahre für Altschulden der Gesellschaft, und zwar maximal in Höhe seiner ehemaligen Einlage. Das betrifft aber nur Verbindlichkeiten, die er auch tatsächlich noch persönlich zu verantworten hat, nicht also neue Verbindlichkeiten, die der Nachfolger eingegangen ist. Die Erben haften für die Altschulden mit ihrem Nachlass und sonstigem privatem Vermögen.

- *GmbH & Co. KG*
  Auch diese Gesellschaft ist eine Kommanditgesellschaft. Die Besonderheit der speziellen Ausprägung „GmbH & Co. KG" besteht darin, dass im Ergebnis auch die Haftung des persönlich haftenden Gesellschafters beschränkt ist. Dies wird dadurch erreicht, dass eine GmbH, bei der sich die Haftung naturgemäß auf das Gesellschaftsvermögen beschränkt, die Rolle des persönlich haftenden Gesellschafters übernimmt. Grundsätzlich haftet auch hier der Kommanditist nicht. Der Komplementär – die GmbH – haftet bis zu fünf Jahren nach der Übertragung für Verbindlichkeiten, die er selbst zu verantworten hat. Der Käufer als Kommanditist haftet nicht. Die Erben haften für Altschulden mit ihrem Nachlass und sonstigem privatem Vermögen.

- *Gesellschaft mit beschränkter Haftung (GmbH)*
  Diese Form wird gewählt, wenn der Unternehmer die Haftung beschränken oder nicht aktiv mitarbeiten möchte. Hier ist ein Mindestkapital von 25 000 Euro notwendig. Die Haftung beschränkt sich auf das Gesellschaftsvermögen. Eine Außenhaftung (gegenüber den Gesellschaftsgläubigern) besteht für die Gesellschafter nach Eintragung der GmbH im Handelsregister grundsätzlich nicht. Eine Haftung gegenüber der Gesellschaft besteht nur insoweit, wie das versprochene Kapital nicht geleistet wurde bzw. Kapital unter Missachtung der Kapitalerhaltungsgrundsätze wieder an die Gesellschafter zurückgeführt wurde. Eine Haftung für solche Defizite geht grundsätzlich auf die Erwerber der Geschäftsanteile über. Die Geschäftsanteile können wirksam nur notariell übertragen werden.

  Die Erben müssen die Gesellschaftsanteile gemeinsam verwalten und können in der Gesellschafterversammlung nur mit „einer Stimme" sprechen.

- *Aktiengesellschaft (AG)*
  Auch hier beschränkt sich die Haftung auf das Gesellschaftsvermögen. Gesellschafter haften nach Eintragung der Aktiengesellschaft ins Handelsregister nur, soweit sie versprochenes Kapital nicht vollständig geleistet oder Kapital unzulässigerweise zurückerhalten haben. In der Gesamtschau der letzten zehn Jahre empfiehlt sich diese Rechtsform in Anbetracht ihrer formalistischen Ausgestaltung jedoch nur, wenn ein Eigenkapital in dreistelliger Millionenhöhe vorhanden ist oder Kapital über die Börse eingeworben werden soll. Die AG hat unabhängig von der Größe einen Aufsichtsrat, der aus mindestens drei Personen bestehen muss.

  Die Übertragung erfolgt regelmäßig durch Übertragung des Aktienbesitzes.

  Die Erleichterungen für die sogenannte „Kleine Aktiengesellschaft" wirken auf der Ebene des Mindestkapitals (100 000 Euro), mit verminderten notariellen Beurkundungspflichten sowie bestimmten Mitteilungspflichten.

- *Stiftungen*
  Durch die Übertragung des Unternehmensvermögen bzw. der Anteile an einem Unternehmen in eine Stiftung legt der Senior-Unternehmer die weitere unternehmerische Entwicklung weitgehend fest. Die Stiftung muss sehr sorgfältig vorbereitet werden, denn die einmal festgelegte Satzung kann kaum mehr verändert werden. Die Stiftung gehört sich selbst, d. h., sie hat keine Anteilseigener. Die Erben haben keinen Zugriff auf das Stiftungsvermögen.

5.1.3 Rechtsformwechsel

Wenn z. B. der Nachfolger und der Übergeber eine gemeinsame Übergangsphase planen, so kann es sinnvoll sein, das Unternehmen z. B. von einem Einzelunternehmen in eine GmbH oder Personengesellschaft umzuwandeln. Der Erwerber kann auf diesem Wege in die Anteilseignerschaft hineinwachsen. Der neu eingetretene Gesellschafter kann auf diese Weise sofort am Unternehmenserfolg und an wesentlichen Entscheidungen im Unternehmen beteiligt werden. Diese Zielsetzung lässt sich am besten über eine direkte gesellschaftsrechtliche Beteiligung erreichen.

Jeder Rechtsformwechsel ist immer mit einem gewissen Aufwand verbunden, deshalb kann und sollte erst nach intensiver Beratung entschieden werden, ob sich Kosten und Mühe lohnen. Gleichzeitig muss geklärt werden, auf welche Weise das Unternehmen übertragen wird, ob es an einen externen Dritten verkauft wird oder in der Familie bleibt. Beim Rechtsformwechsel dürfen aber nicht nur die Interessen des in naher Zukunft ausscheidenden Unternehmers im Vordergrund stehen, sondern auch die damit verbundenen Folgen für den Nachfolger bzw. für das Unternehmen sind zu bedenken.

5.1.4 Was hat der Erwerber zu beachten?

Folgende Aspekte der einzelnen Rechtsformen sind bei der Unternehmensübertragung aus Sicht des Erwerbers von Bedeutung:

- *Vertragliche Form bei der Unternehmensübernahme*
  Der Übernahmevertrag sollte in schriftlicher Form erfolgen, damit Verkäufer und Käufer nachweisen können, was vereinbart worden ist. Die GmbH-Anteilsübertragung muss notariell beurkundet werden. Insbesondere das Betriebsvermögen und die übernommenen Verbindlichkeiten müssen eindeutig festgelegt werden.
- *Haftung des Käufers für Verbindlichkeiten*
  Folgende Fälle sind aus Sicht der Rechtsformen möglich:

  a) Bei der Übernahme eines Betriebes, der nicht im Handelsregister eingetragen ist, haftet der Käufer nicht für früher entstandene Geschäftsschulden, es sei denn, er hat andere vertragliche Vereinbarungen getroffen oder übernimmt wissentlich das gesamte Vermögen (inkl. Schulden) des Verkäufers.

  b) Ist das Unternehmen im Handelsregister eingetragen und wird es unter gleichem Namen weitergeführt, haftet der Käufer für alle Verbindlichkeiten des früheren Inhabers, die im Unternehmen angefallen sind. Der Name des Unternehmens wird als wesentlicher Bestandteil des Firmenwertes gesehen. Der Käufer haftet mit seinem ganzen Vermögen. Der Unternehmensnachfolger kann sich daher nur durch Eintragung in das Handelsregister und Bekanntmachung dieser Haftung gegenüber den Altgläubigern entziehen. Dies gilt z. B. für rückständige Versicherungsprämien oder für fällige Vergütungsansprüche nicht. Der Käufer muss die vertragliche Haftungsbeschränkung sofort ins Handelsregister eintragen lassen und diese Eintragung und Bekanntmachung muss mit der Übernahme zusammenfallen.

  c) Wird die eingetragene Firma eines Einzelkaufmanns unter einem anderen Namen weitergeführt, haftet der Käufer ohne gesonderte vertragliche Vereinbarungen nicht.

  d) Der neue Gesellschafter einer OHG haftet mit seinem gesamten Vermögen für Altschulden, und zwar neben dem ehemaligen Gesellschafter. Auch hier sind vertragliche Haftungsbeschränkungen möglich, aber nur wirksam, wenn sie im Handelsregister eingetragen sind.

  e) Dies gilt auch für den Komplementär einer KG. Der Kommanditist haftet für Altschulden nur in Höhe seiner im Handelsregister eingetragenen Einlage. In der Regel entfällt die Haftung, sobald die Einlage geleistet wurde.

  f) Für die Altschulden einer GmbH haftet diese selbst mit dem Gesellschaftsvermögen. Daneben haften der oder die neuen Gesellschafter wie ihre Vorgänger nicht mit ihrem Privatvermögen, es sei denn, die Geschäftsanteile sind nicht ordnungsgemäß eingezahlt worden oder Kapital wurde unzulässig erstattet.

g) Der Nachfolger muss alle bestehenden Arbeitsverhältnisse mit allen Rechten und Pflichten wie übertarifliche Bezahlung, besondere Urlaubsvereinbarungen usw. übernehmen. Er haftet für die Forderungen, die sich aus Arbeitsverträgen ergeben. Dazu gehören in erster Linie Lohn- und Gehaltsschulden der letzten 12 Monate. Er haftet nicht für nicht bezahlte Sozialversicherungsbeiträge (dafür aber für nicht abgeführte Lohnsteuer). Deshalb muss im Kaufvertrag genau geregelt werden, welche eventuellen Zahlungen sich aus den Arbeitsverträgen ergeben.

h) Die Haftung für Garantieleistungen für Produkte und Leistungen, die vor der Übertragung geliefert bzw. ausgeführt wurden, wird auf den Nachfolger übertragen. Auch hier muss im Kaufvertrag geregelt werden, wer im Innenverhältnis haftet.

■ *Steuerhaftung*
Sie als Unternehmer müssen prüfen, in welchem Umfang Sie noch mit Steuernachzahlungen rechnen müssen. Vertraglich kann ausgemacht werden, dass der Verkäufer dem Erwerber diese Nachzahlungen ersetzt. Eine Negativbescheinigung des Finanzamtes muss eingeholt und eine Bestätigung des Inhabers muss im Kaufvertrag verankert werden.

Keine Haftung übernimmt der Käufer für die persönlichen Steuern, also zum Beispiel die Einkommen-, Vermögen-, Erbschaft- und Grunderwerbsteuer.

■ *Bestehende Verträge*
Für die komplexen Vorgänge bei der Unternehmensnachfolge kann es keine Standardverträge geben. Die Verträge unterliegen stets einer individuellen Ausgestaltung, aber es gibt eine Vielzahl von Verträgen mit standardisierten Punkten, die in keinem der Verträge fehlen sollten. Beim Unternehmenskaufvertrag sind das z. B. Gewährleistungen, das Wettbewerbsverbot, das Bewertungsverfahren, steuerliche Verjährungsregelungen usw.

Weiterhin sind zu beachten:

- *Mietverträge:* Der Mietvertrag darf nur mit Zustimmung des bisherigen Vermieters übertragen werden.
- *Lieferverträge:* Auch mit den Lieferanten sind Absprachen notwendig, die schriftlich festgehalten werden sollten.
- *Arbeitsverträge:* Der Käufer übernimmt sämtliche Arbeitsverträge und auch die eventuell daraus entstehenden Anwartschaften auf betriebliche Altersversorgung.
- *Versicherungsverträge:* Auch hier tritt der Käufer in bestehende Verträge ein, wenn nichts anderes vereinbart worden ist.
- *Konkurrenzklausel:* Zwar ist ein örtlich begrenztes Wettbewerbsverbot allgemein üblich. Im Kaufvertrag sollte dennoch eine schriftliche Festlegung erfolgen. Es ist zweckmäßig, eine Vertragsstrafe bei Verstößen gegen das Konkurrenzverbot festzulegen.

5.2 Steuerliche Aspekte

Zur Führung Ihres Familienunternehmens brauchen Sie Steuerberater, die sich in allen Fragen und Belangen des nationalen und internationalen Steuerrechts auskennen. In vielen Familienunternehmen sind aber noch die Steuerberater der ersten Stunde zu finden. Diese sind oft nicht mit dem Unternehmen „mitgewachsen". Es fehlt ihnen deshalb oft das internationale Steuerrecht.

Sie brauchen aber besonders für Ihren Unternehmensnachfolgeprozess, wenn Sie Ihre Steuern optimieren möchten, einen Steuerberater, der diese Aufgabe erfüllen kann. Es muss die Auswahl des Steuerberaters durch die Qualität und nicht mehr die Kontinuität bestimmt werden. Der Abschlussprüfer hat natürlich sehr sorgfältig auf seine Unabhängigkeit zu achten. Seinen Beratungsaktivitäten sind enge Grenzen gesetzt, als unproblematisch ist aber die Steuerberatung – hierzu gehören die Erstellung von Steuererklärungen und die Erteilung laufender Auskünfte – anzusehen.

Am besten ist man beraten, wenn die Prüfung der Betriebsunterlagen und die Beratung personell getrennt erfolgen. Das gibt die Möglichkeit, bei spezifischen Fragen auch Spezialisten im Steuerrecht heranzuziehen.

Jeder Unternehmer muss an der Abschlussbesprechung der Betriebsprüfung persönlich teilnehmen. Dies verleiht den Argumenten des Unternehmens ein besonderes Gewicht, und er hat die Möglichkeit, sich selbst davon zu überzeugen, ob und in welchem Umfang die steuerlichen Potenziale ausgeschöpft werden.

Natürlich haben immer die betriebswirtschaftlichen Erfordernisse und die gesellschaftsrechtliche Absicherung des Unternehmens Vorrang. Wer dies nicht beachtet, wird ein Vielfaches, was er an steuerlichen Vorteilen erzielt hat, wieder an anderer Stelle einbüßen. „Hierfür gibt es eindrucksvolle Beispiele, das Schicksal der *Benteler AG* beispielsweise, die durch eine allein steuerlich motivierte vorweggenommene Erbfolge in eine existenzielle Führungskrise geraten war. Oder das Missgeschick Kurt Engelshorns, der nach Einbringung aller Anteile in steuerlich günstig gelegene Trusts bei Boehringer Mannheim ausgebootet werden konnte, weil die gesellschaftsrechtlichen Machtstrukturen und Entscheidungsabläufe infolge dieser Konstruktion von ihm nicht mehr zu lenken waren."[24]

Wenn das wirtschaftliche Ergebnis aus steuerlichen Überlegungen heraus verfälscht wird, wirkt sich dies nachhaltig negativ für das gesamte Unternehmen aus.

---

[24] Hennerkes, 2004, S. 301

5.2.1 Schenkung- und Erbschaftsteuern

Das Erbschaft- und Schenkungsteuergesetz tritt in Kraft, wenn es zu einer unentgeltlichen Übertragung eines Unternehmens von den Eltern auf ihre Kinder kommt oder wenn das Unternehmen nach dem Tod des Unternehmers auf die Erben übergeht. Das Erbschaft- und Schenkungsteuergesetz gewährt aber dafür auch Freibeträge, damit der Vermögensübergang nicht durch zu hohe Steuern belastet wird.

Da das Gesetzgebungsverfahren zu dieser Problematik noch im Gange ist, wird hier auf die Nennung der bisherigen Freibetragsgrenzen verzichtet. Wer allerdings noch die bisherige Regelung in Anspruch nehmen möchte, müsste möglichst schnell Betriebs- und Immobilienvermögen in Form einer Schenkung übertragen, da angenommen wird, dass in Zukunft die Schenkungsteuer wesentlich höher ausfällt.

Von Bedeutung sind auch die Steuern, die die Gesellschaft bzw. der Gesellschafter des Unternehmens zu zahlen hat. Die Art und Höhe der zu zahlenden Steuern hängen dabei von der jeweiligen Rechtsform des Unternehmens ab.

5.2.2 Steuern von Kapitalgesellschaften

Bei Kapitalgesellschaften, die als juristische Personen Steuersubjekt sind, führen die Gewinnausschüttungen bei den Gesellschaftern zu Einkünften aus Kapitalvermögen. Gewerbeertragsteuer und Körperschaftsteuer werden bei einer Kapitalgesellschaft zu Betriebsausgaben, die sich gewinnmindernd auswirken. Die Zahlungsempfänger beziehen Einkünfte aus nichtselbständiger Tätigkeit, Einkünfte aus Kapitalvermögen bzw. Einkünfte aus Vermietung und Verpachtung. Diese betriebsbedingten Aufwendungen mindern – sofern sie von den Betriebsprüfern als angemessen und nicht als verdeckte Gewinnausschüttung angesehen werden – den für die ertragsabhängigen Steuern maßgeblichen Gewinn. Wenn der Gewinn ausgeschüttet wird, ist die Hälfte der Ausschüttung ebenfalls einkommensteuerpflichtig.

Es handelt sich um das sogenannte Halbeinkünfteverfahren. Da hierbei nur die Hälfte der Ausschüttung besteuert wird, können auch Darlehenszinsen, die unter Umständen für die Finanzierung des Kaufpreises anfallen, nur zur Hälfte als Werbungskosten bei den Einkünften aus Kapitalvermögen abgesetzt werden.

5.2.3 Steuern von Einzelunternehmen bzw. Personengesellschaften

Bei einem Einzelunternehmen oder einer Personengesellschaft fällt keine Körperschaftsteuer an. Ein Unternehmerlohn kann steuerlich nicht geltend gemacht werden und ist einkommensteuerpflichtig. Steuerliche Besonderheit der Einzelunternehmen und Personengesellschaften ist, dass Vergütungen für die unternehmerische Tätigkeit, die den Inhabern bzw. den geschäftsführenden Gesellschaftern zufließen, als Gewinnentnahme angesehen werden und damit Einkünfte aus Gewerbebetrieb darstellen. Das Gleiche gilt für Zahlungen aus Miet-, Pacht- und Darlehensverträgen, die zwischen den Unternehmen und den Inhabern bzw. den Gesellschaftern abgeschlossen wurden. Darlehenszinsen hingegen stellen Sonderbetriebsausgaben dar, die in voller Höhe das Betriebsergebnis mindern. Hat der Erwerber des Unternehmens einen über dem Eigenkapital des Unternehmens liegenden Kaufpreis gezahlt, kann die Differenz als Firmenwert steuerlich über 15 Jahre abgeschrieben werden.[25]

5.2.4 Verkauf von Einzelunternehmen

Durch den Verkauf erzielt der Unternehmer einen Veräußerungsgewinn, für den er Einkommensteuer abführen muss. Auch hier ist der Steuerberater bezüglich der Freibeträge zu Rate zu ziehen.

Der Käufer muss seinen Kaufpreis wieder auseinander nehmen. Ist im Kaufpreis ein Grundstück oder Immobilien enthalten, so ist eine Grunderwerbsteuer fällig. Auch hier ist unbedingt der Steuerberater zu Rate zu ziehen.

5.2.5 Verkauf von Gesellschaftsbeteiligungen

Die steuerliche Belastung beim Verkauf von Gesellschaftsbeteiligungen hängt von der Rechtsform des Unternehmens ab. Es ist zum Beispiel wichtig, ob es eine Personengesellschaft oder eine Kapitalgesellschaft ist, die die Gesellschaftsbeteiligungen verkauft.

Generell kann gesagt werden, dass der Verkauf von Gesellschaftsanteilen einer GmbH steuerlich günstiger ist. Bei dem Verkauf von Anteilen an einer Personengesellschaft muss seit dem Jahre 2002 Gewerbesteuer gezahlt werden. Eine Umwandlung in eine GmbH ist ohne steuerliche Probleme durchführbar. Auch hier müssen unbedingt die Experten wie Notare, Rechtsanwälte und Steuerberater hinzugezogen werden.

5.2.6 Verkauf von Kapitalgesellschaften

Durch den Verkauf seiner Gesellschaftsanteile erzielt der Unternehmer einen Veräußerungsgewinn, für den er Einkommensteuer abführen muss.

---

25 Vgl. nexxt, Initiative Unternehmensnachfolge

Bei der Veräußerung von Kapitalgesellschaften gilt für den Veräußerer seit 2002 das Halbeinkünfteverfahren, insoweit ist er begünstigt. Nähere Informationen hierzu bietet Ihr Steuerberater.

5.2.7 Schrittweise Übertragung

Eine Beteiligung naher Angehöriger am Unternehmen durch Gründung einer Personen- oder einer Kapitalgesellschaft erkennt die Finanzverwaltung nicht ohne weiteres an. So werden Kommanditbeteiligungen, die durch Schenkung von den Eltern auf die Kinder übertragen wurden, steuerlich nur dann anerkannt, wenn den Kindern dieselben Rechte eingeräumt werden, die den Kommanditisten nach den Vorschriften des Handelsgesetzbuches zustehen. Auch wird die steuerliche Anerkennung versagt, wenn sich der Schenkende ein einseitiges Rückforderungsrecht vorbehält.

Schlägt die Gründung einer Familiengesellschaft aus steuerlicher Sicht fehl, werden die Einkünfte in vollem Umfang dem bisherigen Unternehmer zugerechnet und bei ihm versteuert. Dass zivilrechtlich eine Personen- oder Kapitalgesellschaft entstanden ist, bleibt davon unberührt. Neben der Gründung überprüft die Finanzverwaltung auch die laufende Gewinnverteilung bei Familiengesellschaften besonders sorgfältig. Steht die Gewinnverteilung offensichtlich in einem Missverhältnis zu den Leistungen, die ein Gesellschafter erbringt, kann das Finanzamt von der vereinbarten Gewinnverteilung abweichen. Maßstab ist dabei grundsätzlich die Gewinnbeteiligung, die man einem fremden Dritten eingeräumt hätte. Besonders strenge Maßstäbe setzt die Finanzverwaltung bei der Beteiligung von minderjährigen Kindern an.[26] Besprechen Sie dies unbedingt mit Ihrem Steuerberater.

5.2.8 Betriebsaufspaltung

Der wesentliche Vorteil, der sich aus einer Betriebsaufspaltung zwischen Einzelunternehmen – Besitz von Grundstücken und deren Vermietung – und GmbH – Verkauf von Produkten und Leistungen – ergibt, ist die Haftungsbegrenzung:

Die Betriebsgesellschaft ist nach außen als Kapitalgesellschaft mit beschränkter Haftung tätig, das Besitzunternehmen hält dagegen die Unternehmenswerte. Es haftet aber grundsätzlich nicht für Verbindlichkeiten der Betriebsgesellschaft, außer für nicht abgeführte Steuern.

Steuerlich werden die Vorteile des Einzelunternehmens oder der Personengesellschaft mit denen der Kapitalgesellschaft kombiniert. So sind beispielsweise unmittelbare Verlustzuweisungen auf die Gesellschafter möglich.

---

[26] Vgl. nexxt, Initiative Unternehmensnachfolge

Bei einer Übertragung muss der Nachfolger gleichmäßig sowohl an dem Besitz- als auch an der Betriebsgesellschaft beteiligt werden, um die Konstruktion der Betriebsaufspaltung beizubehalten.

In jedem Fall muss bei einer Betriebsaufspaltung ein steuerlicher Fachberater hinzugezogen werden.

5.2.9 Versorgungsleistungen für Familienmitglieder bei der Unternehmensübertragung

Das Finanzamt betrachtet wiederkehrende Leistungen im Rahmen der Familiennachfolge in den meisten Fällen als private Versorgungsleistungen. In diesem Fall entsteht für den Übertragenden bzw. Empfänger der Versorgungsleistungen kein steuerpflichtiger Veräußerungsgewinn. Spiegelbildlich dazu hat der Nachfolger auch keine Anschaffungskosten. Er führt einfach die bisherigen Buchwerte der Wirtschaftsgüter fort. Verschiedene Senate des obersten Finanzgerichts haben in jüngerer Zeit jedoch Bedenken gegen diese Voraussetzungen geäußert, weshalb in nächster Zeit mit einer gemeinsamen Abstimmung in dieser Frage zu rechnen ist. Beratung zur aktuellen Lage sollte hier in jedem Fall eingeholt werden.

Voraussetzung für die Anerkennung von Versorgungsleistungen ist unter anderem, dass keine gleichwertige Gegenleistung in Rentenform vereinbart wird, sonst handelt es sich steuerlich um ein „normales" Veräußerungsgeschäft. Um eine unentgeltliche Übertragung gegen private Versorgungsleistung handelt es sich nur, wenn das übertragene Vermögen zumindest teilweise aus Betrieben, Mitunternehmeranteilen oder Anteilen an Kapitalgesellschaften stammt und die Versorgung des Übergebers aus dem übernommenen Vermögen auf Lebenszeit sichergestellt ist.

Bei der Übertragung gegen Versorgungsleistungen wird in puncto Erbschaftsteuer und Schenkungsteuer in der Versorgungsleistung eine Gegenleistung gesehen, so dass in der Regel eine sogenannte gemischte Schenkung vorliegt. Die Zuwendung besteht aus einem entgeltlichen Teil, der nicht der Schenkungsteuer unterliegt, und einem unentgeltlichen Teil, der schenkungsteuerpflichtig ist. Die Höhe der Schenkungsteuer orientiert sich an dem Verhältnis des Wertes der Versorgungsleistung zum Wert der Schenkung.

Hinsichtlich der steuerlichen Behandlung der wiederkehrenden Bezüge wird grundsätzlich zwischen einer Versorgungsrente und einer dauernden Last unterschieden:

- *Versorgungsrente*
  Bei der Rentenzahlung unterscheidet man zwischen Leib- und Zeitrenten. Die Leibrente erlischt mit dem Tod des Nutznießers. Es kann aber auch vereinbart werden, dass sie an einen Erben übergeht oder aber die Zahlung der Restsumme fällig wird. Renten werden in gleichen Abständen und in gleicher Höhe an den ehemaligen Inhaber gezahlt.

- *Dauernde Last*
  Darunter ist eine wiederkehrende Zahlung über einen Mindestzeitraum von zehn Jahren zu verstehen. Die Zahlungen erfolgen regelmäßig, aber nicht in gleicher Höhe, sondern in der Regel orientiert an der wirtschaftlichen Situation des Unternehmens und des Nachfolgers; sie sind von diesem gestaltbar. Während sich die Zahlung der dauernden Last beim Nachfolger als Sonderausgabe steuermindernd auswirkt, muss der Betriebsübergeber die Leistungen in vollem Umfang versteuern.

  Soweit die Vertragsparteien die Änderung ausdrücklich ausgeschlossen haben, handelt es sich um eine Versorgungsrente. Diese ist dann beim Empfänger lediglich mit dem Ertragsanteil steuerpflichtig, und der Verpflichtete hat nur in dieser Höhe einen Sonderausgabenabzug. Sonderausgaben sind in der Regel privat veranlasste Ausgaben, die nicht Betriebsausgaben oder Werbungskosten sind. Der Gesetzgeber lässt den Abzug bestimmter Sonderausgaben bei der Ermittlung des zu versteuernden Einkommens zu, zum Beispiel Kirchensteuer, Vorsorgeaufwendungen, Steuerberatungskosten, Spenden usw.[27]

5.3 Finanzierung

Mit einem in sich schlüssigen Finanzierungskonzept legen Sie einen wesentlichen Grundstein für den erfolgreichen Aufbau Ihres Unternehmens. Die finanzielle Absicherung Ihrer Pläne bleibt auch in Zukunft eine entscheidende unternehmerische Aufgabe. Die Zahlungsfähigkeit Ihres Unternehmens sichern Sie dauerhaft, wenn Sie einfache Finanzierungsgrundsätze einhalten. Dies ist besonders wichtig, denn fehlende Liquidität hat schon manchen Unternehmer scheitern lassen – trotz ausreichender Gewinne. Ob und zu welchen Konditionen Sie einen Betrieb übernehmen können, ist nicht zuletzt von Ihren finanziellen Möglichkeiten abhängig. Haben Sie eine ungefähre Vorstellung, wie viel Sie in eine Unternehmensübernahme investieren wollen?

Der durchschnittliche Investitionsbedarf bei Übernahmen liegt ca. 60 % höher als bei Neugründungen, so das Institut für Mittelstandsforschung Bonn. Sehr oft muss der Nachfolger noch erhebliche Investitionen tätigen, um das Unternehmen auf den neuesten technischen Stand zu bringen. Vielfach stellt sich schon nach kurzer Zeit heraus, dass die Betriebseinrichtung veraltet ist und viele Produkte kaum noch konkurrenzfähig sind.

---

[27] Vgl. nexxt, Initiative Unternehmensnachfolge

Das Familienunternehmen ist dringend auf Kapital angewiesen. Die Selbstfinanzierungskraft reicht nur selten aus, um seinen Bestand zu sichern, und erst recht nicht, um zukunftsfähige Strategien im Unternehmen zu etablieren. „Dabei ist der Mittelbedarf im Familienunternehmen strukturell höher als bei den großen Konzernen. Denn die im Familieunternehmen bei jedem Generationswechsel fällige Erbschaftsteuer, die zur Sicherung des Lebensunterhalts der Familienmitglieder auch in gewinnlosen Zeiten bestehenden Entnahmebedürfnisse sowie Abfindungszahlungen an ausscheidende Gesellschafter sind Belastungen, die der börsennotierte Konzern so nicht kennt. Damit ist die Liquiditätssicherung eine der wichtigsten Existenzfragen des Familienunternehmens schlechthin."[28]

Wie die Finanzierung konkret strukturiert wird, hängt von individuellen Faktoren ab. Zu berücksichtigen ist z. B.:

- inwieweit das erwerbende Management oder der Käufer Eigenkapital zur Verfügung stellen kann;
- in welchem Umfang das Vermögen des Unternehmens zur Absicherung von Fremdmitteln herangezogen werden kann;
- ob unterschiedliche Interessen der einzelnen Kapitalgeber ausbalanciert werden müssen, z. B. weil das Management sein Engagement langfristig sieht, während institutionelle Eigenkapitalgeber nur ein zeitlich beschränktes Investment suchen;
- welche Prioritäten bei der Tilgung zu setzen sind. Das Management bzw. der Käufer will verständlicherweise wegen der hohen Zinsbelastung zuerst die nachrangige Finanzierung ablösen, jedoch sind auch die klassischen Fremdkapitalgeber an einer Ablösung ihrer Darlehenssumme interessiert.

Es kommt also darauf an, fallbezogen ein maßgeschneidertes Finanzierungskonzept zu entwickeln.

Folgende Kapitalquellen können zur Finanzierung der Übernahme des Unternehmens herangezogen werden:

- **Eigenkapital des Managements/Käufers**

Vorhandene Mittel wie auch persönliche Kredite zur Finanzierung des Kaufpreises

In vielen Fällen macht das Eigenkapital des Managements/ Käufers nur 5 bis 20 % des gesamten Kaufpreises aus. Soweit Finanzinvestoren als weitere Eigenkapitalgeber auftreten, streben diese ein möglichst umfassendes eigenes finanzielles Engagement des Managements an, da dies als größter Anreiz für die erfolgreiche Fortführung des Unternehmens angesehen wird.

---

[28] Hennekes, 2004, S. 354

Beteiligung von Finanzpartnern als weitere Eigenkapitalgeber
Eigenkapital von Investoren oder Kapitalbeteiligungsgesellschaften
Hierdurch erwerben diese oft die kapitalmäßige Mehrheit, was aber nicht zwangsläufig dazu führen muss, dass diese auch die Stimmenmehrheit im erworbenen Unternehmen haben. Bei ausreichendem Eigenkapitaleinsatz des Managements werden häufig Vereinbarungen geschlossen, die dem Management im Verhältnis zu seiner Beteiligungsquote überproportionale Gesellschafterrechte einräumen. Damit soll die Motivation des Managements gefördert werden, mehr unternehmerische Verantwortung zu übernehmen.

- *Öffentliche Förderprogramme*
  Z. B. Eigenkapitalersetzende Darlehen (EKH, ERP-Existenzgründungsprogramm) verbreitern die Eigenkapitalbasis. (Siehe dazu Abschnitt Förderprogramme.)

    - Verkäuferdarlehen
      Es kann als gesichertes wie als ungesichertes Darlehen gewährt werden, ggf. auch als Beteiligung des Verkäufers in die erwerbende Gesellschaft eingebracht werden.

      Bei ungesicherten Darlehen wird neben einer Mindestverzinsung häufig ein bestimmter Anteil an den während der Laufzeit erzielten Gewinnen des Unternehmens vereinbart.

- *Klassische Fremdfinanzierung*
  Fremdfinanzierung (unter Einbeziehung öffentlicher Fördermittel) auf der Basis des Gesellschaftsvermögens und des zu erwartenden Cashflows.

  Das Darlehen wird gegen Einräumung von Sicherheiten, bei entsprechender Ertragskraft ggf. auch teilweise ohne Sicherheit gewährt. Ungesicherte Darlehen werden allerdings nur möglich sein, wenn die übrigen Mittel entweder Eigenkapital oder aber nachrangige Fremdmittel (z. B. stille Beteiligungen, nachrangige Darlehen) sind. Diese Kredite sind dann zu bedienen, bevor die nachrangigen Finanzmittel getilgt werden.

- *Nachrangiges Fremdkapital*
  Dies können z. B. partialische – d. h. am Gewinn orientierte – oder festverzinsliche Darlehen institutioneller Investoren sein.

  Die Zinsbelastung liegt wegen der Nachrangigkeit deutlich höher als bei der reinen Fremdfinanzierung. Diese Mittel werden normalerweise relativ kurzfristig gewährt und nicht zuletzt wegen ihrer hohen Kosten – abgestimmt auf die Vereinbarungen mit den übrigen Fremdkapitalgebern schnellstmöglich aus dem erwirtschafteten Cashflow getilgt.

  Alternativ ist auch eine stille Beteiligung eines Finanzinvestors möglich, bei der dieser einen Anteil am Gewinn des Unternehmens erhält.

5.3.1 Finanzierungsplan

Ausgehend von Ihrem Finanzbedarf für die Übernahme des Unternehmens müssen Sie einen Finanzierungsplan erstellen. Dieser muss sämtliche Eigen- und Fremdkapitalmittel enthalten.

I. Langfristiges Kapital	EUR
1. Eigene Mittel	
Eigenkapitalhilfe	
2. Fremde Mittel	
Darlehen aus Förderprogrammen	
ERP-Darlehen	
KfW-Darlehen	
Sonstige langfristige Fremdmittel	
Summe langfristiger Fremdmittel	
Langfristiges Kapital insgesamt	
II. Kurzfristiges Kapital	
Lieferanten-Kredite	
Sonstige Kredite	
Kurzfristiges Kapital insgesamt	
Eigen- und Fremdkapital insgesamt	

Tabelle 4: Aufstellung eines Finanzierungsplans

Aus einem vollständigen Finanzplan können Sie ersehen, ob Sie den Betrieb zu den geforderten Konditionen überhaupt übernehmen können und welche der verschiedenen Übernahmemodalitäten für Sie am besten geeignet ist. Für die Erstellung eines Finanzplanes müssen Sie zunächst ermitteln, welchen Kapitalbedarf Sie kurz-, mittel- und langfristig erwarten.

Die Differenz zwischen Kapitalbedarf und Eigenkapital zeigt Ihnen den Betrag, den Sie durch Fremdfinanzierung absichern müssen. In vielen Fällen bildet die Finanzierung den zentralen Aspekt der Unternehmensnachfolge. Nutzen Sie an dieser Stelle ebenfalls die Beratung Ihrer Hausbank, der KfW-Mittelstandsbank, der KfW-Bankengruppe, Ihres Unternehmensberaters usw.

5.3.2 Fördermittel

Neben den Bankkrediten können Sie zur Finanzierung, wie oben erwähnt, auch öffentliche Fördermittel in Anspruch nehmen. Über die vielfältigen Fördermöglichkeiten – speziell für Existenzgründer – sollten Sie sich informieren. Bund und Länder bieten diese Finanzierungsprogramme zu günstigen Konditionen an. Dabei ist es unerheblich, ob Sie ein bestehendes Unternehmen übernehmen, sich daran beteiligen oder ein neues gründen. In den neuen Bundesländern gibt es zusätzliche Fördermöglichkeiten bzw. günstigere Zinssätze. Alle diese Fördermittel müssen Sie allerdings rechtzeitig über Ihre Hausbank beantragen. Sie müssen vor Beginn der Unternehmensübernahme beantragt sein, rückwirkend werden keine Fördermittel bewilligt.

„Öffentliche Fördermittel werden für mittelständische Unternehmen immer wichtiger. Gerade in Zeiten restriktiver Kreditvergaben durch die Banken sind sie häufig eine willkommene und notwendige Hilfe zur Investitionsfinanzierung. Fast jedes dritte Unternehmen hat mittlerweile derartige Mittel beantragt, eine Zunahme um drei Prozentpunkte gegenüber 2001."[29] Am häufigsten werden Fördermittel auf Länderebene beantragt und gewährt.

Hier einige wesentliche Fördermittel, auf die man nicht verzichten sollte, wobei die aktuellen Konditionen ständig im Internet unter http://www.bmwa.bund.de bzw. bei den Banken erfragt werden können.

---

[29] Mind, Mittelstand in Deutschland, Köln, 2004, S. 58

Programm	Antragsberechtigte	Verwendungszweck
ERP-Eigenkapitalhilfeprogramm	Existenzgründer im Bereich der gewerblichen Wirtschaft und Angehörige freier Berufe	Darlehen mit Eigenkapitalfunktion, Gründung, Erwerb und Fertigung von Betrieben, Übernahme tätiger Beteiligungen, Beschaffung des ersten Warenlagers und dessen Aufstockung, Markterschließungskosten
ERP-Existenzgründungsprogramm	Existenzgründer im Bereich der gewerblichen Wirtschaft und Angehörige freier Berufe (ohne Heilberufe)	Gründung, Erwerb und Fertigung von Betrieben, Übernahme tätiger Beteiligungen, Beschaffung des ersten Warenlagers und dessen Aufstockung
KfW-Existenzgründungsprogramm	Existenzgründer (natürliche Personen), kleine und mittlere Unternehmen und Angehörige freier Berufe	Investitionen, Warenlager, Schulung/Beratung, Arbeitsplätze, Betriebsmittel
KfW Startgeld	Existenzgründer (natürliche Personen) des gewerblichen Bereiches, die über erforderliche fachliche Qualifikationen verfügen	Investitionen, Betriebsmittel
Gründungs- und Wachstumsfinanzierung	Gewerbliche als auch freiberufliche Gründer und Unternehmer, ins. Frauen, erwerbswirtschaftliche Beschäftigungsinitiativen sowie soziale Wirtschaftsbetriebe	Investitionen, Grundstücke, Gebäude, Maschinen, neuartige Produkte, Dienstleistungen, Verfahren, Betriebsmittel etc.
KfW-Mittelstandsprogramm	Mittelständische Unternehmen der gewerblichen Wirtschaft und freiberuflich Tätige	Investitionen innerhalb Deutschlands, die einer langfristigen Mittelbereitstellung bedürfen

Tabelle 5: *Förderprogramme im Überblick (Stand 2005)*

Bei fehlenden Sicherheiten können Bürgschaften in Anspruch genommen werden. In jedem Bundesland gibt es Bürgschaftsbanken, die Bürgschaften für einen Kredit übernehmen. Die Bürgschaften decken bis zu 80 % des Ausfalls. Auch hier muss der Antrag über die Hausbank bei der Bürgschaftsbank des Landes gestellt werden.

Auch Unternehmensberatungen für kleine und mittlere Unternehmen werden für den Fall der Unternehmensnachfolge gefördert. Es soll auf diesem Wege zu mehr Existenzgründungen kommen und die Leistungs- und Wettbewerbsfähigkeit gewerblicher Unternehmen sollen verbessert werden.

5.3.3 Bankgespräch

Auf das Gespräch mit der Bank muss sich jeder Unternehmer vorbereiten. Denn von diesem Gespräch hängt oftmals die Kreditvergabe ab. Deshalb muss sich der Nachfolger überlegen, wie er das finanzierende Institut von seinen Qualitäten als Unternehmer oder Unternehmerin überzeugt. Fachliche Ausbildung und Zeugnisse sind dabei nicht die einzigen Argumente. Es gilt, überzeugend darzulegen, was ihn oder sie darüber hinaus besonders zur erfolgreichen Leitung eines Unternehmens qualifiziert. Berufserfahrung im elterlichen Unternehmen stellt natürlich einen Pluspunkt dar.

Eine kaufmännische Qualifikation ist ein absolutes Muss, um ein größeres Unternehmen effizient zu steuern. Sie müssen eine klare Vorstellung von der strategischen Ausrichtung des Unternehmens, seinen Absatzmärkten, dem Konkurrenzumfeld und der Marktpositionierung samt Stärken und Schwächen haben. Von einem Unternehmer oder einer Unternehmerin wird erwartet, dass der Geschäftsplan glaubhaft und verständlich präsentiert wird, ebenso wie die relevanten Instrumente und den Zeithorizont, die den Zielvorstellungen zugrunde liegen.

Last but not least gehört zu dem Gespräch mit dem Kreditinstitut auch eine Aufstellung des privaten Vermögens. Je größer der Eigenbeitrag bei der Übernahmefinanzierung, desto überzeugender beweist der Unternehmer, dass er an seine Fähigkeiten und an das Unternehmen glaubt. Das finanzierende Institut erwartet diese Eigenbeteiligung. Außerdem wirkt sich eine gute Eigenkapitalausstattung positiv auf die Bonitätsbeurteilung aus.

6. Spannungsfeld Familie und Unternehmen

Das Spannungsfeld zwischen Unternehmerfamilie und Familienunternehmen ist ein häufig von äußeren und inneren Faktoren bestimmtes und von vielfältigen Wechselwirkungen geprägtes Beziehungsgeflecht. Die äußeren Faktoren und Bedingungen sind die Gesamtheit der gesellschaftlichen und wirtschaftlichen Verhältnisse, in denen das jeweilige Unternehmen existiert und agiert, wie die Politik, insbesondere die Wirtschafts- und Arbeitsmarktpolitik, das Geflecht der nationalen und internationalen Wirtschaftsbeziehungen, die Marktsituation, aber auch die Gesamtheit der sozialen Verhältnisse, Moral- und Wertvorstellungen sowie die landesspezifischen Besonderheiten und Traditionen.

Hier sollen vor allem die inneren Faktoren dieses Spannungsverhältnisses näher betrachtet werden.

6.1 Der Familienunternehmer

Das Verhältnis der Familie zum Unternehmen und umgekehrt wird zunächst und zuerst geprägt und vermittelt durch den Unternehmer. Von seinen Eigenschaften, Fähigkeiten, Bedürfnissen, Interessen, Wertvorstellungen und Gefühlen hängt ab, wie die Familie auf das Unternehmen wirkt und umgekehrt. Führungsstärke, Mitarbeitermotivation, Fleiß, grenzenloser körperlicher und geistiger Einsatz für das Unternehmen, Risikobereitschaft, Kreativität und Mut, Verantwortungsbewusstsein, Selbstbewusstsein und Selbstvertrauen sind Merkmale gestandener Unternehmerpersönlichkeiten, wie Heinz Nixdorf, Gustav Schickedanz, August Oetker u. a. Das sind aber auch jene Messlatten, die der Unternehmer an seine Familie, vor allem an seine Kinder und seine Mitarbeiter, anlegt. Der Unternehmer projiziert und fokussiert die Erfolge, Probleme und Schwierigkeiten seiner Firma in die Familie bzw. diejenigen der Familie auf das Unternehmen. Diese entscheidende Rolle des Unternehmers bezieht sich auf alle Entwicklungsetappen eines Familienunternehmens, wie etwa Existenzgründung, wirtschaftlicher Aufstieg, Ausbau und Stärkung errungener Marktpositionen, Strukturveränderungen des Unternehmens und auch ganz besonders auf einen objektiv bevorstehenden Generationswechsel. Auch hier hat der Unternehmer die zentrale Position und bestimmt entscheidend, wie sich dieser Prozess zwischen Familie und Unternehmen gestaltet. Die Werte des Unternehmers, seine Lebensvorstellungen, Gefühle, Bedürfnisse und Interessen sind der Fokus, durch den alle Entscheidungen, Handlungen, Unterlassungen – kurz alle Aktivitäten dieses Wechsels – gebrochen und gerichtet werden.

Sind die Werte, die Bedürfnisse und Interessen dieser Persönlichkeit überholt, war er nicht fähig, den Wandel der Werte und Bedürfnisse in der Gesamtgesellschaft, in der Wirtschaft und im internationalen Wirtschaftsleben mitzutragen, nachzuvollziehen und zu verinnerlichen, dann haben wir es hier mit einer ersten Quelle von Konflikten im Spannungsverhältnis von Familie und Unternehmen zu tun. Solche Probleme führen in der Regel schon vor einem anstehenden Führungswechsel zu Spannungen innerhalb der Familie bezüglich der Unternehmensführung, aber auch zu Konfliktsituationen im Unternehmen selbst. Damit aber wird das Beziehungsgeflecht zwischen der Familie und dem Unternehmen angespannt, belastet, ja oft konfliktartig verschärft. Es kommt zu einer Kollision der Werte und Ansprüche der Familienmitglieder, der potenziellen Nachfolger des Unternehmers einerseits mit denen des Unternehmens, der Angestellten und Führungskräfte andererseits.

Die Unternehmensnachfolge ist eine zentrale Herausforderung für den Unternehmer. Es geht um das mit viel Arbeit, Entbehrungen, hohem persönlichen Einsatz errungene Lebenswerk des Unternehmers. Die Tatsache, dass in Deutschland derzeit täglich 150 Familienunternehmen vom Führungswechsel betroffen sind, belegt die Brisanz des Problems. Die Statistik zeigt, dass von zehn Familienunternehmen nur drei den Übergang vom Unternehmensgründer zum Nachfolger aus der ersten Generation schaffen, in der zweiten Generation nur noch eines. Die übergroße Mehrheit der Familienunternehmen wird in Folge mangelhafter Übergabe- und Nachfolgeregelung verkauft, liquidiert, aufgeteilt usw. Im europäischen Maßstab gehen so jährlich 300 000 Arbeitsplätze nach unseren eigenen Hochrechnungen verloren.

Will der einzelne Unternehmer sein Lebenswerk erhalten und den anstehenden Generationswechsel in der Führung seines Unternehmens planmäßig, bewusst und möglichst konfliktfrei gestalten, dann muss er faktisch schon auf der Höhe seines Erfolges beginnen, den Wertewandel in der Gesellschaft, im Wirtschaftsleben so zu verinnerlichen, dass das Unternehmen davon Nutzen hat und die Familie gewinnt. In einem solchen gestalteten Prozess der Entwicklung eines Familienunternehmens reifen jene Personen, die potenzielle Nachfolger des Unternehmers sein könnten, heran und sind zum entsprechenden Zeitpunkt bereit zum Wechsel.

6.2 Familie – Rückgrat des Familienunternehmens

Auch die Familie spielt in dem hier betrachteten Spannungsverhältnis eine bedeutende Rolle. Sie ist das Rückgrat eines jeden Familienunternehmens, in der Regel fest in das Unternehmen eingebunden, häufig auch personell. Traditionell äußerte sich das z. B. in der Zusammenarbeit mehrerer Generationen einer Großfamilie im Unternehmen. Der Unternehmer, der Chef im Unternehmen und in der Familie, geht dabei häufig davon aus, dass die von ihm angestrebten Unternehmensziele und Methoden der Unternehmensführung auch von der Familie getragen werden. Aber unsere Vorstellungen vom Leben, vom Verhältnis zwischen Mann und Frau, vom Wirtschaften und Arbeiten, von Obrigkeit, Ordnung und Individualität haben sich in dramatischer Weise geändert. Es vollzieht sich ein Wertewandel, auch in der Familie. Der Wandel zeigt sich auch in der Individualisierung der Gesellschaft, der Zunahme von Singlehaushalten, und wird bestätigt durch Veränderungen in den gesellschaftspolitischen Zielsetzungen der Parteien und Gesetzgebungsverfahren.

Immer noch verbinden wir mit der Familie Begriffe wie Geborgenheit, Geliebtwerden, Verständnis, gegenseitige Hilfe und Zuflucht, Stolz auf die Wurzeln und andere Wertvorstellungen. Aber die traditionelle Rolle der Familie, insbesondere die der Großfamilie, als Hort und Hafen von Sicherheit und Geborgenheit verliert an Bedeutung. In jüngster Zeit bemühen sich politische Entscheidungsträger wieder um eine Stärkung der Familien, weil der Trend der Überalterung der Gesellschaft zu einem existenziellen Problem in Deutschland wird. Aber es wird kaum eine Rückkehr zu den Werten traditioneller Großfamilien geben.

Für den Unternehmer war früher und ist vielleicht auch heute noch die Familie der Platz, an dem er Kraft tanken kann. In den meist intakten Strukturen findet er Ruhe und Harmonie. Viele Werte wie Pflichtbewusstsein, Verantwortungsbereitschaft, Einsatzwille und Leistungsbereitschaft werden gelebt. Es sind stabilisierende Wertstrukturen, die auch im Umfeld ihre Wirkung nicht verfehlten. Unter dem Einfluss zunehmender Individualisierung gesellschaftlicher Entwicklungsprozesse werden diese Werte als Beengung und Unfreiheit erfahren. Der Einzelne sieht sich heute nicht in erster Linie als Teil der Familie und deren Tradition, sondern sucht seine Identität in der Individualität, in der Bestätigung der eigenen Persönlichkeit, in der Entfaltung der individuellen Potenziale. Dieser Wertewandel destabilisiert die Familie, verändert ihre Rolle und kann sich negativ auf das Familienunternehmen auswirken.

6.3 Werte- und Bedürfniswandel der Nachfolgegeneration

Die heutigen Veränderungen, die sich im Werte- und Bedürfniswandel innerhalb der Familie vollziehen, sollten nicht nur akzeptiert werden, sondern als Teil eines Evolutionsprozesses von Gesellschaft und Wirtschaft verstanden werden. Wie immer bei Veränderungen geschehen diese nicht nur evolutionär, sondern oft revolutionär, von den Jungen mit rabiater Gewalt vorangetrieben. Werte, die eine hohe gesellschaftliche Bedeutung haben, sollten allerdings nicht leichtfertig aufgegeben werden, weil sie gerade nicht in Mode sind. Es geht also darum, den Wertewandel in der Gesellschaft aktiv mitzutragen, mit zu gestalten und verantwortungsbewusst mit bisherigen Wertvorstellungen umzugehen. Wenn das gelingt, werden die Wertvorstellungen der jüngeren Familienmitglieder und potenziellen Nachfolger in geringerem Maße in Konflikt geraten mit denen der älteren Generation in der Familie. Die Sinnhaftigkeit des Unternehmertums und die heute akzeptierten Wertstrukturen gemeinsam von Jung und Alt in Einklang zu bringen, das kann dazu beitragen den Generationswechsel im Unternehmen als produktiven Neustart zu gestalten. Ein gelungenes Beispiel hierzu:

Praxisbeispiel:

Die *Conta-Clip Verbindungstechnik GmbH* wurde von *Hans Peter Klas* in den siebziger Jahren gegründet. Seine beiden Töchter studierten beide Fachrichtungen, die nicht gerade der Vorbereitung zum Eintritt in das Management eines Unternehmens dienten. *Bianca Klas,* die Jüngste, machte sich jedoch frühzeitig ernsthafte Gedanken, ob der Weg, den sie eingeschlagen hatte, der richtige war. Die Zukunftsbilder, die sie dabei entwickelte, beinhalteten aber nicht nur das elterliche Unternehmen, sondern berücksichtigen auch ihre besonderen Neigungen zu Design und Textilien. Nach dem Besuch der Junioren Akademie entschloss sie sich jedoch, probeweise in die Nachfolge einzutreten, und ging erst einmal zwei Jahre in ein Fremdunternehmen, um sich dort die ersten Sporen im Management zu verdienen. Nach diesen Erfahrungen und einer nochmaligen intensiven Auseinandersetzung mit ihrer Lebensplanung entschloss sie sich, endgültig in das elterliche Unternehmen einzutreten. Ihr Vater begleitet sie nun im Unternehmen, in dem sie bereits Führungsverantwortung bei der Produktentwicklung und Vermarktung neuer Produkte übernommen hat. Sie ist ein gutes Beispiel für jemanden, der sich kritisch mit seinen Möglichkeiten und den vorhandenen Gegebenheiten auseinandergesetzt und seine Entscheidung getroffen hat. Hans Peter Klas ist dankbar, dass er die Pläne und Angebote für einen Unternehmensverkauf in der Schublade lassen kann.

Aus der Sicht der Eltern ist die Ausbildung eine Investition in das Kind oder die Kinder. Ist dies nicht zugleich eine Investition in das Unternehmen, weil der Sohn z. B. Künstler wurde statt Ingenieur, dann ist der Konflikt offensichtlich.

Der Familienvater und Unternehmer selbst aber hatte in seiner Jugend nur eine eingeschränkte Wahlmöglichkeit. Für ihn gab es die Möglichkeit nicht, etwas anderes zu lernen, als der Vater erwartete. Gefühle wie Ärger, Wut über die Freiheit, die sich die Jugend zu nehmen erdreistet, sind nichts anderes als Trauer über die eigenen verpassten Möglichkeiten, aber sie können die Familiensituation und den Generationswechsel in starkem Maße beeinflussen.

Häufig wird die berufliche Entwicklung der Kinder beeinflusst von der durch erfolgreiches Wirtschaften erreichten gesellschaftlichen Stellung. Kreise, in denen die Familie heute verkehrt, prägen auch die Wertvorstellungen der Kinder. Hier entstehen oft erstrebenswerte Ideale, berufliche Perspektiven. Häufig wird ein aufkeimender Wunsch vom Ehepartner mehr oder weniger versteckt gefördert, auch wenn das nicht im Sinne des Unternehmers und damit des Familienoberhauptes ist. Nicht selten kommt hier eine Haltung zum Tragen, die aus den eigenen Entbehrungen und der Aufopferung der Eltern für das Unternehmen resultiert. Er oder sie soll es besser haben. Oft ist das eine von einseitigen Gefühlen und kurzzeitigen Motiven getragene Haltung. Ihre langfristigen Wirkungen werden häufig erst sichtbar, wenn die Frage der Nachfolge im Unternehmen auf der Tagesordnung steht. Der Unternehmer und seine Ehefrau sollten sich daher immer der Tatsache bewusst sein, dass das eigene Vorbild, der Umgang der Eltern miteinander, ihr Verhältnis zum Unternehmen, zu ihren Mitarbeitern, die Art und Weise, wie Probleme und Konflikte behandelt und einer Lösung zu- geführt werden, entscheidenden Einfluss auf die Persönlichkeitsentwicklung der Kinder haben.

6.4 Die richtige Strategie für Familie und Firma

Diese und andere Konfliktfelder sind auf lange Sicht zu bedenken, frühzeitig zu analysieren, um zu einer richtigen Strategie für die Familie und das Unternehmen zu kommen. Wenn die Entscheidung für den Erhalt und die Weiterführung eines erfolgreichen Familienunternehmens weitsichtig getroffen worden ist, dann muss in diesem Kontext auch die Nachfolgefrage geklärt werden, mit allen Konsequenzen, die sich daraus ergeben. Schließlich wird das Familienunternehmen positiv wie auch negativ durch die Wechselwirkung der Familie zum Unternehmen und umgekehrt beeinflusst. Der Zusammenhalt der Familie überträgt sich auf das Unternehmen. Die familiäre Stimmung verbessert oder verschlechtert das Klima im Unternehmen. Dazu gehört auch die sorgfältige Klärung der Vermögensverteilung, wenn mehrere Kinder zur Familie gehören. Gerechtigkeit in der Verteilung des Privat- und des Betriebsvermögens zu erreichen ist in der Regel unmöglich.

Fast immer entsteht eine Benachteiligung jener Kinder, denen z. B. nicht die Leitung des Unternehmens übertragen wurde, aus welchen Gründen auch immer. Im Interesse der Erhaltung und Entwicklung des Familienunternehmens ist es nicht aufzuteilen, sollten Kapital und Kräfte nicht zersplittert werden. Wie aber sollen die Geschwister eines nunmehrigen Juniorchefs finanziell abgefunden oder beteiligt werden? In der Regel ist der größte Teil des Vermögens der Familie im Unternehmen gebunden und privates frei verfügbares Vermögen nicht sehr hoch. Es gibt gleichwohl Beispiele dafür, wie es gelungen ist, durch sorgfältige und einfühlsame gemeinsame Entscheidungen Geschwister in die Führung eines Unternehmens einzubinden und damit zu beteiligen.

Praxisbeispiel:

> Im Jahre 1966 gründete *Hans Josef Kitz* das Unternehmen *Maschinen- und Apparatebau H. J. Kitz*. Bis heute wird das Unternehmen von seinem Gründer geführt, und die Produkte aus den Geschäftsfeldern Profiltechnik, Fördertechnik, Lineartechnik und Betriebseinrichtungen bewähren sich weltweit in Automatisierungsanlagen und Gesamtsystemen der Automobil-, Chemie-, Pharma- und Lebensmittelindustrie. Die Maschinenbau Kitz GmbH besteht als gewachsenes Unternehmen aus mittlerweile sechs Werken in unterschiedlichen Ländern im Jahre 2006 mit rund 170 Mitarbeitern im Stammwerk in Troisdorf bei Bonn.
>
> Die beiden Söhne, Stephan und Jürgen, bereiten sich in unterschiedlicher Weise auf die Nachfolge vor. *Stephan Kitz* hat nach seinen beruflichen Lehrjahren im Maschinenbau und einer Ausbildung zum Industriekaufmann die Verantwortung für den Einkauf/Materialwirtschaft im Unternehmen übernommen. Sein Bruder, *Jürgen Kitz*, war nach einem BWL-Studium und einem MBA-Studium in Großbritannien in einem Beratungsunternehmen tätig, das sich auf die Restrukturierung von Betrieben spezialisiert hat. Anfang 2004 trat Stephan, Ende 2004 Jürgen in die Geschäftsleitung des Unternehmens ein. Stephan leitet das Geschäftsfeld Anlagenbau, Jürgen das Geschäftsfeld Standardprodukte selbstständig. Die strategische Führung des Unternehmens und die Leitung der Zentralbereiche werden gemeinsam wahrgenommen.
>
> Die strategische Ausrichtung des Unternehmens wurde durch die beiden Junioren zusammen mit den Eltern diskutiert und festgelegt. Auch Vater Kitz hat klare Vorstellungen über seinen dritten Lebensabschnitt. Es wurde bereits ein technisches Designbüro ins Leben gerufen, das er nach seinem Ausscheiden aus der Geschäftsführung betreiben und von wo aus er natürlich die besten Ideen an die Kitz-Maschinenbau weitergeben wird. Seine Rolle im Beirat wird darüber hinaus noch von großer Wichtigkeit für das Unternehmen sein. Eine zentrale Rolle im gesamten Nachfolgeprozess nimmt Mutter Doris ein, die sich heute im Wesentlichen um die Finanzen kümmert. Sie betreibt das Konsens-Management zwischen den drei männlichen Partnern.

Es muss gelingen, mit all diesen Problemen in der Familie derartig umzugehen, dass die Familie im Gleichgewicht bleibt. Es gibt aber auch Beispiele dafür, wie solche Versuche gescheitert sind und das Familienunternehmen ruiniert wurde. Im Zweifel empfehle ich, sich für die eindeutige Führung und Verantwortung für das Unternehmen zu entscheiden – auch wenn einzelne Familienmitglieder sich dann benachteiligt fühlen.

6.5 Die Rolle des Unternehmens selbst

Eine einflussreiche Rolle im Spannungsverhältnis Familie und Unternehmen kommt dem Unternehmen selbst zu. Größe und Wirtschaftskraft, Marktposition und Ansehen, Tradition usw. bestimmen das Gewicht dieser Seite im Spannungsverhältnis in starkem Maße, aber nicht nur. Auch die Werte- und Bedürfnisstruktur der Mitarbeiter und der Führungskräfte spielen eine bedeutende Rolle. Solche Werte wie Opferbereitschaft gibt es weniger, eher solche Werte wie Sicherheit des Arbeitsplatzes, Karrierestreben, Geld verdienen, um gut zu leben, Stolz auf Kenntnisse und Erfahrungen, auf Erreichtes, darauf, Verantwortung zu tragen, mit Kollegen zusammen zu sein und etwas Sinnvolles zu tun und auch etwas Neues zu schaffen.

Es sind häufig Werte, die auch bewusst oder unbewusst vom Unternehmer geprägt wurden. Mit diesen Werten könnte auch ein Nachfolger das Unternehmen führen und neue Ziele anstreben. Zu viele Veränderungen erzeugen Widerstand und lösen Angst aus. Man hört: „Wir haben doch keine Probleme mit dem, was der Alte gemacht hat.", „... das war bisher immer so ...", „Warum können wir nicht bei dem bleiben, was bisher gut funktioniert hat?", „... das Neue ist uns unbekannt, das Alte bekannt und wir haben damit gute Erfahrungen gemacht." ...

Hier steht das Familienunternehmen besonders unter Druck. Viele große, eher schwerfällige Konzerne haben sich einen ständigen Prozess des Wandels verordnet und begegnen so den Herausforderungen für das Unternehmen. Im Mittelstand ist diese Prozesstechnik des Wandels nicht sehr verbreitet und sehr stark verbunden mit Emotionen, Glaubenssätzen und Überzeugungen.

6.5.1 Positive Wechselwirkungen

In den Wechselwirkungen zwischen Familie und Unternehmen spiegelt sich dieser Wertewandel wider.

In der Unternehmerfamilie wird das Zusammenleben natürlich von der Leistungskraft des Unternehmens, vom Erfolg und Gewinn bestimmt, aber auch und nicht zuletzt von immateriellen Faktoren wie Liebe, Fürsorge, Zuneigung, Wärme und Geborgenheit.

Im Unternehmen spielen wirtschaftliche Interessen zum physischen Überleben die entscheidende Rolle. Es geht um technische Produkte, Kosten, Lieferanten, Termine, Kunden, Abläufe und Funktionen. Es geht auch um Macht, Wettbewerb, aber auch um Werte und Bedürfnisse und um Beziehungen zwischen Mitarbeitern, Kunden, Management usw.

Praxisbeispiel:

> In den Unternehmen der Familie Opitz wird dies beispielhaft umgesetzt. Mit der Entwicklung und Produktion moderner Technik zum Roden und Verpflanzen setzte der Gründer der *Optimal-Vertrieb Opitz GmbH, Dieter Opitz,* vor über 30 Jahren einen Meilenstein im Garten- und Landschaftsbau. Die damals entwickelten Maschinen brachten enorme Arbeitserleichterung und sind aus dem Baumschul- und Landschaftsbausektor nicht mehr wegzudenken. Sauber durchtrennte Wurzeln, baumgerechte Ballenform, schonendes Arbeiten in Reihen und sicheres Transportieren, Optimal Ballenstechmaschinen ermöglichen einen reibungslosen und zeitsparenden Einsatz mit gutem Kosten-Nutzen-Verhältnis.
>
> Opitz ist einer der „Hidden-Champions" und sicher der Weltmarktführer in seinem Bereich. Die gesamte Familie ist im Unternehmen mit eingebunden. Alle drei Töchter bereiten sich intensiv auf die unternehmerische Nachfolge vor und tragen bereits Verantwortung in unternehmerischen Teilbereichen.

Im Familienunternehmen wird zwischen den Wertvorstellungen eine Brücke geschlagen. Die Familie nimmt bewusst oder unbewusst auf die Werte im Unternehmen Einfluss.

Die positive Wechselwirkung zwischen Familie und Unternehmen ist bei Mittelständlern geprägt durch die Verbundenheit zwischen Familie und Arbeitswelt. Es entsteht im Unternehmen ein menschliches Klima, das zu Kontinuität und Loyalität führt. Die Mitarbeiter fühlen sich zugehörig zur Betriebsfamilie. Es werden unbürokratische schnelle Entscheidungen getroffen, die eine rasche Reaktion auf notwendige Veränderungen ermöglichen. In den Außenbeziehungen zu Kunden und Lieferanten gibt es persönliche Ansprechpartner der Eigentümer-Familie. Die Firma – ihre Leistungen und Produkte – werden mit der Person des Unternehmens, mit der Familie verbunden. Dies erhöht das Image des Unternehmens.

Familienunternehmen sind meist nach außen abgeschlossen. Es dringt nicht so viel an die Öffentlichkeit, Betriebsgeheimnisse (Herstellungsverfahren usw.) bleiben besser gewahrt.

6.5.2 Negative Wechselwirkungen

Natürlich gibt es auch negative Wechselwirkungen zwischen Familie und Unternehmen. So können Misstrauen, Klatsch, Streit usw. von der Familie auf das Unternehmen übertragen werden. Eine Einteilung der Manager in verschiedene Lager führt zur Spaltung der Unternehmensführung. Der Unternehmer findet in der Familie keine Bestätigung, er sucht sie im Unternehmen und fördert damit die „Ja-Sager".

Besondere Beeinflussungen erfährt das Spannungsverhältnis von Familie und Unternehmen, wenn mehrere Familienmitglieder im Unternehmen arbeiten. Hier liegt eine große Chance, bei einem anstehenden Wechsel in der Leitung des Unternehmens eine gangbare Lösung zu finden. Aber hier liegt auch ein Feld von Spannungen und Konflikten in der Familie und im Unternehmen. Wenn sich z. B. die Familienangehörigen nicht mehr verstehen, wird das Verhältnis belastet, die Zusammenarbeit und das Zusammenleben werden gestört, unerträglich gemacht. Verschärft wird das häufig dadurch, dass man sich gezwungen sieht, aufgrund wirtschaftlicher Zwänge im Unternehmen zu bleiben. Diese Konflikte und noch mehr können zu einem Familienkrieg führen, der offen oder verdeckt ausgetragen wird. Viele Familienmitglieder fühlen sich unter einem Familienzwang, in ihrer Individualität, in ihrer persönlichen Entwicklung eingeschränkt. Sie verlegen dann ihre Aktivitäten außerhalb der Firma in Verbände und Kammern und holen sich dort die Anerkennung und ihren persönlichen Erfolg. Dies hat aber kaum eine Wirkung auf den Fortschritt der Firma.

6.5.3 Chancen

Hier liegen Chancen und Risiken nah beieinander. Durch die persönliche Nähe zum Privaten sind die Chancen groß, die Konfliktsituation zu lösen, die Fronten nicht verhärten zu lassen und Kompromisse zu finden. Im Familienunternehmen ist man durch diese Organisationsform gezwungen, zusammenzuarbeiten. Deshalb gilt es, auch in Konfliktsituationen in Kontakt zu bleiben und immer wieder aufeinander zuzugehen. Es stellt sich dabei immer wieder die Frage, wie kann ich mit einem Familienmitglied als Partner im Unternehmen zusammenarbeiten? Hier muss sich jeder Unternehmer einer eigenen kritischen Analyse unterziehen. Welche eigenen Stärken und Schwächen habe ich und welche hat der Partner? Gibt es Überschneidungen oder Ergänzungen, gibt es die gleichen Interessen, Werte, Vorlieben usw.? Die Suche nach Gemeinsamkeiten und Ergänzungen kann dazu führen, den Versuch zu starten, zusammenzuarbeiten. Wenn dies nicht der Fall ist, ist es besser, darauf zu verzichten.

6.6 Psychologie und Kommunikation in der Nachfolge

Alle bisherigen Überlegungen zum Spannungsverhältnis zwischen Familie und Unternehmen zeigen, dass dieses komplizierte Beziehungsgeflecht in hohem Maße von subjektiven Momenten beeinflusst wird, das aber steuerbar ist. Die Psychologie und die Kommunikation bieten hier oft Lösungsmöglichkeiten an.

6.6.1 Psychologie in der Nachfolge

Psychologen und die Psychologie finden im Familienunternehmen meist nur in Nischen ihren Platz, meist noch bei der Erarbeitung von Werkzeugen und Methoden, um Menschen beurteilen und bewerten zu können. Wissenschaftlich begründete Einschätzungen und Urteile sind dabei erforderlich, um in der Auseinandersetzung mit der Gegenseite, z. B. dem Betriebsrat, Bestand zu haben. In den meisten Personalabteilungen haben Fachleute mit Kenntnissen der Psychologie einen wichtigen Platz, und psychologische Erkenntnisse im Wirtschaftsleben gewinnen immer mehr an Bedeutung. Unternehmenskultur und Unternehmensklima sind oft gebrauchte Begriffe. Fragt man, was damit gemeint ist, erhält man häufig schwammige, nicht fassbare Erklärungen. Psychologische Erkenntnisse vom Bewusstsein und Unterbewusstsein sind uns geläufig. In die Betriebswirtschaftslehre haben diese Erkenntnisse jedoch nur unzureichend Eingang gefunden. Lehren kann man offensichtlich wesentlich leichter, was bewusst ist, Unbewusstes ist schlecht zu vermitteln. Durch die Einbeziehung des Unterbewussten würde die Betriebswirtschaft der Praxis im Unternehmen näher kommen, da dort, wie im Leben allgemein, vieles abläuft, was vom Unterbewusstsein gesteuert wird.

Mehr als 80 % unseres Verhaltens werden vom Unterbewusstsein gesteuert. Das heißt folgerichtig, auch in Unternehmen sind rund 80 % der Abläufe und Vorgänge irrationaler Art. Glücklicherweise hält immer mehr interdisziplinäres Denken in den Unternehmen Einzug, meist erst danach an den Hochschulen. Wir wissen heute um die Macht informeller Strukturen in den Betrieben (im Mittelstand sind sie immer noch vorherrschend) und wir kennen die Wirkung intuitiver Entscheidungen.

Das mittelständische Familienunternehmen, glaubt man, wird durch die Einflüsse der Unternehmerpersönlichkeit und der Unternehmerfamilie sehr viel häufiger durch unbewusste, irrationale Einflüsse und Entscheidungen gesteuert oder besser gesagt bewegt, als es im Vergleich hierzu bei den Konzernen der Fall ist. In Familienunternehmen nimmt das irrationale, unterbewusste, emotionale unternehmerische Verhalten ungefiltert Einfluss auf den Betrieb.

Rationale Verstandesentscheidungen sind meist gut zu erklären und zu kommunizieren. Die Gefahr hierbei ist, dass das Gefühl zu kurz kommt. Das Ganze ist „kopflastig". (Wobei wir auch hier das Unbewusste nicht bewusst ausschalten können.) „Bauchweh-Entscheidungen" kommen zustande, wenn wir nicht berücksichtigen, was uns am Herzen oder im Magen liegt.

Intuitive Entscheidungen – aus dem Bauch heraus – können nur schlecht erläutert werden. Sie kommen oft direkt durch Handlungen, durch Verhalten zum Ausdruck. Unternehmerpersönlichkeiten geben ihrer Intuition, ihren Gefühlen einen größeren Stellenwert als Manager in Konzernunternehmen. Gefühle in Familienunternehmen nehmen aber nicht nur auf das Unternehmen, sondern auf die einzelnen Familienmitglieder und Mitarbeiter Einfluss. Das alles zeigt, dass mit Mitteln der Psychologie Prozesse im Spannungsverhältnis Familie – Unternehmen steuerbar gemacht werden können. Das betrifft auch die Nachfolgeregelung im Unternehmen.

6.6.2 Kommunikation in der Nachfolge

Ein weiterer wichtiger Faktor der Gestaltung dieses Prozesses ist die Kommunikation. Eine langfristige vertraglich geregelte Planung des Nachfolgeprozesses ist ohne Kommunikation in der Familie, im Unternehmen und in der Öffentlichkeit gegenüber Banken, Kunden, Lieferanten, in der Branche und in der Gesellschaft nicht erfolgreich zu realisieren.

Bei der Kommunikation zwischen Gesprächspartnern herrscht Vertrauen, ein Klima der Offenheit und gegenseitigen Wertschätzung, in dem produktiv und zielstrebig an Sachinhalten gearbeitet werden kann. Solch eine Kommunikation schließt auch die Möglichkeit ein, „Nein" sagen zu dürfen, ohne dass das Vertrauen verloren geht. Dieser Idealzustand wird geprägt durch Konflikte, die zu jeder Beziehung dazugehören.

An der Unternehmensübertragung sind immer mehrere Personen mit zum Teil unterschiedlichen Interessen beteiligt: der Nachfolger mit seiner Familie, der übergebende Unternehmer mit seiner Familie, die Mitarbeiter, Kunden, Lieferanten und Vertriebspartner sowie die Bankberater. Bei Interessenunterschieden ist es ganz normal, dass Konflikte auftreten können.

Die Kommunikation auf der Ebene der Familie ist der entscheidende Faktor. Natürlich wissen alle Beteiligten in der Familie, der Senior, die Ehefrau (Mutter), die Kinder, der vorgesehene Nachfolger und weitere Beteiligte in der Großfamilie, von der Wichtigkeit des offenen Informationsaustausches über das Unternehmen, dass die Familie miteinander (nicht übereinander) redet, dass ein Gedankenaustausch bereits im Vorfeld von Entscheidungen oder Ereignissen stattfinden muss.

Voraussetzung hierzu ist die eigene Auseinandersetzung. Oft ist dann als nächster Schritt die Diskussion mit dem vertrauten Partner in der Familie notwendig, bevor man in eine allgemeine Kommunikation in der Familie eintritt.

In weniger als der Hälfte der Fälle findet ein Generationswechsel aufgrund des Alters des Seniors statt. Streitigkeiten in der Familie, im Gesellschafterkreis, Ehescheidungen, Unfälle oder schwere Krankheiten sind oft Anlass für eine Veränderung in der Unternehmensführung. Dass diese Veränderungen nicht reibungslos laufen, sondern zu erheblichen Schwierigkeiten, Auseinandersetzungen führen, ist klar. Beispielgebend waren die Auseinandersetzungen in großen Familienunternehmen, die in den letzten Jahrzehnten zu Schlagzeilen führten und deren Auseinandersetzungen oft über mehrere Jahre dauerten, etwa bei Familien wie Birkel, Bahlsen und Krupps.

Aufgrund der engen Beziehungen ist eine frühzeitige und ständige Kommunikation in der Familie und im Gesellschafterkreis über die wichtigen Belange des Unternehmens eine der wichtigsten Voraussetzungen für einen guten Auseinandersetzungsprozess im Nachfolgefall.

6.6.3 Konflikte zwischen Juniorunternehmer und Eltern

Bei einer Nachfolge innerhalb des Familienunternehmens kann die Eltern-Kind-Beziehung nicht außer Acht gelassen werden. Hier steht zuerst die Frage, will der Sohn oder die Tochter aus eigenem Antrieb die Nachfolge antreten oder wurden sie frühzeitig auf diese Rolle festgelegt, ohne eine Möglichkeit zu haben, der Entscheidung der Eltern zu widersprechen? Kann sich der Juniorunternehmer gegen die Eltern und deren Autorität durchsetzen? Wie stehen die Eltern zu den unternehmerischen Entscheidungen ihres Juniorunternehmers? All diese Fragen müssen im Vorfeld durch entsprechende Kommunikation geklärt werden, sonst treten sie zu unpassender Zeit im Unternehmen auf.

Auch kann nicht immer vom Idealfall ausgegangen werden, dass die Kommunikation reibungslos verläuft.

Meist brodelt es dabei unter der Oberfläche, bis die Situation dann schließlich eskaliert und keine Kommunikation mehr möglich ist. Hier sollten alle Beteiligten in ihrem eigenen Interesse, aber vor allem auch im Interesse des Unternehmens und der Arbeitsplätze vorbeugen und erkennen, dass:

- „Kommunikation kein Selbstläufer ist, sondern aktiv gestaltet wird – von allen Beteiligten,
- Ignorieren oder „Schönreden" nicht weiterhelfen,
- jeder Konflikt eine Herausforderung ist, die gemeistert werden kann,
- die Bereitschaft, seinen eigenen Anteil am Konflikt zu sehen und daran zu arbeiten, Voraussetzung für eine Lösung ist,
- externe Unterstützung zur Verfügung steht und einbezogen werden sollte, und zwar lieber zu früh als zu spät."[30]

Gerade in der äußerst komplexen Nachfolgesituation kann nur eine „ganzheitliche" Betrachtungsweise unter Berücksichtigung der verfügbaren rationalen Informationen und Überlegungen einerseits und der Beachtung des „guten Gefühls", der Intuition, den Wünschen, Zielen und Motiven andererseits ein für alle Beteiligten gutes Ergebnis erzeugen.

---

[30] BMWA, Unternehmensnachfolge, 2004, S. 35

7. Der Nachfolger aus der Familie – Garant für Kontinuität und Erfolg

Die Unternehmensnachfolge innerhalb der Familie ist immer noch die wichtigste und trotz aller Probleme auch noch die häufigste Form bei der Fortführung – und der Garant für die Kontinuität von Familienunternehmen.

Dieses Kapitel widme ich Ihnen als Junior, der seinem Vater oder seiner Mutter, manchmal auch seinem Onkel, in der Unternehmensführung nachfolgen soll.

Für Sie stellen sich wichtige Fragen. Sie werden vor wirklich bedeutsame Entscheidungen gestellt, die nicht nur für den zukünftigen Erfolg, sondern auch für Ihr Lebensglück entscheidend sein werden. Ich möchte Sie dabei begleiten, Ihnen Anregungen geben, die richtigen Fragen an sich und andere zu stellen. Es geht in erster Linie um Ihr Leben, in zweiter Linie um das Ihrer Familie und – ebenso wichtig, wenn Sie sich für die Nachfolge entschieden haben, um die Zukunft „Ihres" Familienunternehmens. Das bedeutet dann aber auch, dass Sie sich nicht nur fachlich, betriebs-wirtschaftlich, sondern auch „unternehmerisch" auf die Unternehmerrolle vorbereiten müssen. Es bedeutet für Sie die Entwicklung der unter-nehmerischen Persönlichkeit mit all den Kriterien, die Sie einem guten Unternehmer zuschreiben: Überzeugungsfähigkeit, Durchsetzungsfähigkeit, Beharrlichkeit, Zielorientierung, Leistungsorientierung, hohe Kommuni-kationsfähigkeit, vielleicht sogar Charisma, auf alle Fälle ein „Gespür" für das Geschäft und vieles andere mehr. Ein Gramm Persönlichkeit wiegt dabei mehr als drei Tonnen Fachwissen. Sie werden jetzt zu Recht fragen: Kann man das erlernen? Damit dies schneller und auch sicherer geht, ist eine kompetente Anleitung wichtig.

Aus diesem Grund erhalten Sie in diesem Kapitel einiges zu dem Thema Persönlichkeitsentwicklung, aber auch Hinweise zu den fachlichen Bereichen erhalten, die für Sie als zukünftiger Unternehmer wichtig sind.

7.1 Der Generationswechsel birgt Risiken

Die Zahlen sind erschreckend: Nur 30 Prozent der Familienunternehmen schaffen den Übergang vom Gründer zum Erben, in der vierten Generation existiert nur noch einer von 20 mittelständischen Betrieben. Die meisten Firmenchefs scheitern bei der Vorbereitung ihrer Nachfolge. Entweder ignorieren sie zu lange, dass auch sie einmal abtreten müssen, oder sie bereiten den designierten Nachfolger nur halbherzig auf seine künftigen Aufgaben vor. Gerade starke Unternehmer holen ihre Erben zwar früh in die Chefetage, dominieren sie dann aber derart, dass diese sich nicht vom Vorbild freischwimmen können. Dabei ist bekannt, dass jeder erfolgreiche Unternehmer gerade aus eigenen Erfahrungen und Fehlern lernt. Führungs- und Entscheidungskompetenz erwirbt ein Nachfolger nicht im Treibhausklima des vom eigenen Vater geprägten Familienbetriebs.

Zur Führung gehören die eigenen Fehler

Manche Senioren lassen nicht los, weil sie ihre Söhne und Töchter schützen wollen. Das ist zwar ein ehrenwertes Motiv, aber dennoch gefährlich. Ein Kind, das stets an der Hand geführt wird, wird nie lernen, allein zu laufen. Jeder Mensch hat das Recht, seine eigenen Fehler zu machen.

Starke Nachfolger lassen sich nicht bevormunden

Loslassen, gewähren lassen, das Recht auf eigene Fehler, dies alles beginnt schon bei der Erziehung. Natürlich wollen Väter und Mütter nur das Beste für ihre Kinder, wenn sie deren Lebensweg vorzeichnen: die richtige Schule, das richtige Studium, das richtige Praktikum, den exakten Zeitpunkt für den Eintritt ins Familienunternehmen und den Ablauf der internen Ausbildung, ja selbst die richtigen Freunde und den richtigen Lebenspartner. Starke Söhne bzw. Töchter müssen sich gegen eine solche Bevormundung auflehnen. Ich kenne zwar kein Patentrezept, wie man sich richtig gegen den Senior durchsetzt, aber dies ist der erste Prüfstein, an dem sich die Junioren messen lassen müssen. Ich habe bei vielen Unternehmern beobachtet, dass sie in ihren Kindern große Begeisterung für diesen Beruf geweckt haben. Sie haben ihrem Sprössling vorgelebt, wie faszinierend das Unternehmertum sein kann. Und wenn sich der Nachwuchs dann in der Firma engagiert, muss er diese Faszination selbst erleben. Spürt er sie nicht, will er kein Unternehmer sein. Dann muss der Senior den Sohn oder die Tochter den eigenen Weg gehen lassen. Das ist besser für den Nachwuchs und besser für den Betrieb.

Viele Firmenchefs müssen feststellen, dass sie den Generationswechsel im stillen Kämmerlein bis ins Detail durchplanen können, aber ihre Kinder können sie nicht per Dienstanweisung dazu verpflichten, als Nachfolger in den Familienbetrieb einzusteigen. Mittelständler gehen häufig davon aus, dass ihre Kinder, insbesondere die Söhne, die Nachfolge antreten. Die Welt bricht für sie zusammen, wenn der Junior dann auf den Job verzichtet mit der Begründung: Der Alte sei starrhalsig, lasse keine Veränderung zu und müsse jedermann bevormunden, statt neue Ideen zu verfolgen. Oder wenn der Junior ganz andere Ideale, Talente, Ideen hat, sein Leben zu gestalten.

Der Unternehmer muss sich also rechtzeitig die Frage stellen: Ist mein Sohn, ist meine Tochter geeignet für eine Nachfolge? Die Antwort darauf darf er sich nicht zu einfach machen. Sicher ist es zweckmäßig, diese Entscheidung nicht alleine zu treffen, sondern Vertraute aus seiner Umgebung, aus der Familie, aus dem Unternehmensumfeld und u. U. auch Experten in der Einschätzung und Beurteilung von Nachfolgern zu Rate zu ziehen. Die Entscheidung des Unternehmers ist allerdings der letzte Schritt in einer Entwicklung innerhalb der Familie, in der die Kinder auf eine mögliche Rolle im Unternehmen vorbereitet werden. Die Prägung der Kinder erfolgt wohl am intensivsten im Alter zwischen 10 und 15 Jahren. Wird hier ihr Interesse am Unternehmen, am Unternehmertum geweckt – und nicht durch schlechtes Vorbild eines Workaholics oder eines Despoten ins Gegenteil gewandelt –, sind die Chancen gut, dass Kinder sich für eine Nachfolge entscheiden.

Es entscheiden sich nicht nur Unternehmer und Eltern, es entscheiden sich vor allem die Kinder für oder gegen eine Nachfolge im Unternehmen. Wichtig ist hier, dass sich Kinder für *ihren* beruflichen Weg entscheiden – und dies ohne Druck der Eltern auf der Basis ihrer Interessen, ihrer Anlagen und Potenziale. Bevor Kinder diese Entscheidung treffen können, brauchen auch sie die Sicht auf Alternativen und auch den Rat von Experten, befreundeten Unternehmern u. a. Nachfolgend spreche ich deshalb Sie als Nachfolger an, wenn Voraussetzungen aufgezeigt werden sollen, welche ein Nachfolger mit bringen oder schaffen soll um seiner Rolle als zukünftiger Unternehmer gerecht zu werden.

7.2 Anforderungskriterien für den guten Nachfolger

„Habe ich die Voraussetzungen, um ein guter Nachfolger zu werden?" Diese Frage beschäftigte Sie sicher bereits von Anfang an.

Wenn Sie wissen, was Sie in Ihrem Leben erreichen wollen, welche Ziele Sie haben, dann ist die wichtigste unternehmerische Entscheidung gefallen. Sie wollen in die Nachfolge eintreten – oder gegebenenfalls nicht. Jetzt kommt es darauf an, dass Sie in eine Entwicklungsplanung eintreten, die Sie fachlich und persönlich auf die Aufgabe als Unternehmer vorbereitet. Zur Erinnerung: „Ein Gramm Persönlichkeit wiegt mehr als drei Tonnen Fachwissen!" Unternehmerisches Gespür, Einfühlungsvermögen, Überzeugungskraft und Beharrlichkeit sind Eigenschaften, die Ihnen nicht in der Hochschule vermittelt werden. Wichtiger waren hier Ihre Eltern, Ihre Freunde und Ihre Umgebung, die Sie geprägt haben. Trotzdem oder gerade deswegen können Sie auf dem Vorhandenen aufbauen und auch persönliche, charakterliche Fähigkeiten weiterentwickeln.

Die Frage nach dem guten Nachfolger ist die Frage nach dem guten Unternehmer. Wie Sie wissen, kommt es dabei auch wesentlich auf das authentische Verhalten, auf die Struktur Ihrer Persönlichkeit an.

Die folgenden Kriterien für den unternehmerischen und persönlichen Erfolg von Unternehmern wurden in über 20 Jahren in praxi und in wissenschaftlicher Arbeit entwickelt. Die Einzelkriterien teilen sich in vier Schwerpunktbereiche:

- Unternehmerisches Denken und Handeln. Dazu zählen Ziel- und Ergebnisorientierung, Einsatz/Initiative, Leistungsorientierung, Bereitschaft Verantwortung zu übernehmen, Belastbarkeit/Ausdauer, Entscheidungsverhalten und Arbeitsorganisation.

- Sozial- und Führungskompetenz. Hierunter verstehen wir Kommunikationsfähigkeit, Kooperations- und Konfliktfähigkeit, Durchsetzungs- und Überzeugungsfähigkeit, Führung und Sympathie.

- Denkstruktur und Qualifikation. Dies sind strategisches Denkvermögen, analytisch und kritisches Denken, Kreativität, Managementkenntnisse und Ausbildung.

- Wertorientierung.

Die Relevanz dieser Kriterien wurden über eine große Anzahl von Unternehmern, Nachfolgern und Managern über zwei Jahrzehnte untersucht. Daraus wurde ausgehend von Assessment-Centern für die Beurteilung des Managements internationaler Konzerne zusammen mit dem Institut für Arbeits- und Organisationspsychologie der Technischen Universität Berlin ein Potenzial- und Know-how-Detektor für mittelständische Unternehmer und Geschäftsführer entwickelt. Dieses spezifische Unternehmer-Assessment wurde mit über 1.500 Unternehmern und Führungskräften der ersten Ebene durchgeführt. Die wissenschaftliche Evaluation über fünf Jahre zeigte nicht nur eine hohe Übereinstimmung zwischen Beurteilung und unternehmerischem Erfolg, sondern wurde darüber hinaus von den Teilnehmern als ausgezeichnete Trainingseinheit bewertet. Vor diesem Hintergrund wurde von uns ein Potenzial-Analyse- und Trainings-Workshop für Nachfolger von Familienunternehmen entwickelt und erfolgreich in den letzten zehn Jahren eingesetzt.

Ziel eines derartigen Potenzial-Analyse- und Trainings-Workshop ist es, die Potenziale der Teilnehmer aus Familienunternehmen in fachlicher, sozialer und persönlicher Hinsicht einzuschätzen und den Weiterqualifizierungsbedarf zu ermitteln. Der Workshop bietet die einmalige Gelegenheit, sich selbst einzuschätzen, sich mit anderen in derselben Situation zu vergleichen, sich mit anderen Nachfolgern auszutauschen, zu erkennen, dass die eigenen Probleme auch die Probleme der anderen sind und u. U. anders gelöst werden. Neben diesen Resultaten wird als Ergebnis des Workshops ein Potenzialgutachten erstellt. Es zeigt einerseits Ihr Persönlichkeitsprofil und zeigt Ihnen neben Ihren Stärken den individuellen Weiterentwicklungsbedarf auf.

Der Nachfolger aus der Familie – Garant für Kontinuität und Erfolg

Das Persönlichkeitsprofil eines der Kandidaten wird beispielhaft nachfolgend aufgezeigt. Die einzelnen Beurteilungskriterien werden darin von „sehr gering ausgeprägt" bis „sehr stark ausgeprägt" in fünf Beurteilungsstufen bewertet, einerseits von Experten und Unternehmern, andererseits vom Kandidaten selbst. Wir wissen heute, dass es das „Idealprofil" eines Unternehmers nicht gibt, wenngleich wir wissen, dass es auf bestimmte Kriterien doch ankommt. Dazu gehören u. a. die „Ziel- und Ergebnisorientierung", „Einsatz und Initiative" und „Kommunikationsfähigkeit". Trotzdem erleben wir auch den erfolgreichen Unternehmer, der wissenschaftlich schlecht beurteilt, durch sein authentisches Verhalten in Übereinstimmung mit seiner Persönlichkeitsstruktur heraussticht und erfolgreich ist.

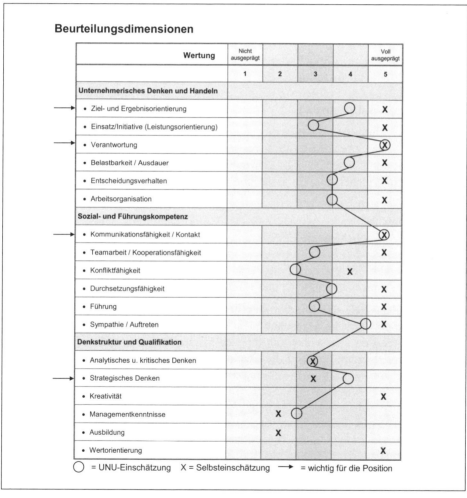

Abbildung 29: Anforderungskriterien und Beurteilungsdimensionen

Im Folgenden werden die einzelnen Beurteilungskriterien vorgestellt. Die gewonnenen Dimensionen und Kriterien sind verhaltensnah beschrieben. Durch die Definition der Verhaltensanforderungen können somit Leistungen zukünftiger Unternehmer und Führungskräfte verhältnismäßig exakt zugeordnet und gemessen werden. Darüber hinaus finden Sie Anregungen und Hinweise Ihre persönliche unternehmerische Entwicklung in der jeweiligen Dimension voranzutreiben um sich auf eine Nachfolge vorzubereiten.

7.2.1 Ziel- und Ergebnisorientierung

Das Schlüsselkriterium für die erfolgreiche Führungskraft stellt die Ziel- und Ergebnisorientierung dar. Sie zeigt sich sowohl über gesetzte Ziele im privaten und beruflichen Bereich als auch bei der Herangehensweise an konkrete Problemstellungen. Der Nachfolger/Unternehmer hat klare Ziele im privaten und beruflichen Bereich, berücksichtigt alle Anforderungen der jeweiligen Aufgabe, sucht zielgerichtete Lösungen bei konkreten Problemstellungen, ist am Ergebnis interessiert und verliert sein Ziel nicht aus den Augen.

Denis Waitley, Unternehmensberater und Trainer in den USA, fand im Rahmen einer Studie zum Thema Ziel- und Ergebnisorientierung von Führungskräften und Spitzenleuten aus der Wirtschaft, dass Menschen mit schriftlich formulierten Zielen und Strategien erfolgreicher sind als Menschen, die dies nicht tun.

Verlierer lassen sich lenken. Gewinner nehmen das Steuer selbst in die Hand. Sieger sind zielorientiert. Für sie ist das Ziel der Motor, der ihrem Leben Schwung und Auftrieb gibt. Alle bekannten Erfolgsstrategien betonen die Bedeutung der Zielsetzung. Sie machen den Stellenwert von Lebenszielen, Periodenzielen und Mehrjahreszielen deutlich. Sie erläutern, dass sowohl die Arbeit im engeren Sinne als auch das Leben als Ganzes harmonisch und erfolgreich zu gestalten sind.

Der Erfolgreiche hält sich an das, was ihn seinem Ziel näher bringt. Dabei ist es wichtig, dass erfolgreiche Menschen nicht nur die nächste Runde gewinnen wollen. Sie sehen bereits im Geiste den ganzen Weg bis zur Meisterschaft vor sich. Erfolgreiche Persönlichkeiten besitzen die Tendenz, herauszuragen mit ihren Leistungen, die ihnen tief im Innern von Bedeutung sind, und gleichzeitig nützlich zu sein, indem sie etwas tun, was auch für andere, für ihre Umwelt wichtig ist. Sie stellen aber stets ihre innere Überzeugung über den Wert ihrer eigenen Fähigkeiten. Begeisterungsfähigkeit für Aufgabenfelder, die ihnen liegen, Optimismus auch bei schwierigen Problemen und eine imponierende innere Einsatzbereitschaft, die eng verbunden ist mit einer sozialen Komponente und mit ethischem Empfinden, zeichnen den Erfolgsmenschen aus.

"Wenn du ein Schiff bauen willst, so trommle nicht die Leute zusammen, um Holz zu beschaffen, Werkzeuge vorzubereiten, Aufgaben zu vergeben und die Arbeit einzuteilen, sondern wecke in ihnen die Sehnsucht nach dem weiten, endlosen Meer."

(Antoine de Saint-Exupéry)

7.2.2 Die fünf strategischen Prinzipien der Zielsetzung

1. Erkenne deine Potenziale und baue auf deinen Stärken auf.
2. Suche die strategische Nische – dein Spezialgebiet.
3. Handle in Übereinstimmung mit deiner Persönlichkeit und Wertestruktur.
4. Handle im Gleichgewicht deiner Lebensbereiche.
5. Bestimme dein Lebensziel – Realisiere deine Vision.

Diese fünf Prinzipien sollen Sie während des Prozesses Ihrer Zielfindung und Lebensplanung als Nachfolger begleiten

Darüber hinaus gibt es mehrere wichtige Regeln, die mit effektivem Zielsetzen einhergehen:

- Ihre Ziele müssen sich in Harmonie miteinander befinden und nicht in Widerspruch zueinander stehen. Sie können nicht das Ziel haben, finanziell erfolgreich zu sein, und gleichzeitig das Ziel verfolgen, die Hälfte Ihres Tages auf dem Golfplatz oder am Strand zu verbringen. Ihre Ziele müssen sich gegenseitig unterstützen und bestärken.

- Ihre Ziele müssen herausfordernd sein. Sie müssen sich nach ihnen strecken, ohne sich jedoch von ihnen überwältigt zu fühlen. Wenn Sie sich anfangs Ziele setzen, sollten Sie darauf achten, dass diese eine etwa 50-prozentige Erfolgswahrscheinlichkeit oder mehr haben. Dieser Wahrscheinlichkeitsgrad ist als Motivation ideal und vermeidet, dass Sie leicht entmutigt werden könnten.

- Sie sollten sowohl *greifbare* als auch *nicht greifbare* Ziele haben sowie *quantitative* und *qualitative*. Sie sollten konkrete Ziele haben, die Sie objektiv messen und bewerten können. Gleichzeitig sollten Sie aber auch qualitative Ziele für Ihr Innenleben und Ihre Beziehungen haben. Sie könnten beispielsweise als quantitatives Ziel für Ihre Familie ein größeres Heim in Betracht ziehen. Ihr qualitatives Ziel für Ihre Familie könnte sein, eine geduldigere und ausgeglichene Person zu werden. Die beiden Ziele passen gut zusammen. Sie balancieren das Innere und Äußere.

- Sie brauchen kurzfristige und langfristige Ziele. Sie brauchen Ziele für heute. Und Sie brauchen Ziele für die nächsten fünf, zehn und zwanzig Jahre. Der ideale Zeitraum für ein kurzfristiges Ziel für die geschäftliche, berufliche oder persönliche Planung beträgt etwa neunzig Tage. Die ideale längerfristige Periode für die gleichen Ziele sind zwei bis drei Jahre. Diese Zeithorizonte scheinen für die fortdauernde Motivation ideal zu sein. Setzen Sie sich ein Hauptziel, das quantitativ und auf höchstens zwei bis drei Jahre befristet ist.

1. Strategisches Prinzip:

Erkenne deine Potenziale und baue auf deinen Stärken auf

Das Fundament auf das Sie Ihr Leben und Ihre Erfolge aufbauen wollen muss tragfähig sein. Es sind Ihre Talente, Ihre Interessen, Ihre Ausbildung, Ihre beruflichen Erfahrungen, Ihre Branche, Ihre Stadt, Ihre Kontakte. Ihre „Wertsachen" stecken in Ihnen, liegen vermutlich direkt unter Ihren Füßen und Ihrer nächsten Umgebung. Entdecken Sie sie. Denken Sie an die oft zitierten Worte von Theodor Roosevelt: „Tu' was du kannst, mit dem, was du hast, genau da, wo du bist."

2. Strategisches Prinzip:

Suche die strategische Nische – dein Spezialgebiet

Jeder Mensch hat die Fähigkeit, in irgendeinem Bereich hervorragend zu sein, vielleicht sogar in mehreren. Sie können Ihr volles Potenzial nur zum Tragen bringen, wenn Sie Ihr Spezialgebiet finden und sich mit vollem Herzen in die Entwicklung Ihrer Talente in jenem Bereich stürzen. Sie werden niemals glücklich und zufrieden sein, bevor Sie nicht Ihren Herzenswunsch gefunden haben und Ihr Leben dafür einsetzen.

Ihr Spezialgebiet kann sich mit dem Fortschreiten Ihrer Karriere wandeln, aber alle erfolgreichen Männer und Frauen haben es gefunden.

3. Strategisches Prinzip:

Handle in Übereinstimmung mit deiner Persönlichkeit und Wertestruktur

Suchen Sie ein für Ihre Persönlichkeitsstruktur adäquates Handlungsfeld. Damit Sie Ihr Bestes geben können, müssen Ihre Ziele und Wünsche harmonieren bzw. zusammenpassen. Ihre Werte repräsentieren Ihre tiefsten Überzeugungen davon, was richtig und was falsch ist, was gut und was böse ist, was Ihnen wichtig und bedeutend ist und was weniger. Große Leistungen und hohe Selbstachtung stellen sich nur ein, wenn sich Ihre Ziele und Werte in völliger Harmonie miteinander befinden.

4. Strategisches Prinzip:

Handle im Gleichgewicht deiner Lebensbereiche

Das Prinzip des Gleichgewichts besagt, dass Sie eine Vielzahl von Zielen in fünf bis sechs entscheidenden Lebensbereichen benötigen, um Ihr Bestes geben zu können. Als Nachfolger und Unternehmer wird Ihnen das nicht immer leicht fallen. Doch genau wie das Lenkrad eines Autos ausbalanciert werden muss, damit es sich weich lenken lässt, sollten Sie Ihre Ziele im Gleichgewicht halten, damit Sie Ihr Lebensschiff und nicht nur Ihr Unternehmen sicher steuern können. Welches sind die entscheidenden Lebensbereiche und Ziele die Sie sich setzten sollten?

Es sind dies *familiäre und persönliche* Ziele. Sie brauchen *geistige und intellektuelle* Ziele sowie Ziele für *Ihre persönliche Weiterentwicklung*. Sie brauchen *Karriere- und Arbeitsziele*. Sie brauchen *finanzielle und materielle* Ziele. Schließlich sollten Sie sich *spirituelle* Ziele setzten; Ziele, die Ihrer inneren Entwicklung dienen.

Um die richtige Balance zu halten, brauchen Sie in jedem Bereich maximal zwei bis drei Ziele. Diese Art von Gleichgewicht ermöglicht es Ihnen, sich ständig mit etwas zu beschäftigen, das Ihnen wichtig ist. Wenn Sie nicht arbeiten, können Sie Ihren Familienzielen nachgehen. Wenn Sie sich nicht sportlicher Fitness widmen, können Sie etwas für ihre persönliche und berufliche Entwicklung tun. Wenn Sie sich nicht mit Meditieren, Nachdenken und anderer innerer Entwicklung beschäftigen, können Sie Ihren finanziellen Zielen nachgehen.

Das Ergebnis wird sein, dass Sie aus Ihrem Leben einen fortwährenden Strom von Erfolgen und Fortschritten machen.

5. Strategisches Prinzip:

Bestimme dein Lebensziel – realisiere deine Vision

Ihr Lebensziel ist Ihr oberstes Ziel, das Ziel, das Ihnen wichtiger ist, als das Erlangen irgendeines anderen Zieles zu dieser Zeit. Für den Unternehmer wird hier die Zukunft des Unternehmens im Mittelpunkt stehen.

Sie können eine Vielzahl von Zielen haben, aber Sie können nur ein Lebensziel haben. Das Fehlen eines übergeordneten, dominanten Lebensziels ist der Hauptgrund für die Verzettelung von Kraft, Zeitverschwendung sowie die Unfähigkeit, Fortschritte zu erzielen.

Sie wählen Ihr Lebensziel, indem Sie alle Ihre Ziele analysieren und fragen: Welches Ziel würde mir am meisten bei der Erlangung meiner anderen Ziele helfen, wenn ich es erreichte? In der Regel ist dies für Sie das unternehmerische Ziel. Aber manchmal kann es auch ein gesundheitliches oder partnerschaftliches Ziel sein.

Die Auswahl Ihres Lebensziels ist der Startpunkt allen großen Erfolgs. Dieses Ziel wird zu Ihrer Mission, dem Organisationsprinzip all Ihrer Aktivitäten. Wenn Sie voller Begeisterung ein klares Hauptziel anstreben, bewegen Sie sich rapide vorwärts, Sie überwinden Hindernisse und Begrenzungen.

Ich habe für mich persönlich sechs Bereiche gewählt, in denen ich glaube, dass wir uns wichtige Ziele setzen müssen, nicht alle zur gleichen Zeit, nicht alle mit gleicher Priorität. Bewerten Sie für sich selbst, ob Sie sich mir anschließen können.

1. Grundsätzliche Lebensveränderungen und persönliche Entwicklung
2. Beruf/Aufgabe
3. Partnerschaft/Familie
4. Gesundheit/Erholung/Freizeit
5. Finanzen/Vermögen
6. Gesellschaft und Soziales

7.2.3 Einsatz/Initiative (Leistungsorientierung)

Die Leistungsorientierung im Sinne des Einsatzes und der Initiative zeigt sich in der Aktivität bei der Diskussion, in der Hartnäckigkeit, mit der auftretende Schwierigkeiten überwunden werden, in der Intensität, mit der unter Zeitvorgabe gearbeitet wird etc. Der Nachfolger/Unternehmer beteiligt sich viel, gibt bei Schwierigkeiten nicht auf, ergreift die Initiative zur Lösung konkreter Problemstellungen, arbeitet Routineaufgaben schnell ab und engagiert sich.

Sie haben das sicher schon erkannt, dass zwischen Zielen und Engagement, Identifikation, ein großer Zusammenhang existiert. Naturwissenschaftlich ausgedrückt hat das Werner Correll, ein bedeutender Verhaltenspsychologe, in der Formel $E = f(Z, I)$; Erfolg ist eine Funktion von Zielen und Identifikation. Mit großen, bedeutenden Zielen können auch Sie sich sicher stärker identifizieren, wie mit kleinen, unwichtigen Zielen. Ihre Motivation große Ziele zu erreichen ist vergleichbar größer. Für den Unternehmer ist dabei immer die Abwägung wichtig, lohnt sich der Einsatz. In diesem Zusammenhang wird für Sie ein Erfolgsfaktor wie Sie sich mit Fragen des Selbstmanagement, der Eigenmotivation auseinandergesetzt haben und wie Sie Stress und Leistungsdruck bewältigen können.

7.2.4 Verantwortung

Unter Verantwortung wird im Allgemeinen verstanden, inwieweit man für seine Handlungen „geradesteht". Darüber hinaus rückt jedoch die unternehmerische Verantwortung in den Mittelpunkt, wie z. B. Verantwortung für Mitarbeiter etc. Der

Nachfolger/Unternehmer steht gerade für seine Handlungen und deren Resultate, steht hinter seinen Entscheidungen, entschuldigt Ursachen seines Verhaltens nicht mit äußeren Umständen, führt Erfolg auf eigenes Engagement zurück, übernimmt die Verantwortung für Gruppenentscheidungen, wenn er sich zuvor mit dem getroffenen Konsens einverstanden erklärte.

Ihre Kompetenz und Bereitschaft verantwortlich zu handeln, hat sich bereits in Ihrer Kindheit und Jugend herangebildet. Die Auseinandersetzung mit diesem Thema führt zu einer vertieften Einsicht und einer Verstärkung dieses für den Unternehmer so wichtigen Aspektes. Hier besteht ein starker Zusammenhang zwischen Wertvorstellung, moralischen Normen und dem Charakter Ihrer Persönlichkeit. Langfristig entscheidet diese Kriterium über die Rechtmäßigkeit Ihres Führungsanspruches im Unternehmen, in Ihrer Familie und im gesellschaftlichen Umfeld.

7.2.5 Belastbarkeit/Ausdauer

In dieses Kriterium gehen sowohl die psychische Belastbarkeit (Nervosität während einer Präsentation, Entgegennahme von Kritik etc.) als auch die andauernde Aufrechterhaltung der Konzentrationsfähigkeit bei Routineaufgaben ein. Der Nachfolger/Unternehmer ist psychisch, körperlich und geistig belastbar, lässt sich durch Kritik nicht aus der Fassung bringen, verhält sich vor Publikum gelassen, seine Konzentrationsfähigkeit bei der Bearbeitung von Routineaufgaben ist hoch, sein äußeres Erscheinungsbild ist stabil, er wirkt ausgeglichen, ist nicht unruhig.

Unsere Untersuchungen haben gezeigt, dass nicht allein die überragende Idee den unternehmerischen Erfolg bringt, sondern auch die Beharrlichkeit mit der man an der Umsetzung dieser Idee, der Realisierung eines Projektes arbeitet.

7.2.6 Entscheidungsverhalten

Entscheidungsverhalten ist die Fähigkeit, schnell und sicher, aber auch wohlüberlegt und begründet zu entscheiden. Der erfolgreiche Unternehmer bringt Problemstellungen zu einem Ergebnis, entscheidet sicher und schnell, versucht, bei nicht miteinander zu vereinbarenden Meinungen eine Notlösung zu finden, bezieht konkret Stellung zu seinen Entscheidungen, priorisiert Alternativen und trifft eine Auswahl.

Die Fähigkeit sich gut zu entscheiden ist erlernbar. Die Grundlagen für eine vernünftige Entscheidung müssen geschaffen werden, oder liegen vor. Die Kriterien für die Entscheidung und die Beurteilung der Ergebnisse sind bekannt oder müssen erarbeitet werden. All dies sind fachlich/sachliche Gesichtspunkte die Berücksichtigung finden müssen im Entscheidungsprozess. Darüber hinaus kennen auch Sie aus eigener Erfahrung, gibt es Menschen, die schnell und sicher entscheiden, in hohem Maße ihrer

Intuition folgen. Es gibt wieder andere, die sich analytisch bis zum geringsten Argument um das Für und Wider bemühen und sich auch nach langer Überlegungszeit noch sehr schwer tun, zu einer Entscheidung zu kommen. Diese Unterschiede im Entscheidungsverhalten liegen in einer unterschiedlichen Persönlichkeitsstruktur. Sich in dieser Dimension zu entwickeln, heißt deshalb auch, sich selbst in seiner spezifischen Persönlichkeitsstruktur zu erkennen – und auch die Fähigkeit zu entwickeln, andere zu erkennen.

7.2.7 Arbeitsorganisation

Zur Arbeitsorganisation gehören das richtige Delegieren von Aufgaben, eine effiziente Zeitplanung, der Einsatz von Arbeitsmitteln und eine angemessene Vorbereitung für wichtige Aufgaben. Der Unternehmer plant die Zeit und hält seinen Zeitplan ein, delegiert richtig, nutzt vorhandene Arbeitsmittel und strukturiert seine Arbeitsprozesse.

Das im obigen Punkt Gesagte gilt auch hier. Vieles ist erlernbar. Vieles ist aber auch angelegt in Ihrer Persönlichkeit. Hier liegen Chancen und Risiken, Sie müssen lernen, damit erfolgreich um zu gehen. Themenbereich in diesem Zusammenhang sind u. a. Problemlösungs- und Entscheidungstechniken, Kreativitätstechniken, Individuelles Zeitmanagement, Memotechniken, Prioritäten setzen, aber auch Themen wie Stress und Entspannungstechniken, Mentales Training

7.2.8 Kommunikationsfähigkeit/Kontakt

Wesentliche Aspekte dieses Kriteriums stellen das Ausdrucksvermögen (flüssige Formulierungen, großer Wortschatz etc.) und das nonverbale Verhalten (Blickkontakt, Gestik etc.) gegenüber dem Gesprächspartner dar. Der Nachfolger/Unternehmer findet schnell Anschluss in neu gebildeten Gruppen, formuliert flüssig, verfügt über einen großen Wortschatz, spricht in angemessenem Tempo, ist akustisch zu verstehen, hält Blickkontakt zu allen Zuhörern, adressiert Fragen und Kommentare, reagiert geschickt auf Einwürfe und Gegenargumente, kann zuhören und Rückmeldung geben.

Bei den meisten Unternehmern besteht in dieser Anforderungsdimension das größte Verbesserungspotenzial. Die gute Kommunikation ist Ihr Handwerkszeug zur Motivation und Führung von Mitarbeitern, ebenso wie zum guten Verkauf um Kunden zu überzeugen und zu binden. Trainieren sollten Sie: Kommunikation und persönliches Auftreten, die freie Rede (Gebrauchsrhetorik), Gesprächsführung, Erfolgreich präsentieren, Dialektik für Führungskräfte, Umgang mit Presse und Öffentlichkeit. Kommunikative Fähigkeiten unterstützen den Unternehmer in der Innen- wie auch in der Außenwirkung bei der Durchsetzung seiner Interessen.

7.2.9 Teamarbeit/Kooperationsfähigkeit

Die Dimension Teamarbeit und Kooperationsfähigkeit bezieht sich auf das Verhalten der Unternehmer/Nachfolger innerhalb einer Arbeitsgruppe sowie auf das Verhalten zu anderen Gruppen. Gemessen wird also die Kooperationsfähigkeit innerhalb und zwischen Gruppen. Der Unternehmer nimmt Vorschläge an, wenn sie gut sind, integriert sich und andere ins Team, lässt andere Meinungen zu, ist an gemeinsamer Lösung interessiert, unterbricht andere nicht bzw. respektvoll.

Zur Verbesserung dieser Kompetenz ist einerseits Teamtraining ein probates Mittel, andererseits ist für Sie als Unternehmer die Führung von Teams, die Zusammensetzung von Gruppen und darüber hinaus die Bildung von Hochleistungsteams ein wichtiger Aspekt.

7.2.10 Konfliktfähigkeit

Unter Konfliktfähigkeit wird die Fähigkeit verstanden, Kritik sachlich zu üben und entgegenzunehmen sowie durch eigenes Verhalten keine Konflikte entstehen zu lassen oder zu schüren. Auf der anderen Seite geht in die Beurteilung dieses Kriteriums auch die Fähigkeit ein, Konflikte zwischen Dritten zu entschärfen und zur Lösung beizutragen. Der Unternehmer hat keine Angst vor Konflikten, nimmt Konflikte an und führt sie zu einer konstruktiven Lösung, greift andere nicht persönlich an, schlichtet Streitigkeiten im Team bzw. unter seinen Mitarbeitern.

Durch die veränderten Führungsanforderungen innerhalb offener Organisationen, oft auch durch einen falsch verstandenen Demokratisierungsbegriff sind Konflikte im Unternehmen und auch im Umfeld unvermeidlich. Durch entsprechende Methodik und die dafür notwendigen Kommunikationskompetenz können Sie diese Konflikte produktiv für die Entwicklung des Unternehmens nutzen. Dieselben Fähigkeiten helfen Ihnen auch im unternehmerischen Umfeld beim Umgang mit Partnern, Lieferanten und mit Ihren Kunden.

7.2.11 Durchsetzungsfähigkeit

Zum einen wird bewertet, ob Unternehmer/Nachfolger sich durchsetzen können, zum anderen geht jedoch in die Bewertung ein, wie dies geschieht (durch gute Argumente, durch persönliche Angriffe, durch den Einsatz von Machtmitteln etc.). Der Unternehmer setzt seinen Standpunkt gegen andere durch, entzieht sich nicht der Konkurrenzsituation, reagiert entschieden, manipuliert andere geschickt, hat persönliche Überzeugungskraft.

7.2.12 Führung

Eine Führungskraft trägt die Hauptverantwortung für die Arbeit am Prozess, weniger für die Arbeit im Prozess. Dies äußert sich konkret in der Wahrnehmung von Moderations-, Aufsichts- und Kontrolltätigkeiten, dem Coaching von Mitarbeitern und der Vertretung der Gruppenleistung nach außen. Der Unternehmer/Nachfolger übernimmt Aufsichts- und Kontrollaufgaben, berät Teammitglieder, steuert soziale Prozesse, sucht erfolgreich die Führungsrolle, moderiert den Diskussionsprozess.

In einem der vorangegangen Kapitel wurde bereits ausführlich auf das Thema Führung und Wandel in der Führung eingegangen. Letztendlich ist diese Kompetenz der Schlüssel zu unternehmerischen Erfolg. Führung und Selbstmanagement sind jedoch nur zwei Seiten einer Medaille. Menschenkenntnis ist wiederum bei der Führung die Kernkompetenz. Und auch hier gilt: Selbsterkenntnis ist die Voraussetzung, um andere zu erkennen und zu verstehen. Deshalb an dieser Stelle der Hinweis auf das Kapitel „Ursachen des Erfolgs".

Zur Führung von Mitarbeitern müssen Sie sich jedoch besonders mit der Persönlichkeit von Menschen und deren Motivation auseinander setzen, sich die Frage stellen, was macht Menschen zu Gewinnern?

Diese Frage ist so alt wie die Menschheit. Und es gibt unzählige Theorien, wie man zum Erfolg kommt und gewinnt. Die meisten Theorien gehen dabei von Wunschvorstellungen aus, zum Beispiel vom „idealen" Vorgesetzten oder Verkäufer, vom „richtigen" Führungsstil oder von der „optimalen" Verkaufstechnik. Untersuchungen zeigen jedoch, dass diese Idealvorstellungen, die häufig auch dem Training als Leitbild dienen, zwei Tatsachen außer Acht lassen: Es gibt keinen „Einheitstyp" des Erfolgreichen und auch kein „Patent-Rezept" für den Erfolg. Vielmehr weisen Gewinner sehr unterschiedliche Persönlichkeitsmerkmale auf. Und sie verwenden dazu sehr unterschiedliche Methoden und Techniken.

Bei Untersuchungen über Erfolgsursachen trat immer wieder ein Faktor in den Vordergrund, der Gewinner auszeichnet: ihre *Authentizität*, das heißt die Stimmigkeit zwischen ihrer Persönlichkeitsstruktur und ihrem erlernten Verhalten. Gewinner haben einen ganz persönlichen Stil und wenden Methoden und Techniken an, die genau zu ihnen passen. Damit wird die Kenntnis der eigenen Persönlichkeit zur entscheidenden Voraussetzung für eine bewusste Erfolgs-Strategie.

Der renommierte amerikanische Hirnforscher Paul D. MacLean hat nachgewiesen, dass das menschliche Gehirn aus drei Bereichen besteht, die evolutionsgeschichtlich verschieden alt sind und unterschiedliche Funktionen erfüllen. Diese drei so verschiedenartigen Gehirne müssen dennoch im „drei-einigen Gehirn" zusammenarbeiten und sich miteinander verständigen. Dabei behält aber jedes Gehirn seine spezifischen „Spielregeln" bei.

Erst aus dem Zusammenwirken des *instinktiv-gefühlsmäßigen* Stammhirns, des *impulsiv-emotionalen* Zwischenhirns und des *kühl-rationalen* Großhirns entsteht menschliches Verhalten. Das Modell des „Tribune Brain" von MacLean umfasst auch die gesicherten Erkenntnisse der Großhirn-Hemisphären-Forschung (linke/rechte Hirnhälfte[31]).

Aufbauend auf seinen Forschungen konnte MacLean naturwissenschaftlich absichern, dass wesentliche Persönlichkeitsmerkmale des Menschen von den individuellen Arbeitsweisen seines Gehirns abhängen.

Jeder Mensch hat ein unterschiedliches „Einflussverhältnis" dieser drei Gehirne, das beim Erwachsenen konstant ist: seine individuelle Biostruktur. Der Anthropologe Rolf W. Schirm hat typische Einstellungen sowie Verhaltens- und Reaktionsweisen identifiziert und definiert, die einen eindeutigen Zusammenhang mit den drei Gehirnen aufweisen. Daraus resultiert, wie wichtig, wie vorteilhaft für Sie die genaue Kenntnis Ihrer persönlichen Biostruktur ist. Wenn Authentizität *der* Erfolgsfaktor Ihres Verhaltens ist, dann ist es von ausschlaggebender Wichtigkeit für Sie zu wissen, wann verhalte ich mich authentisch - wann bin ich wirklich bei mir, woran kann ich das erkennen? Sie sollten sich deshalb als Nachfolger mit der Biostrukturanalyse vertraut machen, damit Sie Ihre eigene Persönlichkeitsstruktur erkennen können. Damit Sie erkennen können, ob Sie in Ihrem Gleichgewicht sind, aus dem heraus Sie erfolgreich handeln können.

Sie können sich auch vorstellen, wie gut es wäre zu erkennen, ob sich auch Partner, Mitarbeiter oder Kunden entsprechend ihrer eigenen Biostruktur verhalten oder sie sich zu einem besonderen Verhalten zwingen. Auch dies sollten Sie in einem Training für Nachfolger lernen. Sie lernen dabei ihr Gegenüber einzuschätzen, lernen auf dessen Grundmotivation einzugehen. Sie besitzen damit ein überlegenes Wissen, um andere beeinflussen zu können.

Die Mehrzahl der hier beschriebenen Verhaltensdimensionen bzw. Anforderungskriterien für Nachfolger können Sie mit diesem Wissen differenzierter bei sich sehen und bei anderen beobachten. Da sich auch hieraus differenzierte Motivationsansätze ergeben, können Sie mit diesem Wissen sich und andere besser führen.

7.2.13 Sympathie/Auftreten

Mit dem Kriterium Sympathie/Auftreten wird eine Einschätzung vorgenommen, inwieweit einzelne Teilnehmer von anderen als sympathisch wahrgenommen werden. Der Unternehmer/Nachfolger hat ein sympathisches, freundliches Auftreten, er kommt leicht mit anderen ins Gespräch, ist kontaktfreudig, ist im Umgang mit anderen sicher, weckt das Interesse der Zuhörer, gewinnt seine Gesprächspartner, gestikuliert wohlüberlegt und bewegt sich im angemessenen Rahmen."

---

[31] MacLean, Paul, Tribune Brain, Chicago, 1974

Für Sie ist sicher einsehbar, dass man ein gewinnendes Auftreten auch erlernen kann. Können wir aber auch unsere Ausstrahlung „sympathischer" machen? Ja, auch das ist möglich für Sie, wenn Sie bestimmte Gesetzmäßigkeiten berücksichtigen, insbesondere, wenn Sie sich für den anderen wirklich interessieren. Darüber hinaus finden Sie durch NLP (Neuro Linguistische Programmierung) Methoden, die Ihnen einen besseren Zugang zum Mitmenschen ermöglichen.

7.2.14 Analytisches und kritisches Denken

Die Dimension analytisches und kritisches Denken umfasst die Anforderungen, Wesentliches von Unwesentlichem zu unterscheiden, Prioritäten zu setzen, Zusammenhänge zu erkennen, Entscheidungen logisch zu begründen sowie strukturiert vorzugehen. Der Unternehmer/Nachfolger besitzt ein hoch ausgeprägtes logisches Denkvermögen, erkennt Regeln und Gesetzmäßigkeiten, berücksichtigt alle Informationen bei der Argumentation, liefert sachliche Begründungen für seine Position, argumentiert logisch und strukturiert.

Diese Dimension ist in Ihrer Ausprägung ein mehr oder minder feststehendes Persönlichkeitsmerkmal. Trotzdem sind Sie in der Lage, durch Erfahrung, Wissen und Training diese Dimension in Grenzen zu verbessern.

7.2.15 Strategisches Denken

Das strategische Denken bezieht sich auf die Berücksichtigung zukünftiger Konsequenzen aktueller Handlungen sowie auf das Erkennen von Nebenwirkungen, die bei der Verfolgung der angestrebten Ziele auftreten können. Der Unternehmer/Nachfolger denkt in Alternativen und Konsequenzen, erkennt Probleme, die in der Zukunft auftreten können, setzt Prioritäten, kann Wesentliches von Unwesentlichem unterscheiden, erkennt Nebenwirkungen seiner Handlungen, nutzt andere Beiträge zur Stärkung seiner Argumente.

Die Fähigkeit des Unternehmers strategisch zu denken, Strategien zu entwickeln, die sein Unternehmen abheben am Markt von anderen Unternehmen, zählt heute zu den großen Defiziten mittelständischer Unternehmer. Erfolgreiche Ausnahmen ragen deshalb umso höher aus der Masse des Wettbewerbs.

7.2.16 Kreativität

Kreativität bezieht sowohl quantitative Aspekte der Problemlösung (Menge der generierten Ideen) als auch qualitative Aspekte (Originalität der Lösung). Auch der verbalen Kreativität (Nutzung von Metaphern und Analogien) wird ein nicht unerheblicher Anteil bei der Bewertung beigemessen. Der Unternehmer/Nachfolger besitzt Einfallsreichtum, findet neue Vorschläge oder Lösungen, hat originelle Einfälle, entwickelt originelle Ideen anderer weiter.

Die Fähigkeit zur Innovation sichert die Zukunft eines Unternehmens und schafft echte Wettbewerbsvorteile. Dabei ist nicht nur die Produktinnovation zu sehen, sondern auch die Innovation im Prozess, in der Organisation und beim kreativen Lösen von Problemen. Auch wenn die Kompetenzen der Kreativität eng mit der Persönlichkeitsstruktur im Zusammenhang stehen, so ist auch hier Wissen und Methodentraining eine Möglichkeit sich auf diesem Gebiet zu verbessern.

7.2.17 Managementkenntnisse

Voraussetzung für eine erfolgreiche Tätigkeit als Führungskraft sind fundierte Fachkenntnisse in den wichtigsten Bereichen der Betriebswirtschaftslehre. Die Relevanz einzelner Bereiche ist branchenabhängig und kann individuell sehr unterschiedlich sein, was bei der Bewertung berücksichtigt wird.

Eingeschätzt werden Kenntnisse in den folgenden Bereichen:

- Marketing und Vertrieb
- Investition und Finanzierung
- Controlling
- Unternehmensstrategie
- Recht
- Personal und Führung
- Produktion/Logistik

7.2.18 Ausbildung und Weiterbildung

Aufgrund einer Lebenslaufanalyse erfolgt eine Bewertung individueller Erfahrungen sowie erworbener fachlicher Kenntnisse, Fähigkeiten und Fertigkeiten. Der berufliche Werdegang wird insbesondere unter Berücksichtigung der in Zukunft erwarteten Anforderungen beleuchtet und bewertet.

Letztendlich wird hier nur für den außen stehenden sichtbar, welche Themen und wie viel Zeit Sie in Ihre Aus- und Weiterbildung investiert haben. Für Sie selbst kann es nur eine Bestätigung sein, sich in der richtigen Art und Weise auf die Nachfolge vorbereitet zu haben.

7.2.19 Wertorientierung

Bei dieser Dimension wird festgestellt, ob der Unternehmer/Nachfolger sich an bestimmten Werten ausrichtet, die Wertvorstellungen werden nicht beurteilt. Dabei werden Orientierungen beobachtet die an sozialen Beziehungen, an materialistisch-hedonistischen Zielen, an alternativen Zielen oder an Zielen des sozialen Aufstiegs bzw. traditionellen Zielen wie Pflichtbewusstsein und moralischen Werten ausgerichtet sind.

Werte werden vermittelt, werden vorgelebt im Elternhaus, in der Schule von den Lehrern, schließlich von den Vorbildern, die Sie sich gewählt haben. In der Unternehmerfamilie ist ein Großteil dieser Werte mit der Firma verbunden. Was ist wichtig für die Firma, für den Fortbestand, für die Weiterentwicklung, für die Erneuerung, für die Mitarbeiter, für das Image usw.? Häufig haben die Interessen und Ziele der einzelnen Familien-mitglieder dahinter zurückzustehen. Die für die Person, für Sie als Mensch wichtigen Fragen kommen dabei zu kurz, werden verdrängt. Letztendlich kommt es darauf an, dass Sie sich fragen, was ist für mich dabei wichtig, wesentlich, was unwichtig.

In dem gezeigten Beispiel der Beurteilungsdimensionen wird deutlich, dass nicht immer die Selbsteinschätzung mit der Einschätzung der Beurteilungsexperten übereinstimmt. Hier kann der Nachfolger ablesen, worauf er sich in Zukunft mehr konzentrieren und wo er sich weiter qualifizieren muss. Die einzelnen aufgezeigten Beurteilungskriterien geben ihm dabei die Richtung.

Kann ich mich selbst einschätzen, kenne ich meine Potenziale, meine Talente, habe ich Klarheit über meine eigenen beruflichen Vorstellungen. Gibt es für mich so etwas wie ein Lebensziel? All das sind Fragen, die Sie sich als Nachfolger in einem Familienunternehmen zuerst stellen müssen. Es gilt Klarheit zu bekommen: Habe ich das Zeug zum Unternehmer – und – will ich das auch? Passt das in meine Lebensplanung? Die Antwort darauf finden Sie, indem Sie sich mit dem Wesentlichen beschäftigen.

7.3 Das Wesentliche – für Sie als Nachfolger

Was sind die wichtigsten, die wesentlichen Dinge in unserem Leben? Wohin wollen wir? Hat das Sinn? Weshalb kommen diese Fragen, weshalb kommen die wesentlichen Dinge in unserem Leben oft zu kurz?

Seit Jahren herrscht kein Mangel an Methoden, Techniken und Informationen über das Management von Zielen und die Einteilung der Zeit. Wir kaufen den neuen Zeitplaner, besuchen einen neuen Kurs, lesen ein neues Buch. Wir lernen, wenden an, bemühen uns und was kommt dabei heraus? Bei den meisten Menschen, denen wir begegnen, wachsen Frustration und Schuldgefühle. Die Antworten der Einzelnen lauten oft: „Ich brauche mehr Zeit!", „Ich will mein Leben mehr genießen.", „Ich bin immer gehetzt. Nie habe ich Zeit für mich. Meine Freunde und meine Familie wollen mehr von mir haben – aber wie soll ich es anstellen?", „Ich bin immer in der Krise, weil ich zögere, aber ich zögere, weil ich immer in der Krise bin.", „Es herrscht kein Gleichgewicht zwischen meinem Privatleben und meiner Arbeit. Und wenn ich Zeit aus dem einen Bereich in den anderen stecke, dann wird alles nur noch schlimmer.", „Der Stress ist einfach zu viel!", „Es gibt zu viele Dinge, die getan werden müssen – wesentliche Dinge. Wie kann ich da entscheiden?"

Es ist sinnlos, sein Glück in einer umfassenden Kontrolle zu suchen. Wir kontrollieren zwar unsere Handlungsentscheidungen, aber die Folgen unserer Entscheidungen werden von allgemeingültigen Gesetzen bestimmt.

Lebensqualität erreicht man nicht durch die richtige Abkürzung. Es gibt keine Abkürzung, nur einen Weg. Dieser Weg beruht auf Prinzipien der Menschheitsgeschichte, aus denen unmissverständlich hervorgeht, dass ein sinnvolles Leben keine Frage der Schnelligkeit und Effizienz ist. Entscheidend ist nicht, wie schnell man etwas macht, sondern was man macht und warum man es macht.

Die Frage nach meinen Lebenszielen ist die Grundlage zur Entwicklung einer erfolgreichen Persönlichkeit und eines erfüllten Lebens.

Wie planbar ist unser Leben? Sicherlich werden einige sofort eine definitive Antwort geben und konkrete Ziele nennen können; andere wiederum nur Wünsche. Manche werden erst überlegen müssen, weil sie ihre Träume aus Gründen der Vernunft oder aus der alltäglichen Routine heraus verdrängt haben.

Jeder Mensch hat Träume. Nun dürfen Sie sich fragen: „Wo ist mein Traum, wo sind meine Träume geblieben?" Ich weiß, was damit geschehen ist! Jemand hat Ihnen einmal gesagt: „Stell dich nicht so an! Träume sind etwas für Kinder. Jetzt bist du erwachsen, und du sollst wissen, dass Träume nur Selbstbetrug sind."

Sie begannen sich selbst einzureden, Sie seien nicht ehrgeizig genug, nicht zielstrebig genug. Sie dachten, Sie entsprechen nicht den Vorstellungen und Erwartungen Ihrer Eltern. Sie hatten Selbstzweifel. Das Bild, das Sie immer sahen und in dem Sie Ihre fantastische, von Ihnen erwählte Rolle glänzend spielten, ist durch die störenden Ansichten von anderen und von Ihnen selbst verschwunden.

Dennoch steckt in Ihnen das Mögliche. Die Frage ist, sind Sie bereit den Preis zu zahlen, an sich zu arbeiten, hartnäckig ein Ziel zu verfolgen, schweißtreibend zu trainieren. Die Frage ist, *wie* der Traum verwirklicht wird! Es ist Ihr Recht, Ihren Traum zu verwirklichen!

Wenn du weißt, was du willst, setzt du deinem Leben ein Ziel!

Warum realisiert der eine das erfolgreicher als der andere? Ist es die Frage nach dem Warum, nach dem Sinn des Lebens?

Der Sinn Ihres Lebens – Erfolg – Nutzen

Jeder von Ihnen hat sich sicherlich schon des Öfteren die Frage nach dem Sinn des Lebens gestellt. Besonders in schwierigen, verfahrenen Situationen aber auch zu traurigen Anlässen neigen wir dazu, unser bisheriges Tun und Handeln kritisch zu hinterfragen.

Wozu das Ganze? Wozu die ganze Arbeit? Wozu der ganze Stress? Wozu die ganze Hektik? Soll das dann alles, soll das mein Leben gewesen sein? Leben wir, um zu arbeiten, oder arbeiten wir um zu leben?

Die eine oder andere Frage wird Ihnen sicherlich bekannt vorkommen. Und es stellen sich weitere: Wieso neigen wir dazu, in eine Art von Lethargie und Machtlosigkeit zu fallen, wenn wir uns die Frage nach dem Sinn unseres Daseins stellen? Wieso blenden wir die positiven Aspekte unseres Schaffens meist aus?

Ein Beispiel: Ein Unternehmer schafft durch seine Firma Hunderte, ja Tausende von Arbeitsplätzen und bietet Menschen Perspektiven in beruflicher, finanzieller und sozialer Hinsicht. Spricht das nicht schon für seine *Einzigartigkeit* und *Besonderheit?* Das ist aber längst noch nicht alles! Ebenso kann er auch Motivator und Vorbild nicht nur für seine Mitarbeiter, sondern auch für seine Familie, Kinder und Freunde sein. Betrachtet man dies, ist es doch verwunderlich, dass wir uns meist nur jene Dinge vor Augen halten, die uns belasten.

Wenn wir uns die Frage nach dem Sinn des Lebens stellen, sollten wir uns vielmehr *den Nutzen,* den wir durch unser Tun bewirken können, vor Augen führen!

Sie müssen sich an dieser Stelle fragen: Welchen Sinn hat es für mich und andere, wenn ich erfolgreich bin oder sein werde? Welchen Sinn sehe ich in meiner Tätigkeit? Welchen Sinn kann ich in meinem Beruf finden?

George Bernard Shaw hat für sich diese Frage begeistert beantwortet: „Dies ist die wahre Freude im Leben ... einem Zweck zu dienen, den man selbst als höheren erkannt hat ... eine Kraft der Natur zu sein, statt eines zappelnden kleinen Klumpens voller Gebrechen und Beschwerden über eine Welt, die sich nicht dazu herablässt, ihn glücklich zu machen ... Ich bin der Meinung, dass mein Leben der Allgemeinheit gehört, und solange ich lebe, ist es mein Privileg, alles für sie zu tun, was in meinen Kräften steht. Ich möchte vollkommen verbraucht sein, wenn ich sterbe. Denn je härter ich arbeite, desto mehr lebe ich. Ich freue mich über das Leben um seiner selbst willen. Das Leben ist für mich kein kleines Licht. Es ist eine strahlende Fackel, deren Träger ich im Augenblick bin, und ich will, dass sie so hell wie nur möglich leuchtet, bevor ich sie an zukünftige Generationen weitergebe."

Stellen wir uns die Frage nach dem Sinn des Lebens, so lässt sich erkennen, dass sich jeder Mensch durch sein Schaffen selbst (s)einen Sinn gibt. Anders ausgedrückt: Was der Mensch ist, ist er durch die Sache, die er zu der seinen macht (Viktor Frankl). Der Wert eines Menschen ergibt sich somit aus dem Nutzen, den er anderen bietet.

Der Sinn des Lebens, also der Sinn unseres Schaffens, unserer täglichen Anstrengungen und Bemühungen zielt letztlich darauf ab, *Erfolg* zu haben im Nutzen für andere.

7.4 Ursachen des Erfolgs

7.4.1 Evolution – das Erfolgsprinzip

Erfolg und Glück haben Ursachen. Glück ist kein Zufall. Einsteins Worte „Gott würfelt nicht" beziehen sich auf unsere gesamte Erfolgsgeschichte „Leben" und die Evolution, die Entwicklung unserer Welt. Aus einem Chaos entwickelt sich Leben in seiner einfachsten Form. Aus Millionen und Aber-Millionen von Zellspaltungen und Wachstum entwickeln sich höhere Formen des Lebens, Formen, die sich immer besser und genauer den Anforderungen ihrer Umwelt anpassen. Die Welt heute, in der wir das momentane Endprodukt dieser Entwicklung sind, eine Lebensform, die in ihrer Komplexität so hoch entwickelt ist, dass wir nur noch vom Wunder dieser Welt und vom Wunder des Lebens sprechen können. Wir sind Teil dieses Erfolgssystems. Wir sind entstanden aus einer Kette von Erfolgen der Fortpflanzung und aus einer Kette von „erfolgreichen Fehlern", Mutationen, also Abweichungen vom genetischen Code.

Das heißt, Erfolg und erfolgreiche Entwicklung bedingen den „Fehler" in Form der Veränderung, der Anpassung. Diese Entwicklung verläuft nur scheinbar zufällig. Die Evolution erfolgt nach oben gerichtet – vom Chaos zur Ordnung, vom Leben zur Gemeinschaft.

Unser Leben ist ein Prozess aus der Vergangenheit über die Gegenwart in die Zukunft. Dabei ist unser Ziel, Glück, Gesundheit und Erfolg zu erfahren. Wir haben die Möglichkeit unsere Zukunft bewusst zu gestalten. Dabei die Kraft unseres Gehirns zu nutzen als unser „Erfolgs-Organ", ist eines der Geheimnisse auf dem Weg zum persönlichen Erfolg.

7.4.2 Das Gehirn – unser Erfolgsorgan

Um den menschlichen Geist zu verstehen, sind uns heutzutage großartige Möglichkeiten gegeben. Neurowissenschaftler (Neurobiologen und Computerwissenschaftler) untersuchen, wie Neuroassoziationen zustande kommen.

Sie haben entdeckt, dass Neuronen ständig elektrochemische Botschaften über *neuronale Bahnen* hin- und herschicken, ähnlich dem Verkehr auf einer belebten Hauptstraße. Diese Kommunikation findet gleichzeitig statt; jede Idee oder Erinnerung bewegt sich entlang ihrer eigenen Bahn, während Milliarden anderer Impulse in verschiedene Richtungen streben.

Dieses System ermöglicht uns, mental hin- und herzuschwenken, in unseren Erinnerungen zu reisen. Dieses komplexe System gestattet uns nicht nur, die Schönheit dieser Welt zu genießen, sondern hilft uns auch, darin zu überleben. Ohne die Neuroassoziation in Ihrem Gehirn, die Sie zum Beispiel daran erinnert, dass Sie sich die Hand verbrennen, wenn Sie mit einer offenen Flamme in Berührung kommen, würden Sie diesen Fehler möglicherweise ständig wiederholen, bis Sie letztlich wirklich schwere Brandwunden davontragen. Folglich versorgen Neuroassoziationen unser Gehirn schnellstens mit jenen Signalen, die uns dabei helfen, nach Belieben Zugang zu unseren Erinnerungen zu finden, und die uns sicher durch unser Leben geleiten.

Jedes Mal, wenn wir ein außergewöhnliches Maß an Schmerz oder Freude erleben, sucht unser Gehirn nach der Ursache und speichert sie in unserem Nervensystem, damit wir zukünftig bessere Entscheidungen treffen können.

Wenn wir etwas zum ersten Mal tun, stellen wir eine physikalische Verbindung her, einen dünnen Nervenstrang, der uns auch in Zukunft den Zugriff auf dieses Gefühl gestattet. Mit jeder Wiederholung dieses Verhaltens stärken wir die neuronale Verbindung und fügen einen weiteren Strang hinzu. Findet die Wiederholung oft genug und mit großer emotionaler Intensität statt, können wir viele Stränge gleichzeitig integrieren und die „Festigkeit" dieses Gefühls- oder Verhaltensmusters erhöhen, bis wir schließlich eine Art „Standleitung" für diese Verhaltensweise oder Empfindung geschaffen haben.

In diesem Fall sehen wir uns gezwungen, ständig auf eine bestimmte Art und Weise zu fühlen oder zu handeln. Mit anderen Worten gesagt: Diese Verbindung ist zu einer *„Schnellstraße" für erfolgreiches Handeln* geworden, einer Verhaltensroute, die wir automatisch und kontinuierlich einschlagen!

Wie erreiche ich persönlichen Erfolg?

„Erfolg – erfolgt", wenn die Voraussetzungen stimmen. Dazu gehört die Erkenntnis, „Nutzen zu bringen", statt primär an seinen eigenen Nutzen zu denken.

Dazu gehört aber auch die Fähigkeit, seine Begabungen zu erkennen und seine Leistungsreserven zu aktivieren. Dazu gehören Mut, Kraft, ein klarer Plan und Ausdauer. Dazu gehört das Erkennen aller eigenen Probleme, Hemmungen, negativen Einstellungen, Ängste, das Erkennen von Nervosität und Selbstvertrauensdefiziten, die unsere Lebensenergie blockieren.

Fünf Schritte zum persönlichen Erfolg – und Unternehmenserfolg

1. Selbsterkenntnis, Kenntnis meiner Stärken und Schwächen
2. Klarheit über meine Werte und Wertehierarchie
3. Zielklarheit und Motivation, Unternehmerische Vision und Strategie
4. Selbstentwicklung

    a) Kompetenzen und Potenziale

    b) Strategien und Methoden
5. Kommunikation

Die Grundlage des Erfolgs und einer erfolgreichen Strategie ist die genaue Kenntnis meiner Ausgangssituation. Dies wurde bereits mehrfach deutlich. Bei der Betrachtung der Anforderungskriterien für den guten Nachfolger machen Sie einen großen Schritt zur Selbsterkenntnis. Das Wissen um die Zusammenhänge Selbsterkenntnis – Selbstvertrauen und Erfolg ist aber einer weiterer wichtiger Schritt.

7.4.3 Selbsterkenntnis – Selbstvertrauen – Erfolg

„Erkenne dich selbst." Dieser Leitspruch ist Ihnen sicherlich bekannt. Er steht schon seit über tausend Jahren eingemeißelt am Apollo-Tempel zu Delphi.

„Wer bin ich denn eigentlich wirklich?" Erst die Antwort auf diese Frage bietet die Chance, ganz der zu sein, der man wirklich ist, und ganz der zu werden, der man sein könnte.

Wer sich selbst kennen lernt,

- gelangt zu einer besseren Einsicht in seine individuellen Voraussetzungen, erkennt seine Möglichkeiten und Grenzen;
- kann mehr von den Möglichkeiten, die in ihm sind, tatsächlich verwirklichen und sein Persönlichkeitspotenzial voll nutzen;

- kann sich in jeder Lage so verhalten, wie es seiner Persönlichkeit entspricht, und damit seine Wirkung auf andere stärken, statt durch das Spielen falscher „Rollen" an Glaubwürdigkeit zu verlieren;
- begreift die tatsächlichen Ursachen seiner Erfolge, aber auch Misserfolge und kann dadurch seine Erfolgschancen steigern und Misserfolge, soweit möglich, vermeiden;
- kann sich erreichbare Ziele setzen und realistische Leitbilder wählen, anstatt unerreichbaren Zielen nachzujagen.

Selbsterkenntnis erfordert Hilfe

Kann man sich denn selbst erkennen? Natürlich kann man das! Wer sollte Sie denn besser kennen als Sie sich selbst? Allerdings braucht man dazu Hilfe. Lassen Sie sich nicht verunsichern: Menschenkenntnis ist nicht eine Aufgabe, die man „Experten" überlassen müsste, weil man selbst nicht „objektiv" sei. Das alte Sprichwort heißt nicht: „Lasse dich von Experten beurteilen.", sondern: *„Erkenne dich selbst!"*.

Niemand weiß so viel über Sie wie Sie selbst. Schließlich stehen Ihnen ja die Erfahrungen Ihres gesamten bisherigen Lebens zur Verfügung. Sie brauchen nur eine systematische Hilfe, die hinter den vielen einzelnen Erfahrungen Zusammenhänge und Ordnungen erkennen lässt und aus dem komplexen Gefüge Ihrer Eigenarten die Grundzüge Ihres Wesens deutlich macht.

Eine solche Hilfe bietet unter anderem die Biostrukturanalyse. Diese ordnet die zahlreichen Einzelmerkmale drei biologischen Strukturelementen zu und macht dadurch die individuelle Grundstruktur Ihrer Persönlichkeit erkennbar.

Doch an dieser Stelle rufe ich Ihnen ein deutliches „Achtung" zu, denn jeder von uns hat, wenn es um die eigene Person, ja die eigenen Kinder geht, einen „blinden Fleck". Deshalb sind für das ganzheitliche Erkennen von Potenzialen, Talenten, aber auch Schwächen (und damit Verbesserungspotenzialen) auch die Sicht von außen und die Hilfe von Experten gefordert. Als bisher beste und umfassendste Methode zur strukturierten Analyse der unternehmerischen Persönlichkeit haben sich mehrtägige Assessment-Center-Workshops erwiesen.

Mit Hilfe der Tests erhalten Sie Einblicke in Ihre individuellen Voraussetzungen, Möglichkeiten und Grenzen. Sie erkennen die wirklichen Ursachen von Erfolgen und Misserfolgen und verstehen, wie Erfolge erreicht und Misserfolge vermieden werden. Aufgrund dieses besseren Wissens über sich selbst können Sie sich realistischere und damit gleichzeitig erfüllbarere Ziele setzen, anstatt falschen Zielen nachzujagen, die den Misserfolg bereits vorprogrammiert haben.

Wenn Sie bereit sind, sich in einem derartigen Verfahren kennen zu lernen, dann beherzigen Sie bitte das folgende Sprichwort:

> *„Ehrlichkeit ist gegenüber dem Feind ein Kann,*
> *gegenüber dem Freund ein Soll und*
> *sich selbst gegenüber ein Muss."*

7.4.4 Von der Selbsterkenntnis zum Selbstvertrauen

Umgangssprachlich wird unter Selbstbewusstsein Selbstsicherheit, Selbstvertrauen und Selbstwert verstanden. Häufig wird es ebenso mit der Durchsetzungskraft eines Menschen gleichgesetzt. Selbstbewusstsein verbinden wir aber auch mit Überheblichkeit und Egozentrik.

In unserem Kontext soll unter *selbstbewusst sein* die Tatsache verstanden werden, zu sich und seinen Sichtweisen und Handlungen zu stehen, frei von Ängsten und Zweifeln zu sein und sich nicht übermäßig in Frage zu stellen, sondern auf bislang Erreichtes stolz zu sein.

Selbstbewusstsein erreichen wir, indem wir uns über uns *selbst bewusst* werden. Selbstbewusstsein bedeutet also, sich selbst zu kennen und anzuerkennen. Das gilt sowohl für die angenehmen und akzeptierten als auch für die unangenehmen und abgelehnten Seiten an einem selbst. Selbstbewusstsein erreichen wir dann, wenn wir alle Aspekte an uns selbst akzeptieren! Erst dann fallen unsere Ängste und Zweifel ab, weil wir wissen, dass auch die Vorstellung unserer eigenen Unvollkommenheit ein Bestandteil von uns ist. Häufig haben wir auch deshalb so wenig Selbstbewusstsein, weil wir die guten Seiten in und an uns nicht sehen. Unsere Mitmenschen sehen sie oftmals viel besser als wir, und manchmal sagen sie uns auch, wie einzigartig wir sind. Oft wollen wir das jedoch nicht hören oder glauben. Selbstbewusstsein ist Voraussetzung zur Selbstbeachtung. Wenn wir nun damit ein zentrales Lebensgesetz in Verbindung setzen, das lautet: *„Beachtung verstärkt"* – so können wir daraus folgern, je mehr wir unsere Potenziale, unsere Stärken, unsere Fähigkeiten und Leistungen beachten, desto stärker werden sie. Im Gegenzug ist ebenso zu folgern, was nicht beachtet wird verkümmert.

Deshalb: Erkennen Sie die Fähigkeiten und Möglichkeiten, die in Ihnen stecken. Nutzen Sie die Chancen im Leben, die Ihnen gegeben werden. Machen Sie sich Ihre Erfolge bewusst, denn *Bewusstsein bewirkt!*

Selbstvertrauen – Selbstwertgefühl

Selbstvertrauen – mit diesem Wort ist eigentlich alles gesagt, worum es geht:*„Sich selbst vertrauen!"* Darin sind verschiedene Aspekte enthalten, z. B. *die innere Stim-*

me. Ein Aspekt ist, sich selbst und der inneren Stimme mehr zu vertrauen. Sie kennen dieses Gefühl, wenn Sie sich selbst oder anderen sagen: „Ich hab´s doch gewusst!", oder „Hätte ich doch nur auf mich gehört!". Anstatt verstärkt auf unsere innere Stimme zu hören und ihr auch zu folgen, legen wir unseren Handlungen und Entscheidungen meist rationale Überlegungen zugrunde.

Selbstvertrauen und Zweifel

Ein zweiter Aspekt von mangelndem Selbstvertrauen ist, sich wenig zuzutrauen. Wir haben einen Plan, wollen etwas erreichen und trauen uns letztlich nicht. Zweifel kommen uns in den Sinn, warum wir das nicht schaffen oder tun können. Meist sind diese Zweifel unnötig; zumindest sind sie nicht hilfreich. Denn welcher Sportler erreicht sein Ziel – der, der an sich und seiner Leistung Zweifel hat, oder der mit Selbstvertrauen?

Warum vertrauen wir uns so wenig? Man hat es uns abtrainiert oder zumindest nicht beigebracht. All diejenigen, die unsere Erziehung beeinflussten, haben keinen besondern Wert darauf gelegt, dass wir auf unsere innere Stimme hören und lernen, unsere eigenen Entscheidungen zu treffen.

Aufmerksamkeit durch Leistung

Studien belegen, dass unser Selbstwertgefühl deshalb so gering ausgeprägt ist, weil wir Zuwendung und Aufmerksamkeit häufig nur dann erhalten, wenn wir in den Augen des anderen eine „gute" Leistung erbracht haben. „Schlechte" Leistungen werden oft mit Entzug von Liebe und Aufmerksamkeit bestraft. Beispielsweise möchte ein Kind, das der Mutter von der Rutsche am Spielplatz zuruft: „Mami, sieh mal!" wirklich nur, dass die Mutter ihm beim Rutschen zuschaut und Aufmerksamkeit schenkt. Meist wird es hinterher jedoch „beglückt" mit Worten wie „... das hast du aber gut gemacht ...", oder „... du bist aber mutig ...". Dabei wollte es einfach nur die Aufmerksamkeit der Mutter und keinerlei Bewertung seiner Tat. So lernen wir als Kind sehr schnell, dass Zuwendung vor allem über Leistung zu erlangen ist. Das führt unweigerlich dazu, dass wir glauben, wir selbst seien es nicht wert, geliebt zu werden. Unser Selbstwertgefühl geht verloren.

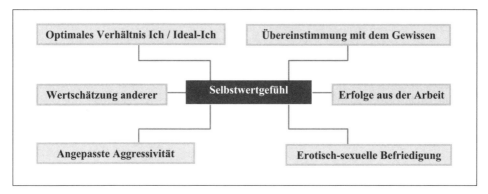

Abbildung 30: Sechs Faktoren, die auf unser Selbstwertgefühl Einfluss nehmen

Das Selbstwertgefühl bzw. seine Stärkung ist das zentrale Anliegen jedes Menschen! Was immer wir tun oder unterlassen, geschieht – unbewusst – in der einzigen Absicht, unser Selbstwertgefühl zu stärken bzw. Angriffe auf unser Selbstwertgefühl abzuwehren!

Wen von uns plagen nicht von Zeit zu Zeit Minderwertigkeitsgefühle? Unser Selbstwertgefühl ist der positive Gegenspieler, mit dem wir uns noch etwas näher auseinandersetzen. Um ein gesundes Selbstwertgefühl entwickeln zu können, müssen u. a. sechs wesentliche Voraussetzungen erfüllt sein:

Das optimale Verhältnis von Ich und Ideal-Ich

Das Ideal-Ich wird uns zunächst von unseren Eltern vermittelt. In jeder intakten Familie gibt es Vorbilder wie Albert Schweitzer, Mahatma Gandhi oder John F. Kennedy, die als beispielhaft aufgezeigt werden. Aus den Eigenschaften dieser Vorbilder und anderer, die wir bewundern, formt sich der Mensch sein Ideal-Ich. Jeder von uns möchte gut, mächtig, hilfsbereit, ehrlich und edel sein. Wenn nun dieses Wunschbild unserer Persönlichkeit von der Realität unseres „Ichs" zu weit entfernt ist, geraten wir in eine Krise – unser Selbstwertgefühl ist bedroht.

Übereinstimmung mit dem Gewissen

Das Gewissen ist unser innerer Spiegel der gesellschaftlichen Moral. Unsere Eltern, Lehrer und Freunde, unser gesamter Kulturkreis sind hier prägend. Solange Sie sich freiwillig an diese von Ihnen gewählte Normierung halten, sind Sie unempfindlich gegen die Reaktionen der Umwelt und leben in Frieden mit sich selbst. Verstoßen Sie dagegen, haben Sie nicht nur ein schlechtes Gewissen, auch Ihr Selbstwertgefühl ist vermindert.

Erfolg aus der eigenen Arbeit

Sie alle kennen das Gefühl nach einer vollbrachten Leistung. Dieses gute Gefühl nach einer erfolgreich durchgeführten Arbeit bzw. schon während dieser Tätigkeit (mit dem sicheren Gefühl, auf dem richtigen Weg zu sein), kann so stark sein, dass Sie innerlich jubeln. Erfolg ist deshalb der große positive Beeinflusser Ihres Selbstwertgefühls. Beachten Sie aus diesem Grund auch die kleinsten Erfolge. Bei sich und bei anderen. Beachtung stärkt!

Die Wertschätzung anderer

Jeder weiß, wie wichtig Anerkennung für ihn persönlich ist. Nicht nur Anerkennung von Leistung, auch Anerkennung der eigenen Persönlichkeit. Die höchste Form der Anerkennung ist geliebt zu werden, geliebt um seiner selbst willen. Was tun wir nicht alles dafür und welches starke Gefühl entsteht in uns. Und welche Leere, wenn Liebe, Anerkennung, Wertschätzung fehlen. Lob ist für Sie das einfachste Mittel, das Selbstwertgefühl Ihrer Mitmenschen zu steigern.

Die angepasste Aggressivität

Wenn wir gesund sind, besitzen wir Energie im Überschuss. Dieser Energie- und Triebüberschuss birgt die latente Gefahr, in Aggressivität umzuschlagen. Wir lernen von klein auf, mit dieser Kraft umzugehen und sie zu bändigen. Die Kraft an sich aber, eine angepasste Aggressivität, benötigen wir, um außerordentliche Leistungen zu vollbringen und uns gegen Widerstände durchzusetzen.

Die erotisch-sexuelle Befriedigung

Neben der Anerkennung um seiner selbst willen, neben dem Gefühl, geliebt zu werden, ist eine erfüllte erotisch-sexuelle Beziehung eine Quelle und Nahrung für unser Selbstwertgefühl. Jeder Angriff, jede Anzüglichkeit auf ein gestörtes sexuelles Verhalten ist gleichzeitig ein direkter Angriff auf das Selbstwertgefühl.

> **Fassen wir zusammen:** Das Selbstwertgefühl, bzw. seine Stärkung ist das zentrale Anliegen jedes Menschen. Was immer wir tun oder unterlassen, geschieht – unbewusst – in der einzigen Absicht, unser Selbstwertgefühl zu stärken oder Angriffe auf unser Selbstwertgefühl abzuwehren.

Dieses Wissen ist für Sie als Unternehmer und Nachfolger von zentraler Bedeutung. Denn hier liegen Grundbedürfnisse für Sie bereit, die Sie bei Mitarbeitern, bei Kunden und anderen Geschäftspartnern gezielt bedienen können.

7.4.5 Die Macht Ihres Unterbewusstseins

Sie wissen aus eigener Erfahrung, Körper, Geist und Seele bilden eine Einheit. Sie haben an sich selbst schon festgestellt, wie gute Laune Sie auf neue kreative Ideen gebracht hat, wie Erfolge im Beruf, im Sport Sie plötzlich mit neuer Kraft beseelt haben, wie Misserfolge Sie niedergeschlagen machten und wie Sie sich plötzlich saft- und kraftlos spürten.

Gedanken sind Kräfte, auch das wissen Sie aus eigener Erfahrung. Ihre Gedanken, die Sie äußern, wirken auf andere. Je mehr Emotionen Sie dabei aufbringen, desto größer ist die Wirkung. Was Sie vielleicht auch bereits an sich erlebt haben: Gedanken sind auch Kräfte nach innen. Ich meine damit nicht nur das, sicher auch manchmal Kräfte zehrende, Nachdenken, sondern die Kraft, die auf Ihre Gefühle und auf Ihren Körper wirkt. Sie kennen auch das im Positiven wie im Negativen.

Wenn Sie die Fähigkeit besitzen würden, diese Kräfte bewusst einzusetzen, ja diese Kräfte zu entwickeln, zu vergrößern, dann könnten Sie eine weitere machtvolle Ressource Ihres Selbst zu Ihrem Vorteil einsetzen. Die meisten von uns nutzen diese Gabe unbewusst, und manche von uns auch mit einer hohen Perfektion. Sie nehmen Einfluss auf andere, sie wirken, sie überzeugen. Sie nehmen aber auch Einfluss auf sich selbst. Sie lenken ihre Gedanken, steuern ihre Gefühle, sie sind sogar in der Lage, bewusst durch ihre Gedanken, ihre mentalen Kräfte Einfluss zu nehmen auf ihre Körperfunktionen. Sie kontrollieren Pulsschlag und Blutdruck, Schmerzempfinden und Blutungsverhalten von Wunden.

Wenn Sie Golf spielen, wissen Sie, wie lange Sie üben und trainieren müssen, um Ihr Handicap zu verbessern. Wenn Sie etwas lernen wollen, heißt das ebenso üben, üben – geistig trainieren. Wenn Sie Ihre mentalen Kräfte entwickeln wollen, dann heißt das, sich ihrer erst bewusst zu werden – und auch dann zu trainieren.

Mentales Training heißt, nicht nur Entspannungstechniken zu erlernen, Körperfunktionen zu beeinflussen, sondern Methoden und Techniken kennen zu lernen, die Ihnen helfen, Ihre kreativen Kräfte freizusetzen, Ihr Vorstellungsvermögen zu erweitern, Ihre Sensibilität zu entwickeln. Diese Fähigkeit wird Ihnen helfen, Ihr Bewusstsein (ohne Drogen) zu erweitern und Ihr Unterbewusstsein in einem begrenzten Umfang zu beeinflussen. Mit dem Wissen über das Funktionieren Ihres Unterbewusstseins werden Sie in der Lage sein, dieses für sich und Ihre Ziele zu nutzen.

7.4.6 Entwicklung Ihrer mentalen Kräfte

Sie haben mittlerweile erkannt, eine erfolgreiche unternehmerische Persönlichkeit hat Ziele und weiß, dass sie mit ihren Werten konform gehen muss, um nicht in innere Konflikte zu geraten. Deshalb ist es wichtig für Sie zu wissen, wie Ihr Unterbewusstsein funktioniert.

Vom Trieb zum Antrieb

Im Unterbewusstsein sind unsere Triebe und Antriebe lokalisiert. Ein Trieb ist psychologisch definiert als ein Bedürfnis, dessen Nichtbefriedigung zum Tode führt. Das Bedürfnis nach Nahrung, Schlaf, der Selbsterhaltungstrieb, der Fortpflanzungstrieb sind uns allen bekannt. Es sind dies Kräfte, die uns treiben, etwas zu „wollen". Jeder Trieb bzw. Antrieb ist mit Energie besetzt. Sie können den Menschen somit als lebendes Energiepotenzial betrachten. Dieses Potenzial hat uns Menschen, in Verbindung mit den Leistungen unseres Denkens, nicht nur das Überleben auf diesem Planeten ermöglicht. Es stellt auch die Garantie dafür dar, dass wir die Zukunftsaufgaben meistern werden – wenn wir diese Energie sinnvoll einsetzen. Tatsache ist jedenfalls, dass die meisten Menschen nur einen Bruchteil ihrer seelischen Energie einsetzen (wie sie im Übrigen auch nur einen Bruchteil ihres Gehirns benutzen – weniger als 10 %).

Energie hat, wenn sie einmal entstanden ist, die Tendenz, sich in Bewegung umzusetzen. Es gibt keine „ruhende Energie". Deshalb treiben uns die mit Energie besetzten Triebe, etwas zu tun. Und dieser jedem Physiker selbstverständliche Tatbestand macht uns das Leben mit den Trieben so schwer. Denn alles, was im Unterbewusstsein angesiedelt ist, Triebe, Antriebe, Verdrängtes, Überzeugungen usw., hat die Tendenz, sich rückhaltlos durchzusetzen.

Beachtung verstärkt

Ihr Unterbewusstsein hat die Kraft, Ihre Gedanken, Ihre Vorstellungen und Überzeugungen zu realisieren. Ihre Vorstellungen, Ihre Überzeugungen sind schon lange nicht mehr bewusst kontrollierbar, sondern haben sich in Ihrem Unterbewusstsein gebildet durch Ihre Erfahrungen, Eindrücke usw., die Sie in der Vergangenheit gesammelt haben. Dadurch hat sich Ihr Unterbewusstsein zur Quelle Ihrer Kraft, Ihrer Motivation entwickelt. Im negativen Fall aber auch zur Quelle von Ängsten und Selbstzweifeln. Denn: „Wer Müll hineingibt, bekommt Müll heraus."

Das Unterbewusstsein, das universelle Gedächtnis eines jeden von uns, beginnt bereits im Mutterleib, später nach unserer Geburt, mit seiner ureigenen Aufgabe: Es speichert Informationen. Ihre ersten Informationen erhalten Sie bereits bei der Zeugung, das Erbmaterial Ihrer Eltern. Diese Basisinformationen bestimmen Ihr Aussehen, die Farbe Ihrer Augen und Ihrer Haare, die Form der Nase und Ihren Körperbau. Aber auch potenzielle Talente, die charakterlichen Veranlagungen, den Grad der Intelligenz und die biopsychische Grundstruktur. Dieses Erbgedächtnis liefert im genetischen Code bereits alle Erfahrungen der Menschheitsentwicklung mit. Die großen Gelehrten der Vergangenheit sprachen deshalb von einem Bewusstsein des Einsseins oder „Alles ist in uns", Psychologen sprechen heute vom kollektiven Unterbewusstsein.

Vergleichen Sie Ihr Gehirn zum Zeitpunkt Ihrer Geburt mit einer Festplatte, mit einem fast leeren Archiv. Alles ist angelegt in unseren Anlagen, doch was wir daraus machen, wie das Ergebnis ausfällt, hängt von unseren Entscheidungen ab. Alle Erfahrungen, alles, was wir mit unseren Sinnen wahrnehmen, wird in dieses „Archiv" abgelegt. Negatives wie Positives, und für Sie wichtig zu wissen, völlig wertneutral. Je älter wir werden, desto komplexer wird die Informationsverwertung. Neue Eindrücke, neue Erfahrungen werden mit den alten verglichen, Informationen miteinander verknüpft, werden verankert, erneuert und ergänzt. Sie wissen bereits, die Speicherkapazität unseres Gehirns ist nahezu grenzenlos.

Doch nicht alle Informationen bleiben in unserem Bewusstsein. Die meisten gelangen dorthin, wo sie nicht mehr unserem freien Willen unterliegen: in das Unterbewusstsein. Sie bleiben gespeichert und prägen uns, unser Verhalten, unseren Charakter, bestimmen unseren Umgang mit anderen Menschen und unser Verhältnis zu uns selbst. Wenn es gelingt, das Tor zu unserem Unterbewusstsein zu öffnen, dann gelangen wir an die Wurzeln einer starken schöpferischen Kraft.

Konditionierung zum Erfolg

Das Unterbewusstsein zeigt uns unsere Möglichkeiten in unseren Träumen und Fantasien. In der geistigen Vorstellung ist alles möglich, ohne Zensur, ohne realitätsbezogene Kontrollinstanz, ohne Grenzen. Gedanken, Ängste, Gefühle und Vorstellungen beeinflussen nicht nur Seele und Geist, sondern auch den Körper. Gesundheit ist ebenso das Ergebnis unseres Denkens und Fühlens wie Krankheit. Alles, was wir uns vorstellen, ist möglich, alles, was wir uns vorstellen, kann unser Unterbewusstsein realisieren. Wer sich immer wieder vorstellt, eine Krankheit zu haben oder zu bekommen, wird eines Tages daran erkranken. Die Vorstellungskraft ist mächtiger als die Realität.

Einen überzeugenden Beweis dafür lieferte der russische Biologe und Nobelpreisträger Pawlow (1849-1936). Beim Füttern eines Hundes beobachtete er, dass das Tier bereits beim Anblick des Futters Verdauungssäfte produzierte. Über einen Monat wurde vor der Fütterung eine Glocke geläutet. Nach 28 Tagen bildeten sich bereits nach dem Glockengeläut Verdauungssäfte, unabhängig davon, ob der Hund wirklich gefüttert wurde oder nicht. Ein „bedingter Reflex" war entstanden. Der Hund verband das Glockenläuten mit Futter. Die körperliche Funktion orientierte sich nun nicht mehr an der Realität, sondern an der Vorstellung. Dieses System, erkannte Pawlow, lässt sich auch auf den Menschen übertragen.

Bedingte Reflexe können mit neuen Gewohnheiten verglichen werden, die alte ersetzen können. Jede Gewohnheit kann in durchschnittlich 28 Tagen durch eine andere ersetzt werden. Eine der wirkungsvollsten Methoden, negatives Verhalten durch positives zu ersetzen, ist die Suggestion oder Autosuggestion. Durch mentales Training können Sie erlernen, die Fähigkeiten Ihres Unterbewusstseins zu aktivieren.

Die Macht der Gedanken

Wir beschäftigen uns in unserem Nachfolgertraining gezielt mit diesen Fragen, nutzen die Möglichkeit, mentale Fähigkeiten weiterzuentwickeln und Kräfte auszubauen, denn diese brauchen Sie als Unternehmer, als Menschenführer, als Innovator. Viele von uns nutzen Entspannungstechniken, um Stress abzubauen, um schneller zu regenerieren. Viele erleben die meditative Versenkung, wenn sie sich mit einem geliebten Hobby beschäftigen. Diese Zustände der Versenkung, der absoluten Konzentration sind vergleichbar mit dem Zustand, den Sie benötigen, um Ihre mentalen Kräfte zu aktivieren.

Zum Schluss dieses Kapitels acht Kernsätze (nach Nikolaus Enkelmann), die die Macht Ihrer Gedanken aufzeigen:

1. Am Anfang jeder Tat steht die Idee.
2. Gedanken entwickeln sich aus unserem Unterbewusstsein und unserer Außenwelt.
3. Unser Unterbewusstsein hat die Tendenz, jeden Gedanken zu realisieren.
4. Was wachsen soll, braucht Nahrung. Nahrung der Gedanken ist die Konzentration.
5. Gefühle lenken und verstärken die Konzentration.
6. Im Streit zwischen Gefühl und Verstand siegt immer das Gefühl.
7. Wiederholung der Idee führt zu Glauben.
8. Glaube führt zur Tat, Konzentration zum Erfolg, Wiederholung zur Meisterschaft.

Ich lade Sie ein zu einem Selbstversuch. Öffnen Sie sich einer Welt und einer Kraft, die Sie in sich tragen.

Viele von uns haben sich bereits mit der Entwicklung ihrer mentalen Kräfte auseinandergesetzt, haben zumindest Entspannungstechniken nach Stresssituationen versucht oder Meditationstechniken erlernt. Als zukünftiger Unternehmer können Sie auf diese Kraft- und Ideenquelle nicht verzichten. Setzen Sie sich mit dieser Thematik durchaus kritisch auseinander. Denken Sie aber daran, erfahren werden Sie über dieses Thema nur durch Erfahrung – und das heißt es zu tun. Verschiedene Institute bieten dazu Trainings an. Ich empfehle diese Erfahrung gleich im Zusammenhang mit dem Thema Ihrer Nachfolge zu machen.

Jetzt versuchen Sie einfach eine Zukunftsmeditation. Versetzen Sie sich in einen entspannten Zustand, schaffen Sie den richtigen Rahmen, die richtige Atmosphäre, einen ruhigen Raum, vielleicht etwas Musik, die Sie beruhigt, und die Gewissheit, dass Sie etwa 30 Minuten ungestört sein werden. Legen Sie sich bequem auf den Rücken und lassen Ihren Gedanken freien Lauf. Konzentrieren Sie sich auf Ihren Atem, und Sie werden bemerken, dass Sie sich bei jedem Ausatmen noch mehr entspannen. Wenn Sie können, lassen Sie nach einiger Zeit Ihre Gedanken los. „Sehen" Sie Ihren Gedanken nach und begleiten Sie sie. Erträumen Sie sich z. B. Ihren 80. Geburtstag. Blicken Sie zurück auf Ihr erfolgreiches Leben. Betrachten Sie Ihre Familie, Freunde und Gäste. Hören Sie die Festreden und auch die Bemerkungen, die nicht für Ihre Ohren bestimmt sind. Genießen Sie und verfolgen Sie diese Eindrücke, diese Bilder.

Lassen Sie sich Zeit bei der Rückkehr von Ihrer gedanklichen Reise – und notieren dann Ihre Eindrücke und Erlebnisse.

Sie haben ein Bild Ihrer Zukunft in sich. Sie kennen sich und Ihre Stärken, Sie wissen, worauf es ankommt in Ihrem Leben und kennen Ihre Richtung. Ist dabei immer noch das Unternehmen, Ihr Unternehmertum ein wichtiges Element geblieben? Dann können Sie später daran denken, auch eine unternehmerische Vision zu entwickeln.

8. Entwicklungsschritte im Nachfolgeprozess

8.1 Prüfung und Entscheidung

Sie haben sich seit Ihrer Kindheit in Gedanken und im Alltag des Familienlebens auch praktisch mit dem Unternehmen auseinandergesetzt. Sie sind mit dem Problemen und auch den Bereicherungen eines Familienunternehmens groß geworden. Sie sind unter Umständen in die Rolle des Nachfolgers ganz unbewusst hineingeschlüpft, vielleicht auch „hineingeschlüpft worden". Ihre Schulbildung hat einen Weg genommen, der Sie bereits auf die Nachfolge, zumindest eine Aufgabe in einem Unternehmen vorbereitet hat. Ihre Eltern haben Sie vielleicht von Anfang an als ihren Nachfolger betrachtet und so erzogen.

Die Entscheidung liegt jedoch bei Ihnen. Es ist Ihre Entscheidung, in welche Richtung sich Ihr zukünftiges Leben bewegen wird. Sie sollten der Steuermann Ihres Lebensschiffes sein. Auch aus diesem Grunde empfehle ich Ihnen, prüfen Sie sich selbst. Die Frage, die Sie sich beantworten müssen heißt: Wollen Sie, haben Sie das Potenzial dafür, sind Sie geeignet zum Unternehmer? Das ist keine Entscheidung, die man alleine trifft. Eltern, Geschwister und Verwandte sind gut meinende, aber nicht immer geeignete Berater. Trotzdem, das Gespräch ist gerade mit dieser Gruppe wichtig, weil sie Sie weiter begleiten wird. Wichtig sind auch Gespräche mit Anwälten, Beratern und Bankern des Unternehmens. Scheuen Sie sich aber auch nicht, Rat von Psychologen und professionellen Nachfolgeberatern einzuholen. Bereits in einem vorgehenden Kapitel habe ich auf spezifische Assessment-Center für Nachfolger hingewiesen. Manche von Ihnen haben vielleicht schon Erfahrung mit Assessment-Centern, die insbesondere große Firmen zur Bewerberauswahl nutzen. Dies ist sicher eine nützliche Erfahrung für jeden, die eigentlichen Informationen über die Bewerber bleiben jedoch beim Unternehmen. Es wäre für sie viel zu aufwändig, jeden Einzelnen individuell und ausführlich über die Einzelergebnisse zu informieren. In dem spezifischen Assessment-Center für Nachfolger steht dies aber gerade im Mittelpunkt. Jeder der Teilnehmer erhält nicht nur Hinweise über Ergebnisse bei den Einzelkriterien, sondern über sein Verhalten in bestimmten Situationen und Hinweise über Veränderungsmöglichkeiten. Und hier im Gespräch zwischen Unternehmern und Psychologen werden Sie erfahren: Auf die Persönlichkeit und Ihre Motivation kommt es an!

Spätestens hier erfahren Sie auch den Unterschied zwischen selbst gewonnener Erkenntnis und der Erkenntnis aus Eigen- und Fremdbeobachtung, gewonnen bei der Simulation realistischer Arbeits- und Entscheidungssituationen aus dem Alltag des unternehmerischen Handelns.

Ziele dieser meist in Workshop-Form stattfindenden Assessment-Centers sind eine Einschätzung der persönlichen, fachlichen und sozialen Potenziale der Nachfolger und das Training von emotionaler Intelligenz. Der Workshop ermöglicht, dass jeder Person ein individueller Entwicklungsplan aufgezeigt wird. Er wird als Analyseinstrument des individuellen Entwicklungsbedarfs und somit als Förderinstrument innerhalb des Nachfolgertrainings verwendet.

Im Verlauf von meist mehreren Tagen (Sie sollten darauf achten, dass das Assessment-Center mindestens zwei Tage dauert.) werden realistische Arbeits- und Entscheidungssituationen in Form von verschiedenen Gruppen- und Einzelübungen aus dem Alltag des unternehmerischen Handelns simuliert.

Mit Hilfe der Ergebnisse aus standardisierten psychologischen Testverfahren und den Beobachtungsergebnissen mehrerer geschulter Beurteiler, die langjährige Erfahrung in der Unternehmensführung aufweisen, ergibt sich ein individuelles Persönlichkeitsprofil, das am Ende des Workshops in Form eines ausführlichen Einzelgesprächs den Nachfolgern zurückgemeldet wird. Das Feedback trägt wesentlich dazu bei, dass der Nachfolger persönliche Stärken und Defizitbereiche erkennt. Dieser Erkenntnisprozess löst die Motivation für einen Entwicklungs- und Veränderungsprozess aus. Er ist letztendlich auch die Basis auf der Sie sich entscheiden – für das Unternehmertum.

8.2 Training der unternehmerischen Persönlichkeit

Ein Drittel der Nachfolger aus Familienunternehmen sind älter als 45 Jahre, wenn sie in die Unternehmensleitung eintreten. Das ist in den meisten Fällen fünf bis zehn Jahre zu spät. Das heißt für Sie, wenn Sie heute zwischen 25 und 35 Jahre alt sind, dann ist dies der richtige Zeitpunkt, sich auf die Nachfolge vorzubereiten. Was können Sie tun, vorausgesetzt, Sie haben eine entsprechende Berufsausbildung, zweckmäßiger oft ein Hochschulstudium bereits abgeschlossen? Von zentraler Bedeutung für Sie als zukünftiger Unternehmer sind die Erfahrungen von außerhalb des Familienunternehmens. Meistens haben Sie bereits den elterlichen Betrieb während Ihrer Schul- und Studienzeit kennen gelernt, haben dort Praktika gemacht. Wenn nicht, dann kann es sinnvoll sein, eine solche Zeit, u. U. als Traineeprogramm von drei bis maximal sechs Monaten, noch zu absolvieren. Das Familienunternehmen sollten Sie nicht nur von den Tischgesprächen zu Hause kennen. Danach ist es jedoch wichtig, in Fremdunternehmen Erfahrungen zu sammeln, sich seine Sporen zu verdienen. Führungserfahrung ist dabei besonders wichtig. Das bedeutet aber auch für Sie ein Minimum von zwei bis drei Jahren in einem anderen Unternehmen, es dürfen aber auch fünf Jahre sein. Dies ist ein Zeitraum, in dem Sie auch die ersten Karriereerfolge erreicht haben sollten.

An der Entwicklung Ihrer unternehmerischen Persönlichkeit werden Sie, wenn Sie es ernst meinen, ein Leben lang arbeiten. Unter einem Training Ihrer unternehmerischen Handlungskompetenzen möchte ich Sie an dieser Stelle jedoch mit einer zeitlich kürzeren und intensiveren Variante bekannt machen. In Europa existieren einige wenige Institute und Akademien, die sich spezifisch mit dem Training und der Entwicklung von Nachfolgern befassen. Was erwartet Sie bei einem derartigen Training, worauf sollten Sie bei der Auswahl von Angeboten achten?

Nachfolger bzw. Unternehmer sollten unter sich sein. Sie und die anderen Teilnehmer bereiten sich meist in kleinen Gruppen, auf eine besondere Situation vor. Der vertrauensvolle Austausch von Erfahrungen, Gespräche über Unternehmer spezifische Probleme, Aspekte in der Familie und vieles andere muss möglich sein.

Das Programm sollte modular aufgebaut sein. Der modulare Aufbau ermöglicht eine Teilnahme während des beruflichen Einsatzes oder auch parallel zu einer anderen Ausbildung. Die Teilnehmerzahl sollte begrenzt sein auf maximal 12 Personen. Der Individualität und dem Anspruch der Teilnehmer in kurzer Zeit möglichst intensive Erfahrung zu sammeln wird damit Rechnung getragen. Zeitlich sollte ein derartiges Programm einen Umfang von ca. 300 Trainingsstunden aufweisen. Dabei sollten die einzelnen Module über mindestens jeweils drei bis fünf Tage laufen und in einer ungestörten Umgebung stattfinden. Die aktive Arbeit im kleinen Teilnehmerkreis sichert einen schnellen Trainingserfolg. Im Vordergrund steht neben der Wissensvermittlung vor allem die praktische Fähigkeit zur Umsetzung, welche zur Ausübung der späteren Unternehmerrolle erforderlich ist. Ein praxisnaher Austausch mit Experten, mit Unternehmern und mit Partnern mit ähnlichem Hintergrund und gleichen Zielen führt im Ergebnis zu einer unternehmensbezogenen Persönlichkeitsentwicklung mit hoher Handlungskompetenz.

Die weit reichende Einbeziehung der Senior-Unternehmer in das Programm ermöglicht einen zwanglosen Dialog mit dem Nachfolger, aber auch den Austausch von Unternehmer zu Unternehmer bzw. zu den Nachfolge-Experten.

Wollen, Wissen, Können und Verhalten sind die Bereiche, die erweitert werden sollten: Achten Sie auf die Themen, die angeboten werden. Die folgenden sollten ein Minimum darstellen:

- Wollen
  - Persönliche Lebensplanung
  - Entdeckung des eigenen Profils – Erkennen der Persönlichkeit
  - Körperliche, geistige und mentale Fitness
  - Unternehmerische Visionen entwickeln

- Wissen
  - Strategie und marktorientierte Unternehmensführung
  - Operatives und strategisches Controlling

- Finanzierung und Investitionen
- Mein Recht als Unternehmer u. a.

■ Können und Verhalten

- Führung und Teamarbeit
- Verhandlungsführung
- Konfliktmanagement
- Überzeugend Auftreten - Rhetorik
- Erfolgsmanagement und persönliche Arbeitstechniken

Achten Sie auch auf die Ausgestaltung dieser Themenbereiche. Für die Unternehmensführung ist die gesamte Person gefordert. Körperliche Fitness, Konzentration, Kreativität und Gestaltungswille sind Voraussetzung für höchste Leistungserbringung. Deshalb sollten auch Aspekte behandelt werden, wie Körpermanagement, Überzeugen durch Persönlichkeit, Wege zu mentaler Gelassenheit, besserer Umgang mit täglichem Stress, Gedächtnis- und Konzentrationstraining.

Wie schon vorher erwähnt, gehört soziale Kompetenz zu den wichtigsten Führungseigenschaften, denn die Zusammenarbeit und der Umgang mit den Mitarbeitern sind elementar für den Erfolg des Unternehmens. Interessante Trainingsthemen sind deshalb: Moderation sozialer Gruppen, vom Konflikt zur Kooperation, Führungsstil und Unternehmenserfolg, Motivation und Leistung, der Unternehmer als Coach, vernetztes Denken im Management mittelständischer Unternehmen. Kommunikative Fähigkeiten unterstützen den Unternehmer in der Innen- wie auch in der Außenwirkung bei der Durchsetzung seiner Interessen. Hierzu wichtig sind Kompetenzen: Kommunikation und persönliches Auftreten, die freie Rede (Gebrauchsrhetorik), Gesprächsführung, Erfolgreich präsentieren, Dialektik für Führungskräfte und der Umgang mit Medien und Öffentlichkeit.

Die Anwendung von persönlichen Arbeitstechniken unterstützt den Unternehmer bei seinen operativen Tätigkeiten und verhindert unproduktives Handeln. Deshalb achten Sie auch auf Themen wie Problemlösungs- und Entscheidungstechniken, Kreativitätstechniken, Individuelles Zeitmanage-ment, Memotechniken, Prioritäten setzen, Stress und Entspannungs-Techniken, Mentales Training.

Die Aufzählung interessanter und wichtiger Themen ließe sich noch fortsetzen, doch ich denke, sie haben hiermit ausreichend Hinweise für Ihre Auswahl und Entscheidung an der Hand.

Alle in einem derartigen Intensivtraining behandelten Aspekte sind relevant für Ihre Entwicklung. Trotzdem gehe ich auf Grund ihrer Bedeutung für die Nachfolge, auf zwei besonders ein: auf das Thema Strategie und das Thema Führung:

Strategieentwicklung:
Welche Vision habe ich für das Unternehmen?

Die Entwicklung von Visionen und Strategien ist vielleicht die zentrale Aufgabe als Unternehmer, die die Wettbewerbsfähigkeit Ihres Unternehmens sichern. Das heißt für Nachfolger: Wie kann ich eine unternehmerische Vision entwickeln? Was muss ich tun, damit ich die richtigen Ziele für das Unternehmen finde, die nicht nur meine Kunden, sondern auch meine Mitarbeiter begeistern? Keine egoistischen Ziele, sondern Ziele, die mich und andere motivieren – das ist das Entscheidende.

In einem derartigen Training müssen Methoden vermittelt werden, wie Sie Ihre unternehmerische Vision entwickeln können. Dazu müssen weitere Methoden aufgezeigt werden, wie man eine Strategieplanung entwickelt, Sie sollten in den Prozess der Strategieentwicklung eingeführt werden und u. U. bei der individuellen Umsetzung im eigenen Unternehmen begleitet werden. Doch Vorsicht, wenn Sie ins Unternehmen gehen. Sie sind nicht Gründer. Sie starten nicht bei Null, sondern haben den Vorteil, dass ein Unternehmen, meist ein gut gehendes, existiert, das unternehmerische Ziele, Strategien und Pläne vorhanden sind, u. U. für Sie nicht gleich erkennbar, manchmal nicht aufgeschrieben, sondern in den Köpfen des Unternehmers und seiner Führungskräfte. Das heißt für Sie, wie übrigens immer in einer neuen Umgebung, beobachten Sie genau, hinterfragen Sie, vergleichen Sie mit dem was Sie erlernt haben, und fragen zuerst sich selbst, warum es im eigenen Unternehmen anders gemacht wird. Machen Sie sich vor allem Notizen über die Dinge, die Sie kritisch gesehen haben. Wenn Sie derart vorgehen, stoßen Sie nicht andere vor den Kopf durch voreilige Vorschläge und machen sich auch nicht so leicht lächerlich. Jetzt haben Sie die Möglichkeit, „respektvoll" vor der bisher erbrachten Leistung Ihre Fragen zu stellen, auf die Antworten und Begründungen zu hören und eigene Vorschläge zu machen. Das Gespräch mit Ihrem Vater, dem Unternehmer, kann so auf einer partnerschaftlichen Ebene geführt werden. Es besteht weniger die Gefahr, dass es durch zu viel Kritik vergiftet wird, es zu Spannungen kommt.

In diesem Teil des Trainings sollten auch intensiv die allgemeinen unternehmerischen Fragestellungen, wie unternehmerische Ethik und gesellschaftliche Verantwortung, durch abendliche Vorträge und Diskussionsrunden mit Unternehmern und Politikern behandelt werden. Sie sollten Gelegenheit erhalten sich mit führende Persönlichkeiten, bekannten und erfolgreichen Unternehmern, Politikern und Regierungsmitgliedern, die bei Veranstaltungen in den Trainings teilnehmen, sich auseinander zu setzten.

Es wird deutlich, hier soll nicht nur Wissen vermittelt werden. Hier sollen Persönlichkeiten geformt werden durch den Kontakt mit Vorbildern, durch die Möglichkeit, sich zu vergleichen, persönlich Erfahrungen mit diesen Größen auszutauschen und von den Erfahrungen der Besten zu lernen.

Damit Strategie nicht in den Wolken der Wissenschaftlichkeit hängen bleibt, soll auf die Umsetzung durch Marketing und Vertrieb in Fallstudien und die individuelle Bearbeitung des eigenen Unternehmens besonders eingegangen. Auch hier sollten Sie durch die Beiträge erfolgreicher Unternehmer bzw. auch erfolgreicher Funktionsspezialisten aus dem Marketing, Controlling u. a. die Praxis erfahren und von den Fehlern und Erfahrungen der Erfolgreichen lernen.

Führung und Kommunikation

Führung und Kommunikation sind zwei Seiten einer Medaille. Als junger Mensch haben Sie sich sicher schon oft die Frage gestellt: Wie führe ich Menschen? Wie erreiche ich Führungs- und Überzeugungskraft? Wie kann ich Mitarbeiter und Kunden bewegen? Das Idealbild ist der charismatische Unternehmer, der durch Kraft, Persönlichkeit und Ausstrahlung überzeugt.

Führen heißt, per se kommunizieren. Wenn das richtig ist, dann ist klar für Sie, dass Sie die Gesetzmäßigkeit von Kommunikation und Wahrnehmung kennen und können müssen. Sie sollten sich dazu mit den fünf Axiomen von Watzlawick und dem vier Seiten-Modell von Schulz von Thun auseinander setzen. Sie sollten in einem derartigen Training Ihr Wissen der verschiedenen Persönlichkeitsstrukturen und deren Grundmotivation erweitern. Die Ergebnisse der Motivationsforscher Herzberg und Maslow sind uns meist noch bekannt, darüber hinaus hat sich die Forschung auch auf diesem Gebiet weiter entwickelt.

Unsere Sprache ist das wichtigste Führungsinstrument, über das wir verfügen. Leider ist nicht immer eindeutig was, und wie wir etwas sagen. Häufig hört der Empfänger unserer Botschaft etwas anderes als das, was wir vermitteln wollen. Das ist normal, führt aber zu Missverständnissen und Konflikten. Als Unternehmer und Führungskraft müssen Sie sich deshalb auseinandersetzen, wie es kommt, dass wir aneinander vorbeireden. Das Kommunikationsmodell von Schulz von Thun hilft Ihnen, diese Dinge differenzierter, nämlich aus der Perspektive von vier Seiten zu sehen und dadurch besser zu verstehen und verstanden zu werden.

Auch für die Vorbereitung und eigentliche Gesprächsführung in Konfliktsituationen hilft dieses Modell, Kommunikation bewusster und damit wirkungsvoller zu gestalten, mit Störungen in Gesprächen und Konflikten besser umzugehen.

Kommunikation wird vor allen Dingen durch unsere Einstellung anderen Menschen gegenüber geprägt. Sehe ich den anderen positiv, als Partner, oder gehe ich mit der Einstellung ins Gespräch, dass der andere unter meinem Niveau, nicht ebenbürtig ist? Unsere Einstellung prägt unser Gesprächsverhalten und das Verhalten unserer Mitarbeiter dem Unternehmen gegenüber. Unsere Einstellung drückt sich meist weniger in dem verbalen Anteil des Gesprächs aus. Solche Beziehungsaussagen werden durch Ihre Körpersprache vermittelt, den Tonfall, Ihre Gestik und Mimik sowie die gesamte Körperhaltung. Bei einer Divergenz zwischen Körpersprache und verbalem Ausdruck glauben wir dem non-verbalen Teil, da dieser einen direkten Zugang zu unserem Gefühl findet und weniger durch den Verstand gesteuert wird.

Das zeigt: Kommunikation ist unser wichtigstes, ursprünglichstes Führungsinstrument. Durch sie stellen wir uns dar, durch sie werden wir von unseren Mitarbeitern wahrgenommen, eingeschätzt und bewertet. Im Übrigen nicht nur von unseren Mitarbeitern, sondern auch von der Öffentlichkeit und insbesondere von unseren Partnern und Kunden.

Ein wichtiger Teil eines Intensivtrainings ist deshalb auf die Verbesserung unseres Gesprächsverhaltens, unserer Überzeugungsfähigkeit, unseres Auftritts in der Öffentlichkeit und bei Verhandlungen gegenüber Kunden ausgerichtet. Unser zukünftiger Erfolg als Unternehmer hängt von diesen Fähigkeiten in hohem Maße ab.

Marketing und Kommunikation sollte an dieser Stelle, trotz der hohen Wichtigkeit, nur als Erinnerungspunkt erwähnt werden. Denn die Fragen: Wie vermittele ich meine Botschaften? Wie kommuniziere ich die Ziele und Nutzen für die Mitarbeiter und die Kunden? Wie analysiere ich die Motivationsstruktur meiner Mitarbeiter und Kunden und treffe über Kommunikation die Grundmotivation von Mitarbeitern und Kunden? Dies sind strategische und operative Fragen des Marketings und sollten in Fallstudien bearbeitet werden.

Über Führungsmethodik und „Management-by"-Techniken ist viel geschrieben und viel versprochen worden. Sie sollten die meisten zumindest kennen. Wenden Sie bei der Verfolgung Ihrer unternehmerischen Ziele die Methoden an, mit denen auch Sie geführt werden möchten.

Im Zeichen sich wandelnder Werte, dem allgegenwärtigen Streben nach Unabhängigkeit, Selbstverantwortung, Individualität und Sinnhaftigkeit müssen auch Sie sich die Frage stellen, ob mit dem Führungsstil Ihrer Vorväter heutige Unternehmen, heutige Mitarbeiter noch geführt werden können. Diese Auseinandersetzung sollte einen großen Teil eines Führungstrainings einnehmen. Ohne im Einzelnen darauf einzugehen, so viel an dieser Stelle: Wenn es Ihnen gelingt, dass Ihre Mitarbeiter zu einer Sinnhaftigkeit in der Arbeit in und an Ihrem Unternehmen finden, dann wird es Ihnen auch gelingen, Ihre unternehmerischen Visionen weiterzugeben und zu gemeinsamen Zielen zu kommen. Das wird Ihre ureigenste unternehmerische Führungsaufgabe sein. Strategien zu realisieren, im Unternehmen und auf dem Markt beim Kunden durchzusetzen, sind dann Aufgaben für Ihre Mitarbeiter. Ihre Aufgabe dabei ist die strategische Steuerung – das Controlling – dieses Prozesses.

Achten Sie bei der Auswahl eines Nachfolgertrainings, dass die Schwerpunkte tatsächlich auf Persönlichkeitsentwicklung und nicht nur auf die Vermittlung von Fachwissen, welches Sie besser an Universitäten oder Fachhochschulen vermittelt bekommen, ausgerichtet sind. Betrachten Sie bei Ihrer Auswahl auch das Angebot an Sport, mentalem Training, Veranstaltungen, abendlichen Diskussionsrunden und die Art des Trainings. Nächtliche Gruppenarbeiten können ein unternehmerisches Gemeinschaftsgefühl erzeugen, das zu einem tragfähigen Nachfolger-/Unternehmernetzwerk führt.

8.3 Unternehmenspraxis lernen

Väter, also Seniorunternehmer, äußern oft, es sei schwierig, Sohn oder Tochter für den Eintritt in ein Branchenunternehmen zu gewinnen. Oder ich höre das Argument: „Die gemeinsame Zeit wird zu knapp, und bei mir kann mein Nachfolger am meisten lernen." Beides ist nicht richtig. Insbesondere bei einem Start im Familienunternehmen, wenn Sie als Junior die Ochsentour gehen, ist die Gefahr viel zu groß, dass Sie nach vier bis fünf Jahren „verbrannt" sind und Sie niemand mehr ernst nimmt. Deshalb rate ich: draußen „Hörner abstoßen", Fehler machen.

Natürlich wird kein Wettbewerber den Sohn oder die Tochter des Konkurrenten in seinen strategischen Planungsstab aufnehmen. Doch wie wäre es mit Kunden- und Lieferantenunternehmen, Unternehmen im Ausland oder auch branchenfremden Unternehmen, die in einzelnen Funktionsbereichen vergleichbar mit der eigenen Branche sind? Sinnvoll kann auch ein Einsatz in einem Konzern, bei einer Bank, bei einem Wirtschaftsprüfer oder Unternehmensberater sein.

Im Zeichen der Internationalisierung des Geschäfts und der Globalisierung der Märkte ist darüber hinaus ein Auslandsaufenthalt ein Muss. Englisch muss heute verhandlungssicher gesprochen werden. Eine zweite Fremdsprache ist sinnvoll, wenn entsprechende Märkte bedient werden. Manchmal bietet sich aus diesem Grunde auch ein kurzzeitiger Studienaufenthalt, z. B. zur Erlangung eines MBA, im Ausland an.

Praxisbeispiel:

> Ein gutes Beispiel dafür ist *Josef Rettenmeier*. Die Firma *Rettenmeier & Klein GmbH & Co. KG* ist für Handwerk, Handel und Industrie im In- und Ausland die erste Adresse, wenn es um Holz geht. 1948 gegründet, entwickelte sich die Firma von einer Holzhandlung mit einem angeschlossenen kleinen Sägewerk kontinuierlich zu einem der modernsten Industrieunternehmen in der Branche. In mehreren Werken in Europa beschäftigen sich über 1.100 Mitarbeiter mit der Bearbeitung und Veredlung von Massivholzprodukten zum Bauen und Wohnen.

Entwicklungsschritte im Nachfolgeprozess   229

> Derzeit wird ein Generationenvertrag erarbeitet. Die Umwandlung in eine Aktiengesellschaft erfolgte im Jahr 2001. Ein Sohn hat noch während seines BWL-Studiums eine Nachfolger-Akademie besucht und absolvierte anschließend zwei Semester bei der BI Norwegian School of Management in Oslo.

Es kann aber auch eine Sprachschule sein, wenn es nur um die Verbesserung der Sprachkenntnisse geht. Natürlich können Sie eine Sprache auch über ein Intensivtraining zu Hause erlernen. Ein Auslandsaufenthalt bedeutet aber auch Zugewinn an Lebenserfahrung, Erweiterung seiner kulturellen Erfahrungen und nicht zuletzt den Aufbau eines Netzwerkes, das auch für die Zukunft von Nutzen sein kann.

Sie sollten die Möglichkeiten, Erfahrungen zu machen, sich Fehler zu leisten, besser in Fremdunternehmen als im eigenen Familienunternehmen machen. Handwerker wurden früher auf die Walz geschickt und wurden erst nach fünf bis sechs Jahren in der Fremde zur Meisterprüfung zu gelassen. Es muss heute nicht immer so lange sein, der Grundgedanke ist derselbe. Die Gefahr, dass diese Periode schief geht, dass nicht die richtigen Firmen, die richtigen Positionen, eben die Zeit sinnvoll eingesetzt wird, ist relativ groß. Deshalb holen Sie sich auch hier Unterstützung von außen. Die bereits angesprochenen auf die Nachfolge spezialisierten Institute lassen sich auch in dieser Phase durch ihre Kontakte und ihr Netzwerk nutzen. Ziel bei einem Einsatz in „draußen" ist dabei die Sammlung praktischer Managementerfahrung in Fremdunternehmen und später dann die Einleitung der Verantwortungsübernahme im Familienunternehmen. Die Institute vermitteln dabei den Trainee- und Funktionseinsatz in mittelständischen Unternehmen im In- und Ausland, auch den Einsatz in anderen sinnvollen Wirtschaftsbereichen, wie z.B. Firmenkundenbereiche einer Bank, Einsätze bei Wirtschaftsprüfern oder Beratungsgesellschaften. Sicher sind in dieser Zeit auch weitere Weiterbildungsangebote wahrzunehmen, die auf die zukünftige Aufgabe vorbereiten.

Wichtig für die Familie und den Nachfolger ist, dass er während dieser Zeit nicht den Kontakt zum eigenen Unternehmen verliert. Sinnvoll ist deshalb spätestens in dieser Phase dem Junior auch deutliche Vertrauensbeweise zu geben, wie z.B. die Übertragung von Gesellschafteranteilen o. Ä., die ihn in eine Gesellschafterverantwortung zum Unternehmen bringen. In welcher Form auch immer, in Abständen, die nicht länger als zwei Monate sein sollten, sind Gespräche und Termine zu vereinbaren, bei denen Nachfolger und Unternehmer sich über die Entwicklung des Unternehmens, aber auch über den Fortschritt des Juniors austauschen. Ein Meilensteinprogramm kann solche Termine fixieren, sollte aber darüber hinaus das Entwicklungsprogramm des Juniors in Fremdunternehmen und später im Familienunternehmen darstellen. Regelmäßige Coaching-Gespräche mit einem Mentor dienen der Erfolgskontrolle, Karriereberatung, der Unterstützung bei Bewerbungen und der Beratung in Konfliktsituationen. „Learning from the best" ist die Devise.

Die Möglichkeit, dass der Junior während seiner Arbeit in einem Fremdunternehmen „auf den Geschmack kommt", dort zu bleiben, beschränkt sich auf 10-20 % dem Autor bekannte Fälle. Die Chance, in einem internationalen Konzern Karriere zu machen, ist manchmal verlockend. Wenn sich dann auch im privaten Bereich feste Beziehungen entwickeln, dann kann es vorkommen, dass der ganze Nachfolgeplan an Bedeutung verliert und dass die Rückkehr ins elterliche Unternehmen nicht erfolgt. In den überwiegenden Fällen beschränkt sich der Junior auf die einmalige Erfahrung im Fremdunternehmen und/oder im Ausland und tritt die Nachfolge an. Für die meisten bedeutet die Rückkehr zum elterlichen Unternehmen eine positive Erfahrung: Er/sie stellt nämlich fest, dass er/sie etwas ganz Besonderes ist, der Sohn oder die Tochter des Familienunternehmers, die von der umgebenden Gesellschaft bevorzugt behandelt werden. Diese Erfahrung des entgegengebrachten Respekts muss der Junior natürlich in einem internationalen Konzern entbehren.

All diese Schritte sollten gut geplant sein, die Jobs, Positionen, die Funktionen, die Dauer. Besonders die Firmen, Organisationen und Länder sollten mit Beiräten, anderen Unternehmerkollegen diskutiert und beraten werden.

8.4 Der Eintritt ins Familienunternehmen

Nach den „Gesellenjahren" draußen sollte der Schritt ins eigene Unternehmen möglichst auf Geschäftsleitungsebene erfolgen. Selbstverständlich fehlt für diese Ebene meist noch die Erfahrung. Auf Grund seiner Ausbildung, seines Wissens und der Erfahrungen in Fremdunternehmen, der Erfahrungen mit fremden Kulturen aus seinen Auslandaufenthalten bringt der Juniorunternehmer nun eine reiche „Mitgift" ins Unternehmen. Die Planung dieses letzten Schritts bedarf besonderer Sensibilität. Allein die Nähe zum Unternehmer birgt hohes Konfliktpotenzial, auch der meist vorhandene Taten- und Veränderungsdrang des Juniors.

Wenn ich Sie jetzt als Nachfolger wieder direkt anspreche, dann deshalb, weil Sie der Neue sind. Sie werden einerseits sehnsüchtig von Ihrem Vater und auch von den Mitarbeitern erwartet. Sie stellen andererseits aber auch für viele der direkt am Nachfolgeprozess Beteiligten eine Bedrohung dar. Unterbewusst spürt jetzt auch der Unternehmer die „Bedrohung", die von einem Nachfolger ausgeht – und reagiert entsprechend befremdlich. Für manche Führungskräfte können Sie tatsächlich eine Bedrohung darstellen, vielleicht durch mehr Wissen, u. U. durch die Tatsache, dass Sie zu Ausbildungszwecken im Unternehmen seine Position einnehmen sollen.

Meist sind diese Konflikte gut zu lösen. Ich empfehle Ihnen für dies Phase einen Mentor von außen, u. U. ein Beirat des Unternehmens bzw. ein auf die Nachfolge spezialisierter Berater. Die Meditation, die kleinen Projekte, die in diesem Stadium mit dem Mentor, dem Unternehmer und dem Junior vereinbart werden, können hier viel Spannung aus dem Prozess abbauen.

Sinnvoll ist jetzt eine Einarbeitungsphase über spezifische betriebliche Projekte. Als besonders wirkungsvoll in der Startphase haben sich zwei Themen gezeigt:

8.4.1 „Zukunftswerkstatt" mit Senior und Management

Während im bisherigen Vorgehen das Management nur mit dem Senior und nicht mit dem Junior ins Gespräch gekommen ist, kommen nun alle drei Ebenen, nämlich der Senior, der Junior und das Management im Rahmen einer „Zukunftswerkstatt" zusammen. Dabei geht es darum, sich gegenseitig über Trends in der Branche und eigene Zielvorstellungen auszutauschen. Hier – in einer kleinen betrieblichen Öffentlichkeit – soll jeder seine Vorstellung zur Zukunft des Unternehmens und seiner eigenen Rolle präsentieren. Auch der Junior nimmt die Gelegenheit wahr, in der gesamten Runde der leitenden Mitarbeiter seine Vorstellungen als Nachfolger des Unternehmens für die Zukunft darzulegen. Ein Berater kann die Funktion übernehmen die Diskussion und die Zielvorstellungen der Einzelnen zu moderieren. Darüber hinaus besteht seine Aufgabe darin, eine gemeinsame Zielvorstellung zu fördern. Dabei geht man vom Status quo aus und beginnt noch nicht mit der Entwicklung von Strategien. Das Ergebnis des Zukunftsgespräches bildet die Grundlage für die Strategiediskussion.

8.4.2 Strategiediskussion

Die Strategiediskussion selbst findet in einem aufbauenden eintägigen Strategie-Workshop nach vier bis sechs Wochen statt – wieder gemeinsam mit dem Management. Diesmal teilen sich Berater und Junior die Moderationsaufgabe. Dahinter steht die Idee, dass der Junior bei der Strategieentwicklung führt und der Berater zunehmend in den Hintergrund tritt. Damit wird der Nachfolger immer mehr als zentrale Person wahrgenommen, so dass die Zusammenarbeit zwischen Junior und Management ohne weitere Hilfen immer selbstverständlicher wird. Ziel des Strategieworkshops ist, dass Junior und Management gemeinsam die Stärken und Schwächen des Unternehmens diskutieren und daraus die notwendigen Maßnahmen ableiten. Dieser Prozess der Strategieentwicklung wird vom Management dokumentiert. Idealerweise sollte als Ergebnis ein erster Entwurf der zukünftigen Strategie entstehen. Dieser Entwurf bildet die Grundlage für die weiteren Gespräche und Projekte. Darüber hinaus hat der Junior einen Eindruck von seinen Mitarbeitern in der großen Runde gewonnen, der vielleicht anders als in den Einzelgesprächen war.

Durch die Gespräche in der Zukunftswerkstatt und der Strategiediskussion haben Sie die Grundlage geschaffen um gemeinsam mit Ihren Familiengesellschaftern und den wichtigsten Mitgliedern der Unternehmensführung eine unternehmerische Vision zu erarbeiten. Ich empfehle Ihnen sammeln Sie mindestens ein bis zwei Jahre Erfahrung im elterlichen Unternehmen bevor Sie diesen Schritt planen und planen Sie ihn gut.

8.4.3 Sieben Stufen zu Ihrer unternehmerischen Vision

Nachdem Sie Ihre Ziele als Nachfolger, Ihre Vorstellung Ihres zukünftigen Lebens entwickelt haben, versuchen Sie sich an Ihrer persönlichen unternehmerischen Vision. Nutzen Sie dabei die Kraft Ihres Unterbewusstseins.

Rudolf Mann hat in seinem Werk „Das Visionäre Unternehmen" viele Hinweise gegeben, die ich oft bei der eigenen Visionsarbeit einsetzen konnte und nachfolgend nutze.

Die Vision als Sinngebung

Visionen sind Ausdruck der menschlichen Schöpfungskraft. Sie fußen auf der realen Situation der beteiligten Personen und zeigen ein visionäres Zukunftsbild.

Visionen geben uns Sinn für unsere berufliche Arbeit und persönliches Handeln. Visionen mobilisieren und bündeln Ihre Lebensenergie auf ein Ziel ein. Eine Vision ist eine qualitative Zielsetzung, die den erwünschten Zustand beschreibt. Sie ist der rote Faden, unter den sich Strategien, Projekte und Maßnahmen unterordnen.

Wahrscheinlich ist, dass sich Visionen nicht vollkommen realisieren lassen, weil sie durch neue Erkenntnisse und die Veränderung des Bewusstseins überarbeitet und erweitert werden.

Merkmale von Visionen

Unternehmervisionen werden von Unternehmern entwickelt und Unternehmensvisionen werden vom Team entwickelt.

Visionen bringen Gefühle zum Ausdruck: Freude, Stolz, Spaß an der Arbeit, Liebe zum Produkt. Gefühle bringen Energien zum Fließen.

Visionen sind positiv, konstruktiv, lebensbejahend und definieren den Sinn der Leistung.

Visionen klären Beziehungen, den Umgang miteinander. Sie sind geistige Bilder des Zustandes, den wir erreicht haben, wenn wir unser Ziel erreicht haben.

Visionen sind Spannungsfelder zwischen der heutigen Ist-Situation und unserem Vorstellungsbild von der Zukunft.

Vision ist visionär. Visionen eröffnen neue Perspektiven, sind innovativ und kreativ und gehen an die Grenzen des Unmöglichen.

Visionen setzen Vertrauen voraus. Falsch ist zu glauben, „alles ist beherrschbar". Solange wir glauben, mit dem Verstand und den Managementtechniken alles beherrschen zu können, erleben wir zunehmend mehr Überraschungen und Turbulenzen, auf die wir nicht vorbereitet sind.

Der Weg zur Vision

Ich beschreibe nachfolgend einen sehr konkreten und erprobten Weg. Argumentieren Sie nicht über die Sinnhaftigkeit der Schritte, sondern probieren sie aus und machen Sie Ihre eigenen Erfahrungen. Urteilen Sie danach. Der Weg beginnt unten. Er geht aus von der Wahrnehmung des Bestehenden auf allen Ebenen. Schließt ein, was man gerne mag, das, was man nicht so gerne sieht, aber auch, was man verdrängt, was man nicht wahrhaben will, was tabuisiert wird. Je intensiver der Wahrnehmungsprozess erfolgt, desto fester ist das Fundament, auf dem die Vision aufgebaut werden soll.

Auf der *Energie*-Ebene werden interne und externe Beziehungen beobachtet sowie bestehende Abhängigkeiten und Anziehungskräfte. Auf dieser Ebene lernen wir, Gefühle umzuwandeln und damit Beziehungen zu verändern. Die Öffnung der Ebene der Intuition kann erst gelingen, wenn Sie gelernt haben zu meditieren. Erst dann kann ein neues Vorstellungsbild geschaffen werden. Dieses Vorstellungsbild wird schriftlich formuliert, bevor der Prozess wieder zurück in die „Realität" führt.

Und glauben Sie nicht, „die intelligente Vision" entwickeln zu können. Visionen entstehen durch Intuition im Zustand der Entspannung und Innenschau. Wer sie mit dem Verstand schaffen will, erzeugt gleichzeitig Blockaden bei sich und anderen.

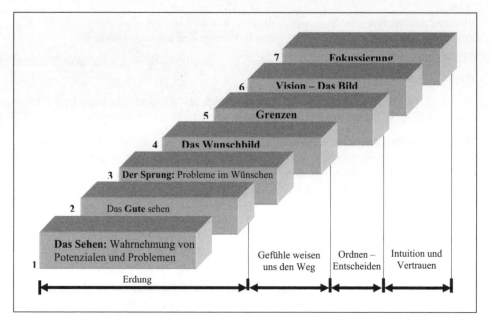

Abbildung 31: *Die sieben Stufen zur Vision*

Stufe 1: Das Sehen: Wahrnehmen, was ist

Wahrnehmen ist kein Urteilen. Es ist eine Form des Aufnehmens, des Erfassens, des Sehens, was wirklich ist. Dabei müssen zwei Ebenen voneinander getrennt werden:

- das Aufnehmen von Informationen, das Sammeln
- das Beurteilen, Bewerten

(„Ich": Potenziale, Stärken, Schwächen, Wünsche, Ziele, Leistungen)
(„Umfeld": Beziehungen, Situationen, Chancen, Risiken)

Stufe 2: Das Gute sehen – Positives Denken

Aus dem Wahrnehmen, dem *guten Sehen,* entsteht etwas Neues: das *Gute sehen.*

Das Gute sehen hat nichts mit dem zu tun, was oftmals als positives Denken propagiert wird. Annehmen, was wir nicht wollen, bedeutet jedoch ebenso wenig, das Negative zu lieben. Es akzeptieren, dass es da ist, um uns etwas mitzuteilen, ist die besondere Fähigkeit. Probleme und Krisen sind Botschafter, die als Signale für notwendige Änderungen dienen. Schwierigkeiten, Abweichungen sind nur dazu da, um uns zu helfen, heil zu werden und auch in Zukunft lebensfähig zu sein, denn aus jeder Krise ergibt sich eine neue Chance. In jedem Problem steckt schon eine Lösung, in jeder Abweichung die Gegensteuerung.

Den Blick so richten, dass wir im Negativen den positiven Keim entdecken!

Stufe 3:
Probleme umdrehen – Mit einem Sprung aus der Sackgasse

Wenn das Problem als Wunsch formuliert wird, ist damit der Sprung über die Schranke absolviert, denn das Gesetz heißt: „Was du dir wünschst, hast du schon." Ein Wunschbild macht frei von Problemen.

Dieses Bild können Sie durch Meditation in Ihnen entstehen lassen. Sie können dieses Bild nicht durch Ihren Verstand erzwingen. Sie können nur mit Hilfe Ihres Unterbewusstseins dieses Bild entstehen lassen, zulassen, dass es in Ihnen entsteht.

Die Meditation

Voraussetzung: 30 Minuten Zeit, ungestörter Raum, Stuhl, eventuell leise Barockmusik. Sie setzen sich, Sie sprechen in Gedanken:

„Ich sitze auf meinem Stuhl, die Wirbelsäule ist senkrecht, die Füße stehen fest auf dem Boden. Hände ruhen im Schoß.

Ich schließe meine Augen. Ich sitze einfach da und beobachte meinen Atem. Ich lasse meine Gedanken los, wie Wolken, die am Himmel vorbeiziehen.

Immer, wenn ich einatme, fließt Energie in mich ein. Beim Ausatmen verlässt mich das, was mich bedrückt."

Nach ca. zwanzig Minuten:

„Ich komme wieder in mein Bewusstsein zurück. Ich atme tief ein. Strecke meine Arme, öffne meine Augen und fühle mich frisch und wach."

Mit dieser Meditation haben Sie die Vorraussetzung geschaffen Ihr Wunschbild zu formulieren.

Stufe 4: Das Wunschbild – Wie wir es gerne hätten

- Ausgangsbasis schaffen, ein Wunschbild kreieren.
- Aufschreiben, was man sich wünscht.

- Bei der Arbeit am Wunschbild sind wir auf der Energie-Ebene.
- Jetzt sind wir sensibler, um mehr zu entdecken und mehr zu erkennen.
- Die Aktivität im analytischen Denken ist weniger ausgeprägt.
- Gefühle erkennen und auf Gefühle achten, heißt in sich schauen.
- Der Zeitpunkt, die aktive Arbeit durch Meditation zu ersetzen, ist erreicht.
- Der folgende Schritt beinhaltet den Scheide-Weg, der uns zur Entscheidung führt.
- Beide Alternativen (bisherige Realität oder neues Wunschbild) werden gegenübergestellt und beurteilt, wo wir uns besser fühlen.
- Gefühle führen uns dorthin, wo der Sinn des Lebens liegt. Unsere Gefühle sind Wegweiser zum inneren Selbst.

Stufe 5: Die Grenzen der Vorstellungskraft erkennen

Unsere Grenzen stecken tief im Unterbewusstsein. Vorbehalte, Zweifel, eigene Meinungen und fremde aus der Jugendzeit, als wir noch nicht kritisch waren, um die Erziehungsimpulse zu prüfen. Nur dann, wenn wir das Unmögliche aufschreiben, wenn wir die Grenzen erkennen, können wir sie neu festlegen.

Prozess der Wahrnehmung von Grenzen:

Nehmen Sie ein leeres Blatt Papier. Schreiben Sie auf, wo Grenzen liegen. Ihre Wahrnehmung: Da gibt es keine. Oder doch? Es gibt Grenzen, aber die liegen ganz weit. Greifen Sie so weit wie nötig, um die Grenzen zu entdecken. Schreiben Sie das Blatt voll mit allen möglichen Grenzen (20 bis 30 Grenzen). In dem Maße, in dem Sie aufschreiben, ergeben sich Fragen. Die Grenzen werden sich, auch wenn sie noch so weit weg scheinen, relativieren.

Zeit zum Umdenken! – Wegräumen, was im Weg steht!

Hier ist der Übergang von der Energie-Ebene zur Geistes-Ebene. Wir spüren die Entdeckung unserer Grenzen und dass Dinge im Weg stehen, die uns hindern. Platz machen, heißt Raum bereiten, in dem Neues entstehen kann. Das heißt: *Uns öffnen, uns freimachen, das Neue zulassen, auch wenn wir es noch nicht kennen.*

Erst alles Alte loslassen, bevor das Neue kommen kann. Das heißt auch Gewohnheiten, Konfliktpunkte, unnötige Aktivitäten aufgeben. Der Zeitpunkt für *Klarheit, Ordnung und Transparenz* ist gekommen. Ordnung hat immer etwas mit Ausgewogenheit von Geben und Nehmen zu tun.

Stufe 6: Das visionäre Bild

Jetzt ist alles vorbereitet für die Vision. Für die Vision empfiehlt sich der Abend mit „open end", damit man nicht begrenzt ist.

Bevor die Visionsbildung beginnt, sollte eine Meditationsübung praktiziert werden. Die Notwendigkeit resultiert aus dem Übergang vom aktiven Denken des Tagesbewusstseins in das „Denken-lassen", das „Insichschauen".

Anschließend beginnen Sie ein Bild zu malen, wie es Ihrer inneren Stimme und den Wünschen entspricht.

Stufe 7: Fokussierung auf das Wesentliche

- Erste Stoffsammlung mit anschließender Sortierung der Gedanken.
- Dabei wird kein Ziel, kein Prozess, keine Entwicklung beschrieben, sondern die Situation, die wir vorfinden, wenn alles schon erreicht ist.
- Ein Vorstellungsbild über den zukünftigen Zustand entsteht.
- Dieses beinhaltet Gefühl, Wunschkraft und Energie.
- So entsteht Satz für Satz, bis die Vision fertig ist.
- Konzentration auf die wesentlichen Aussagen, die das Essenzielle ausmachen.
- Am nächsten Morgen kritische Prüfung und Beginn der Umsetzung

Ihre Vision soll Ihre Einzigartigkeit zum Ausdruck bringen.

Wenn Sie die Vision formulieren, schreiben Sie nicht ab. Bringen Sie nichts Vorgeformtes ein. Verwenden Sie keine alten Vorhaben, wenn sie nicht wieder neu entstehen. Jedes Wort, jede Aussage, jeder Satz muss originär sein. Sie müssen in diesen Stunden kreiert werden. Wenn wir abschreiben, verlieren wir unsere Einzigartigkeit.

Wir sind vorbereitet, um unsere Vision, die tief in uns steckt, wahrzunehmen. Wir können sie nach außen bringen.

- Die Energie-Aufladung
  - Jedes Wort, das von der Ist-Situation abweicht, wird unterstrichen, am Rand markiert und erhält eine Nummer.
  - Überall dort, wo in der Vision ein Anspruch steht, der mit der derzeitigen Situation nicht übereinstimmt, erfolgt eine Unterstreichung.

- So kommt man zu einer bestimmten Anzahl von Unterstreichungen, die die Distanz zeigt vom Ist zum Soll (zwischen 10 und 30 Unterstreichungen).
- Zehn Unterstreichungen: relativ „realistisches" Bild; die Vision hat wenig Abstand zum heutigen Zustand; sie gibt Sicherheit, dass sie erreicht werden kann.
- Dreißig: steht für maximale Innovationskraft und ausgeprägtes Vorstellungsvermögen, gleichzeitig auch für die Gefahr, Kraft zu verlieren und aufzugeben.
- Nach der Formulierung wird die Vision Wort für Wort langsam vorgelesen.
- Vision braucht jetzt Kraft. Energie, Aufladung, Spannung.
- Deshalb muss die Vision beschreiben, was ist, wenn sich alles erfüllt hat.
- Die Vorstellungskraft wird so viel klarer; man kann Gefühle empfinden.
- Aufladung mit Energie kann man verstärken, wenn andere mithelfen.
- So erhalten Partner gleichzeitig das Gefühl, Entscheidungen mitzutragen und die Möglichkeit, Gedanken und Vorschläge einzubringen.

Umsetzung – Ihr erster Schritt

Die Umsetzung der Vision ist ein metaphysischer Prozess, in dem Dinge geschehen, die weit über das Vorstellungsvermögen hinausgehen. Die Umsetzung geschieht dadurch, dass sie sich in einer schöpferischen Weise zum Teil selbst erfüllt („*self-fulfilling-prophecy*").

Die Konsequenz ist jedoch nicht, dass wir gar nichts mehr tun. Wir müssen die Erfüllung der Vision „auf den Weg bringen".

Der erste Schritt, den Sie gehen müssen, ist, sich ganz persönlich einzubringen. Es geht um die ersten Schritte, um die erste persönliche Maßnahme, die Sie als eigene Verpflichtung aus einem Maßnahmeplan übernehmen.

8.4.4 Aufgaben und Verantwortung, Geschäftsführung

Nach einer Zeit, in der sich der Nachfolger durch kleinere und größere Projekte beweisen konnte, sollte die verantwortliche Übertragung von Teilbereichen, die nach gegebener Zeit in die Geschäftsführungsverantwortung eines Geschäftsbereiches münden sollte, erfolgen.

Dieser Schritt ist gebührend zu begehen. Jetzt soll der Unternehmer ein deutliches Zeichen geben, nicht nur nach innen zu den Mitarbeitern, auch zu den Kunden und zur Öffentlichkeit.

Als Junior ist für Sie in dieser Phase nicht nur wichtig, sich gut einzuarbeiten, erste Ergebnisse zu erzielen. Es kommt jetzt darauf an, sich Ihre zukünftige Mannschaft aufzubauen. Loyalität zu gewinnen – ohne die Führungskräfte in Loyalitätskonflikte zu drängen. Sie sind in erster Linie noch Ihrem Vater verpflichtet. In der Kunst des Umgangs mit Menschen zeigt sich, wie Sie Menschen für sich, für Ihre Ideen, gewinnen.

Wie lange soll eine „Einarbeitungsphase" im Unternehmen dauern? Die Zeitspanne ist von vielen Faktoren abhängig: vom Alter des Unternehmers wie des Nachfolgers, vom Erfahrungshintergrund des Nachfolgers, aber auch von den Persönlichkeitsstrukturen der beiden. So ist es manchmal sinnvoll, die Zeit kurz zu halten, Personen auf Abstand zu halten und Aufgabenfreiräume so zu gestalten, dass die Eigenmotivation erhalten bleibt, die Kontrolle des Unternehmers aber noch möglich ist. In einzelnen Fällen habe ich produktives Nebeneinander von Senior und Junior erlebt, die sich beide gut ergänzt und unterstützt haben. Diese Phase dauerte dann oft länger, z. T. auch mehr als fünf Jahre, und führte zu einer harmonischen, reibungslosen Übergabe. Oft haben wir es mit starken Persönlichkeiten zu tun. Hier sollte die gemeinsame Unternehmer-Zeit begrenzt sein. In mittleren Unternehmensgrößen ist dies häufig nicht unter zwei Jahren zu machen.

8.4.5 Meilensteine der Übergabe

Unabhängig von den besonderen Umständen ist ein abgestimmter Meilensteinplan mit einem fixierten Übergabezeitpunkt der Unternehmensleitung in jedem Falle zu empfehlen.

In vielen kleineren Unternehmen ist damit auch die Übergabe der Geschäftsanteile verbunden. In den etwas größeren Familienunternehmen ist eine zeitlich gestaffelte Übergabe von Teilen des Gesellschaftskapitals sinnvoller. Wenn irgend möglich, sollte die Einheit von unternehmerischer Führung und gesellschaftsrechtlicher Verantwortung in einer Hand sein, damit die Vorteile von Familienunternehmen wie z. B. Flexibilität und Entscheidungsschnelligkeit erhalten bleiben. In größeren und älteren Unternehmen, bei denen die Gesellschafteranteile bereits auf mehrere Familienstämme aufgeteilt sind, muss über entsprechende Gesellschafterverträge, vielleicht auch einen Familienkodex, die Handlungsfähigkeit der geschäftsführenden Gesellschafter sichergestellt werden.

Phasen der Übergabe:

1. Die steuerlich motivierte Vermögensbeteiligung (Darlehensforderung, Unterbeteiligung, stille Beteiligung, Wertpapierdepot)
2. Die Beteiligung als Minderheitsgesellschafter
3. Die Aufnahme in die Geschäftsführung

4. Die Übertragung der unternehmerischen Führung
5. Die Übertragung der Mehrheit der Gesellschaftsanteile
6. Die Übertragung sämtlicher Gesellschaftsanteile

Stufenweise gibt der Unternehmer Aufgaben, Verantwortung und auch Vermögen an seinen Nachfolger ab. Im Idealfall übernimmt der Nachfolger, auch wenn seine Fähigkeiten und Kompetenzen noch nicht umfänglich denen des Unternehmers entsprechen, in diesen Stufen das Unternehmen. Wichtig ist auf der einen Seite die Einsicht in diese Tatsache bei beiden Partnern. Beim Nachfolger aus dem Grunde, damit er seine ständige Lernbereitschaft aufrecht hält und seine Handlungskompetenzen erweitert. Beim Unternehmer, dass er aufmerksam den Übergabeprozess beobachtet und bei Bedarf den Nachfolger unterstützt. Sie alle wissen, dass das eine Zeit des „dünnen Eises" ist, dass nur zu leicht aus einer Meinungsverschiedenheit ein Bruch entsteht, ebenso häufig aber auch auf Seiten des Nachfolgers eine gefährliche „Aussitz-Haltung" entsteht, die zu einem schleichenden Niedergang des Geschäfts führen kann.

In dieser Situation ist die Funktion eines Beirats, wie im Kapitel 3.6.3 bereits beschrieben, hilfreich für die Entwicklung der Beziehung zwischen Unternehmer und Jungunternehmer sowie zur Stabilisierung des gesamten Übergabeprozesses.

8.4.6 Loslassen – Vertrauen schenken

Zum Ende dieses Buches noch einmal die Bitte an den Senior: „Loslassen – und schenken Sie Vertrauen". Das Unternehmen war für viele von Ihnen einfach „alles", manchmal wichtiger als die Familie. Aber zum erfolgreichen Leben gehören auch das Abschiednehmen und die sinnvolle Gestaltung Ihres dritten Lebensabschnittes. Damit sichern Sie einerseits die Zukunft Ihres Lebenswerkes, Ihres Unternehmens. Sie sichern aber auch Ihre eigene persönliche Zukunft und die sinnvolle Gestaltung der Zeit danach.

Ihre Aufgabe als Gesellschafter ist sicher noch sehr wichtig in der ersten Zeit nach der Übergabe. Ihre Rolle als Beirat im weiteren Verlauf ist sicher ebenso wichtig. Dies sollten aber nicht Ihre einzigen Aufgaben bleiben. Erforschen Sie, u. U. mit Ihrer Frau, Ihre Interessen, und Sie werden mit Sicherheit interessante Ziele und Aufgaben für Ihre Zukunft finden. Ob als Beirat in einem anderen Unternehmen, als Coach für eine interessante Gründung, als „Lehrer" an einer Universität oder Fachhochschule, vielleicht auch auf Reisen gehen und beschäftigt mit dem Hobby, das immer schon zu kurz gekommen ist. Einer meiner Bekannten hat sich den Traum vom Erfinderbüro verwirklicht. Er verwirklicht mit zwei jungen Ingenieuren aus seinem alten Unternehmen seine Ideen – und diese sind nicht nur in seiner alten Firma gefragt. Damit seine Enkelkinder nicht zu kurz kommen, lädt er sie recht häufig in sein „Büro", eine Hütte an einem kleinen See, ein und nutzt sie als Ideengeber. Kinder haben einen unverstellten Blick. Für mich immer eine Freude, ihn in dieser Umgebung zu sehen, im Gleichgewicht mit seinen Interessen, seiner Familie und durchaus up-to-date durch die Kommunikationsmöglichkeiten wie Internet über „seine Firma".

Auch Ihnen wünsche ich gutes Gelingen.

8.4.7 Schließen Sie den Kreis – Der Familienworkshop

Das Familienunternehmen ist die Einheit von Unternehmen und Familie. Je älter und größer, desto divergierender auch die Interessen von Unternehmen, von Familie und den einzelnen Familienmitgliedern. Die meisten Konflikte aus diesem Beziehungs- und Interessenkreis entstehen auf Grund mangelnder Kommunikation, mangelndem Wissen über Zustand und Möglichkeiten des Unternehmens und mangelndem Wissen über Ziele und Wünsche des Gesellschafterkreises. Deshalb sollte mindestens einmal im Jahr ein Familienworkshop stattfinden. In vielen gewachsenen Familienunternehmen ist dies, unabhängig von einer konkreten Nachfolgeplanung, ein Mittel der Kommunikation über die Generationengrenzen hinweg. Es macht die jüngere Generation mit dem Unternehmen vertraut. Sie lernt betriebliche Abläufe, hört von den Problemen und den Lösungsansätzen. Es ist ein Treffen zur Information und zum Erfahrungsaustausch. Dabei werden üblicherweise folgende Themen behandelt:

- Entwicklung des Unternehmens, sind wir noch auf dem richtigen Weg?
- Finanzielle Ergebnisse
- Pläne und Ziele des Unternehmens für die Zukunft
- Bevorstehende Ereignisse im Unternehmen und der Familie
- Vorstellungen und Ideen der Nachwuchsgeneration
- Wie bearbeiten wir Konflikte, welche grundsätzlichen Regeln wollen wir befolgen?

Darüber hinaus bieten diese Treffen die Möglichkeit, sich über die zukünftigen potenziellen Führungskräfte zu informieren und sich mit ihnen auszutauschen. Schon die Mitarbeit bei der Organisation eines solchen Familienworkshops ist eine erste und ernst zu nehmende Projektaufgabe.

Als Nachfolger wünsche ich Ihnen eine glückliche Hand bei der erfolgreichen Fortführung Ihres Familienunternehmens – und bei Ihrer persönlichen Weiterentwicklung.

Als Übergebender sollten Sie Vertrauen haben in Ihre getroffenen Entscheidungen und in die getroffene Wahl Ihres Nachfolgers. Eine vertrauensvolle Begleitung als Gesellschafter, als Beirat bedeutet für das Unternehmen und Ihren Nachfolger weniger Kontrolle, sondern ermöglicht diesen, von Ihren Erfahrungen und Ideen weiter zu profitieren.

In diesem Sinne wünsche ich auch Ihnen für den neuen Lebensabschnitt gutes Gelingen.

Anhang: Vorgehensweise im Nachfolgeproblem

1. Vorbereitung
1.1 Sondierungsgespräch
1.2 Gemeinsame Festlegung der Ziele der Nachfolge
1.3 Fixieren eines Stufenplans mit Eckwerten
1.4 Familienworkshop
1.5 Auswahl Beirat, Rechtsanwalt, Steuerberater/Wirtschaftsprüfer

2. Positionsbestimmung Unternehmen und Unternehmer
2.1 Stärken/Schwächen; Chancen/Risiken
2.2 Finanzkraft und Finanzierungspotenzial, Unternehmensbewertung
2.3 Meinungsbild Führungskräfte, Strategie/NF-Workshop
2.4 Der/die Nachfolger/in Potenzialcheck/Suche
2.5 Persönliche Lebensplanung der Beteiligten

3. Das individuelle Nachfolgekonzept
3.1 Aufzeigen verschiedener Nachfolgeoptionen
3.2 Erarbeitung einer individuellen Nachfolgeregelung
3.3 Festlegung des Übergangsprozesses mit Meilensteinen
3.4 Maßnahmepläne im Unternehmens- und im Privatbereich, inkl. vertrauensbildender Aktionen
3.5 Notfall-Szenario Gestaltung des dritten Lebensabschnitts
3.6 Gestaltung des dritten Lebensabschnitts

4. Übergangs-/Implementierungsphase
4.1 Moderation des Übergangsprozesses
4.2 Vertrags- und Testamentsgestaltung
4.3 Einarbeitung der(s) Nachfolger(s), sukzessives Heranführen an Führungsaufgaben
4.4 Steuer- und erbrechtliche Regelungen treffen
4.5 Ablösung in der operativen Führung
4.6 Verzicht des Seniors auf Einflussnahme

5. Nachfolgertraining
5.1 Entwicklung der unternehmerischen Persönlichkeit des Nachfolgers
5.2 Begleitendes Coaching/Nachbereitung
5.3 Vermitteln bei emotionalen Spannungen in Familie und Führungskreis

Abbildungsverzeichnis

Abbildung 1:	Anteil der industriellen Familienunternehmen an der Industrie	14
Abbildung 2:	Alterspyramide der Selbständigen	22
Abbildung 3:	Varianten der Unternehmensübertragung im Jahre 2005	23
Abbildung 4:	Anlass zur Unternehmensübertragung	24
Abbildung 5:	Generationenwechsel von 100 Unternehmen	25
Abbildung 6:	Alter der Junioren bei der Unternehmensübernahme	26
Abbildung 7:	Einsatzformen des Internets	32
Abbildung 8:	Verschiedene Vorkehrungen für den Fall unvorhersehbarer Ereignisse	42
Abbildung 9:	Ziele für die Unternehmensnachfolge aus Sicht des Unternehmens	57
Abbildung 10:	Möglichkeiten der Nachfolgeregelung	64
Abbildung 11:	Zukünftige Unternehmensnachfolgen	65
Abbildung 12:	Chancen und Risiken bei Management Buy-Out (MBO)/Management Buy-In (MBI)	94
Abbildung 13:	Die Dynamik der Märkte beeinflusst die Unternehmensstrategie	102
Abbildung 14:	Ablauf einer Strategieentwicklung	106
Abbildung 15:	Unternehmenspotenziale	106
Abbildung 16:	Bereiche zur Identifizierung von Erfolgspotenzialen für die Unternehmensanalyse	107
Abbildung 17:	Innovativer Mittelstand – Motor für Lebens- und Standortqualität	108
Abbildung 18:	Strategiepfade von Siegern	113
Abbildung 19:	Innovationshürden	115
Abbildung 20:	Das neue Steuerungsmodell – Balanced Scorecard – führt zu einem Zyklus des strategischen Lernens	119
Abbildung 21:	Aufbau eines Steuerungsmodells: Balanced Scorecard	121
Abbildung 22:	Die vier Perspektiven zur Operationalisierung der Vision	126

Abbildung 23:	Formen der Geschäftsführung in Familienunternehmen	127
Abbildung 24:	Allgemeine Trends	130
Abbildung 25:	Wesentliche Veränderungen des Käuferverhaltens	131
Abbildung 26:	Schlüsselfaktoren der Unternehmenskultur	136
Abbildung 27:	Wege zur Veränderung der Unternehmenskultur	138
Abbildung 28:	Verteilung der Rechtsformen	157
Abbildung 29:	Anforderungskriterien und Beurteilungsdimensionen	191
Abbildung 30:	Sechs Faktoren, die auf unser Selbstwertgefühl Einfluss nehmen	213
Abbildung 31:	Die sieben Stufen zur Vision	234

Tabellenverzeichnis

Tabelle 1: Anzahl der Familienunternehmen in der deutschen Industrie 15

Tabelle 2: Auswahl sinnvoller Vereinbarungen im Gesellschaftsvertrag bei Familiengesellschaften 79

Tabelle 3: Nutzung von Möglichkeiten in den nächsten zwei Jahren die Wettbewerbsposition des Unternehmens zu erhalten oder zu stärken 111

Tabelle 4: Aufstellung eines Finanzierungsplanes 171

Tabelle 5: Förderprogramme im Überblick (Stand 2005) 173

Checklistenverzeichnis

Checkliste 1: Notfallakte 44
Checkliste 2: Fragen zur Selbsteinschätzung 47
Checkliste 3: Erfahrungen 48
Checkliste 4: Wie stehen Sie zur Unternehmensübergabe? 51
Checkliste 5: Vorbereitung auf die Nachfolge 56
Checkliste 6: Der Übertragungsprozess 63
Checkliste 7: Schenkungsvertrag 71
Checkliste 8: Mögliche Motive und Argumente für die strategische Option Verkauf 89
Checkliste 9: Verkauf des Unternehmens 91
Checkliste 10: Neupositionierung des Unternehmens 97
Checkliste 11: Persönliche Positionierung 98
Checkliste 12: Wie wettbewerbsfähig ist Ihre Strategie? 108
Checkliste 13: Beirat 141

Literaturverzeichnis

ALBACH, HORST UND FREUND, WERNER: Generationenwechsel und Unternehmenskontinuität – Chancen, Risiken, Maßnahmen: eine empirische Untersuchung bei Mittel- und Großunternehmen, Gütersloh, 1989

BECHTLE, CHRISTINE: Die Sicherung der Führungsnachfolge in der Familienunternehmung, Frankfurt am Main, St. Gallen, 1983

BIRKENBIHL, MICHAEL: „Train the Trainer", Arbeitshandbuch für Ausbilder und Dozenten, verlag moderne industrie, München, Landsberg/Lech, 1977

BIRKENBIHL, VERA F.: Das „neue" Stroh im Kopf? Vom Gehirn-Besitzer zum Gehirn-Benutzer, Gabal-Verlag, Offenbach, Speyer, 2000

BMWA, Unternehmensnachfolge – Die optimale Planung, nexxt – Initiative Unternehmensnachfolge, Berlin, 2004

BREUNINGER, HELGA: Der Generationenwechsel in Familienunternehmen aus psychologischer Sicht, in: Hennerkes, B.-H. & Kirchdörfer, R. (Hrsg.): Unternehmenshandbuch Familiengesellschaften. Sicherung von Unternehmen, Vermögen und Familie, Carl Heymanns Verlag, Köln, Stuttgart, 2. Auflage 1998 (S. 752-767)

BUNDESMINISTERIUM FÜR WIRTSCHAFT, Unternehmensnachfolge, Der richtige Zeitpunkt – optimale Nachfolgeplanung, Bonn, 1998

COVEY, STEPHAN R.: Der Weg zum Wesentlichen, Zeitmanagement der vierten Generation, Frankfurt am Main, New York, 2001

CZICHOS REINER: Coaching = Leistung durch Führung, Ernst Reinhardt Verlag, München, Basel, 1995

CZICHOS, REINER: Change-Management, Ernst Reinhardt Verlag, München, Basel, 1995

DGM UND UNU, Unternehmensnachfolge in den neuen Bundesländern, Berlin, 2001/2005

DEUTSCHE BANK, Familienunternehmen und Zukunftssicherung, Rechtzeitige Planung. Individuelle Konzeption. Nachfolgemanagement, Frankfurt am Main, 1997

DEUTSCHE AUSGLEICHSBANK, Unternehmer-Nachfolge, Die wichtigsten Schritte zur Planung und Durchführung einer Unternehmernachfolge, Bonn, 1998

DEUTSCHER INDUSTRIE- UND HANDELSTAG DIHT, Unternehmensnachfolge, Informationen für Nachfolger und Senior-Unternehmer, Berlin, Bonn, 2000

EGLAU, HANS OTTO: Unternehmensfamilien zwischen Interessen und Emotionen, Dodos Verlag, Düsseldorf, 2001

ENKELMANN, NIKOLAUS B.: Die Macht der Motivation. So motivieren Sie sich selbst und andere, Rhetorik – Charisma – Persönlichkeit, mvg-Verlag, München, Landsberg am Lech, 1995

ERDMANN, CHRISTINA: Unternehmer und Nachfolger, Deutscher Universitätsverlag, Wiesbaden, 1999

ERNST & YOUNG, DEUTSCHE ALLGEMEINE TREUHAND AG, BUNDESVERBAND DER DEUTSCHEN INDUSTRIE E.V.: Das industrielle Familienunternehmen – Kontinuität im Wandel, Berlin, 2001

FRANK, MICHAEL, A: Die kleine AG als Organisationsform für die Nachfolge im Familienunternehmen, Nomos Verlag, Baden-Baden, Witten/Herdecke, 2002

FRANKL, VIKTOR, E.: Trotzdem Ja zum Leben sagen. Ein Psychologe erlebt das Konzentrationslager, dtv, München, 1991

FRANKL, VIKTOR, E.: Der Mensch vor der Frage nach dem Sinn, Piper, München, 1991

FREUND, WERNER: Familieninterne Unternehmensnachfolge, Deutscher Universitätsverlag, Wiesbaden, 2000

GEBEL, DIETER: Betriebsvermögen und Unternehmensnachfolge, Verlag Vahlen, München, 1997

HABIG, HELMUT UND BERNINGHAUS, JOCHEN: Die Nachfolge im Familienunternehmen ganzheitlich regeln, Springer Verlag, Berlin, 1998

HANDELSBLATT, Erfolgskriterien für Familienunternehmen, Düsseldorf, 17. Juli 2004

HEBESTREIT, REGINE UND RIEDERER, WOLFGANG: Unternehmen kaufen, pachten, erben, Krick Verlag, Eibelstadt, 1998

HENNERKES, BRUN-HAGEN: Familienunternehmen sichern und optimieren, Campus Verlag, Frankfurt am Main, New York, 1998

HENNERKES, BRUN-HAGEN: Die Familie und ihr Unternehmen – Strategie, Liquidität, Kontrolle, Campus Verlag, Frankfurt am Main, New York, 2004

HENNERKES, BRUN-HAGEN UND RAINER KIRCHDÖRFER (Hrsg.): Unternehmenshandbuch Familiengesellschaften. Sicherung von Unternehmen, Vermögen und Familie, Carl Heymanns Verlag, Köln, 2. Auflage 1998 (S. 752-767)

HILLENGAß, HORST W. UND NÖKEL, ROLF H.: Strategien für Generationswechsel und Zukunftssicherung, Sauer-Verlag, Heidelberg, 1999

HINTERHUBER, HANS H. UND MINARATH, REINER: Der Beirat einer mittelständischen Familieunternehmung, Frankfurt am Main, 1994

KANTENWEIN, THOMAS UND VON BECHTOLSHEIM, SEBASTIAN: Nachfolge in Familienunternehmen, Walhalla Verlag, Regensburg.,1996

KIRST, UVE UND BIELER, STEFAN: Unternehmensnachfolge. Über vier Hürden zur gesicherten Nachfolgeregelung, Luchterhand Verlag, Neuwied, 1996

KLEIN, SABINE: Familienunternehmen – Theoretische und empirische Grundlagen, Gabler Verlag, Wiesbaden, 2000

KLEIN, HARALD UND VOSSIUS, OLIVER: Unternehmensnachfolge, Verlag Carl Ueberreuter, Wien, 1999

KÖCHER, RENATE: Einstellungen zu Ehe und Familie im Wandel der Zeit, Stuttgart, 1985

LEMAR, BERND: Kommunikative Kompetenz, Springer Verlag, Berlin, Heidelberg, 1997

LEMAR, BERND: Generations- und Führungswechsel im Familienunternehmen – Mit Gefühl und Kalkül den Wandel gestalten, Springer Verlag, Berlin, Heidelberg, 2001

LORZ, R.: Die Nachfolge in Familienunternehmen. Rechtliche und steuerliche Gestaltungen der Nachfolge in Familienunternehmen, in: Unternehmenshandbuch Familiengesellschaften. Sicherung von Unternehmen, Vermögen und Familie von Brun-Hagen Hennerkes (Hrsg.), Carl Heymanns Verlag, Köln, 1998 (S. 639-751).

LÖWE, CLAUS: Familienunternehmung, Bern, 1980

LUCKEY, GÜNTHER: Unternehmensnachfolge, Selbstverlag, Stuttgart, 1998

MANN, RUDOLF: Das visionäre Unternehmen, Der Weg zur Vision in zwölf Stufen, Gabler Verlag, Wiesbaden, 1990

PETERS, THOMAS J. UND WATERMAN, ROBERT H.: Auf der Suche nach Spitzenleistungen – Was man von den bestgeführten US-Unternehmen lernen kann, Verlag Moderne Industrie, München, 1990

PIETSCH, REINHART UND THELER, HERMANN-JOSEF: Betriebsaufgabe und Unternehmensnachfolge, Stollfuß Verlag, Bonn, 3. Auflage, 1996

PORTER, MICHAEL, E.: Wettbewerbsstrategie (Competitive Strategy), Methoden zur Analyse von Branchen und Konkurrenten, Campus Verlag, Frankfurt am Main, 1987

RIEDEL, HANSPETER: Unternehmensnachfolge regeln, Gabler Verlag, Wiesbaden, 1996

RISSE, WINFRIED: Unternehmensnachfolge, Renningen, 1997

SCHIRM, ROLF W.: Schlüssel zur Selbstkenntnis, Die Biostruktur-Analyse 1, IBSA Baar (Schweiz), 2002

SCHROER, EVELYN UND FREUND, WERNER: Neue Entwicklungen auf dem Markt für die Übertragung mittelständischer Unternehmen, IFM-Materialien Nr. 136, Bonn, 1999

SIEBER, THOMAS: Du kommst später einmal in die Firma, Springer, Heidelberg, 1996

SOBANSKI, HOLGER UND GUTMANN, JOACHIM: Erfolgreiche Unternehmensnachfolge, Konzepte, Erfahrungen – Perspektiven, Gabler Verlag, Wiesbaden, 1998

SUDHOFF, HEINRICH: Unternehmensnachfolge, C. H. Beck, München, 2000

TERPITZ, JULIA: Nachfolge in unternehmerisches Vermögen, Rechtsgrundlagen und Gestaltungsmöglichkeiten, Hermann-Luchterhand-Verlag, Neuwied, 2001

VOGT, CAROLA UND JANSEN, JOACHIM: Unternehmensnachfolge, Selbstverlag, Hannover, 1996

VORWOLD, GERHARD: Unternehmensnachfolge von A-Z, Schmidt, Berlin, 2001

WEBER, GUNTHARD: Praxis der Organisationsaufstellungen, Carl-Auer-Systeme Verlag, Heidelberg, 1999

WEINLÄDER, HORST: Unternehmensnachfolge, C. H. Beck, München, 1998

WIMMER, RUDOLF U. A.: Familienunternehmen: Auslaufmodell oder Erfolgstyp?, Gabler Verlag, Wiesbaden, 1996

WINDAU, PETER UND SCHUMACHER, MICHAEL: Strategien für Sieger, Erfolgsgeheimnisse mittelständischer Unternehmen, Campus Verlag, Frankfurt am Main, New York, 1996

WOLTER, HANS-JÜRGEN UND HAUSER, EDUARD: Die Bedeutung des Eigentümerunternehmens in Deutschland – Eine Auseinandersetzung mit der qualitativen und quantitativen Definition des Mittelstands, in: Institut für Mittelstandsforschung Bonn (Hrsg): Jahrbuch zu Mittelstandsforschung 1/2001, Schriften zur Mittelstandsforschung, Nr. 90 NF, Wiesbaden, 2001

Danksagung

So viele Aspekte bei der Nachfolge in Familienunternehmen zu berücksichtigen sind, so viele Menschen haben mich bei der Erarbeitung des Buches unterstützt, denen ich meinen Dank aussprechen möchte.

Peter von Windau hat sich über Jahrzehnte um den Mittelstand verdient gemacht. Ihn konnte ich unterstützen beim Aufbau der Deutsche Junioren Akademie, der er die wesentlichen Impulse gegeben hat. Mein Dank gilt auch Professor Dr. Dr. Bernhard Wilpert und Silke Anbuhl, die wesentliche Konzeptteile der Akademie zu verantworten haben. Bei der juristischen und steuerlichen Seite unterstützte mich RA Frank Geiser von der Geiser & von Oppen Rechtsanwälte mit seinen umfangreichen Kenntnissen aus der Nachfolge in Familienunternehmen. Einen besonderen Anteil an der Entstehung des Buches verdanke ich Dr. Ursula Weißpflug, die mich mit ihrem betriebswirtschaftlichen Wissen unterstützte und redaktionell begleitete.

Für die Entstehung des Buches möchte ich auch allen Unternehmern und Nachfolgern danken, die mir die Möglichkeit gaben, ihr Unternehmen zu analysieren und ihre Beispiele aufzunehmen. Besonders Dirk Pietzcker, Inhaber der AKG-Gruppe, und sein Sohn Hartwig haben mir durch ihre vielen Hinweise zur Unternehmensnachfolge sehr geholfen.

Besonderer Dank gilt Mo, die mir die Freiräume schaffte, um ein solches Buchprojekt vorzubereiten und zum guten Abschluss zu bringen.

Selbstverständlich kann ein solches Buch nicht geschrieben werden, ohne die umfangreiche Literatur zu dieser Thematik zu berücksichtigen und die darin niedergelegten Erkenntnisse zu verarbeiten. Besonders hervorheben möchte ich hier die Arbeiten von Brun-Hagen Hennerkes, insbesondere sein letztes Buch „Die Familie und ihr Unternehmen", und „Generations- und Führungswechsel im Familienunternehmen" von Bernd LeMar.

Stichwortverzeichnis

A

Abfindungsregelung 77
Aggressivität 214
Aktiengesellschaft (AG) ... 160
Alterspyramide 22
Analytisches Denken 202
Anforderungskriterien für
  den guten Nachfolger .. 189
Anforderungskriterium 191
Antrieb 216
Arbeitsorganisation 198
Aufsichtsrat 75
Ausbildung 203

B

Balanced Scorecard 119,
  120, 121
Bankgespräch 174
Bedürfniswandel 177
Beharrlichkeit 197
Beirat 75,
  140, 141, 143, 144, 145
Belastbarkeit 197
Betriebsaufspaltung 166
Betriebsstruktur 114
Beurteilungsdimension 191
Bewertung 59
Bewertungsverfahren 151
BGB-Gesellschaft 158

C

Change Management 132

Controlling 117

D

Discounted-Cashflow-
  Verfahren
  (DCF-Verfahren) 152
Durchsetzungsfähigkeit 199

E

Eigenkapital 169, 170
Eigentümer 83
Einbeziehung
  des Managements 60
Eintritt ins
  Familienunternehmen . 230
Entlassung 135
Entnahmerecht 76
Entscheidungsverhalten 197
Entwicklungs-
  perspektive 125
Erbfolge 67, 80
Erbschaftsteuer 164
Erbvertrag 72, 79
Erfahrung 48
Erfolg 209, 214
Erfolgsfaktoren für
  die Nachfolge 61
Erfolgspotenziale 107
Ergebnisorientierung 192
Ertragswertverfahren 151
Evolution 207

F

Familie 176, 177
Familienstiftung 86
Familienunternehmen 15
Familienunternehmer 175
Familienworkshop 241
Fehler 188, 229
Finanzierung 168, 169
Finanzierungsplan 171
Finanzinvestor 150
Finanzperspektive 122
Flexibilisierung
 der Arbeitszeiten 134
Förderer 49
Fördermittel 171, 172
Förderprogramm 170, 173
Fremdfinanzierung 170
Fremdkapital 170
Fremdmanagement 81
Führung 116,
 127, 200, 226
Führungskompetenz 190
Führungsstil als
 Wettbewerbsvorteil 82
Führungsstruktur 83

G

Gehirn 208
Geld 129
Generationenwechsel 25
Gerechtigkeit 58
Geschäftsführer 84
Geschäftsführung 74,
 127, 238
Gesellschaft bürger-
 lichen Rechts (GbR) 158
Gesellschaft
 mit beschränkter
 Haftung (GmbH) 159
Gesellschaftsvertrag 73, 79

Gewerbesteuer 165
Gewinnausschüttung 76
Gewissen 213
Globalisierung 31
GmbH & Co. KG 159

H

Haftung des Käufers für
 Verbindlichkeiten 161
Hierarchien, flache 133

I

Informationstechnologie 31
Initiative 196
Innovationshürden 115

K

Käuferverhalten 131
Kaufpreis 90
Kleine
 Aktiengesellschaft 95
Kommandit-
 gesellschaft (KG) 159
Kommunikation 133,
 135, 137, 185, 226, 227
Kommunikations-
 fähigkeit 198
Komplexität 129
Konditionierung 217
Konflikt 55, 134
Konfliktfähigkeit 137, 199
Kooperationsfähigkeit 199
Kreativität 137, 202
Kritisches Denken 202
Kundenperspektive 123
Kündigungsfrist 77

L

Lebensplanung 29
Lebenswerk 50

Leistung 212
Leistungsorientierung 196
Leitbild.............................. 136
Lernperspektive 125

M

Macher 48
Macht der Gedanken 218
Management 127
Management Buy-In
    (MBI) 93, 94
Management Buy-Out
    (MBO) 92, 94
Managementkenntnisse 203
Motivation 86

N

Nachfolge, externe 86
Nachfolger
    aus der Familie 187
Nießbrauchsvorbehalt 70
Notfallakte 44, 45
Notfallplanung 42

O

Offene Handels-
    gesellschaft (OHG) 158
Organisation 114, 115
Organisationsstruktur 114
Ostdeutschland 28

P

Paradigmenwechsel 128
Partnerschafts-
    gesellschaft 158
Personengesellschaft 158
Persönlichkeit 140
Persönlichkeit,
    unternehmerische 222
Politik 37

Positionierung,
    strategische 99
Positionsbestimmung,
    persönliche 46
Prozessperspektive 124
Psychologie 183
Psychologie in der
    Nachfolge 184

R

Rechtsform 155,
    156, 157
Rechtsformwechsel 160

S

Schenkung 67, 68
Schenkungsteuer 164
Schenkungsvertrag 70
Schlüsselfaktoren der
    Unternehmenskultur 136
Schrittweise
    Übertragung 166
Selbsteinschätzung 47
Selbsterkenntnis 209, 210
Selbstvertrauen 209, 211
Selbstwertgefühl 211
Senior 49
Shareholder-Value-
    Konzept 118
Sinn des Lebens 206
Sinnvermittlung 137
Soziale Kompetenz 139
Sozialkompetenz 190
Steuerhaftung 162
Steuern 164
Steuerrecht 163
Stiftung 160
Strategen 49
Strategie 100,
    101, 119

Strategieentwicklung 106, 225
Strategiepfade von Siegern 113
Strategische Erfolgsfaktoren............ 102
Strategische Erfolgspositionen (SEP)......... 102, 103
Strategische Erfolgspotenziale (SEP)......... 103, 104
Strategische Kompetenz ... 139
Strategisches Denken........ 202
Stuttgarter Verfahren......... 153
Substanzwertverfahren 152
Sympathie........................ 201
Synergie............................ 133
Szenarium......................... 135

T

Teamarbeit 199
Testament............................43, 72, 73, 145
Testamentsvollstreckung 78
Trend................................. 130
Trieb 216

U

Übernahmevertrag............. 161
Übertragungsprozess 63
Unterbewusstsein....... 215, 217
Unternehmen, Neupositionierung.........97
Unternehmenskultur 138
Unternehmenspotenziale .. 106
Unternehmensübertragung 24
Unternehmensverkauf......... 88

Unternehmer...................... 83

V

Veränderungsprozess........ 132
Verantwortung.......... 196, 238
Veräußerungsgewinn 67
Verhandlungsführung 89
Verkauf.............................. 87, 89, 91
Verkauf an Dritte................ 92
Verkauf über die Börse....... 96
Verpachtung 86
Versorgungsleistung 167
Vertrag.............................. 162
Vertrauen 240
Vertrieb..............................110
Vision 119, 136, 225, 232, 233

W

Weiterbildung................... 203
Wert............................ 89, 149
Wertewandel...................... 32, 131, 177, 181
Wertorientierung 204
Wertschätzung.................. 214
Wertschöpfungsstruktur ... 106

Z

Zeit................................... 128
Zeitpunkt............................ 39
Zielkonflikt 135
Zielorientierung................ 192
Zielsetzung....................... 193
Zusammengehörigkeitsgefühl 137
Zweifel 212

Der Autor

Wolf Kempert
ist geschäftsführender Gesellschafter der UNU Gesellschaft für Unternehmensnachfolge und Unternehmensführung mbH. Er ist einer der führenden Experten für den Mittelstand und die Nachfolge in Familienunternehmen. Über 15 Jahre beschäftigte er sich innerhalb der Deutschen Bank Gruppe mit diesen Themen. Als Vertreter des Bundesverbandes Deutscher Unternehmensberater (BDU) hat er bei der Gründung der nexxt-Nachfolgeinitiative der Bundesregierung mitgewirkt.

Er leitet seit 2004 die AUUF Akademie für Unternehmensnachfolge und Unternehmensführung. Das Ziel der Akademie ist die Entwicklung und Qualifizierung des Nachfolgers von Familienunternehmen zur unternehmerischen Persönlichkeit. Die Vermittlung von betriebswirtschaftlichem Wissen, von Führungskompetenz und Methoden des Selbstmanagements zur erfolgreichen Führung des Unternehmens stehen dabei im Mittelpunkt. Das Konzept der Akademie basiert auf einer gemeinsamen Entwicklung der Deutschen Bank und der Deutschen Gesellschaft für Mittelstandsberatung in Zusammenarbeit mit der Technischen Universität Berlin und wird seit zehn Jahren erfolgreich durchgeführt. Wolf Kempert lehrt an der Akademie sowie an der Technischen Universität Berlin in besonderen Alumniprogrammen strategische Unternehmensführung und Persönlichkeitsentwicklung. Sein beruflicher Schwerpunkt ist weiterhin die strategische Begleitung von Unternehmen und Unternehmerfamilien.

Sie erreichen ihn mit Ihren Kommentaren, Anregungen und Fragen unter

kempert@unu-nachfolge.de oder

UNU GmbH, Ludwig-Erhard-Haus, Fasanenstraße 85, 10623 Berlin

Wissen für den Mittelstand

Umfassendes Know-how für erfolgreiche Unternehmensführung

Der Mittelstand bildet das Rückgrat der deutschen Wirtschaft. Das Autorenteam aus Praktikern, Managern, Beratern und Unternehmern bietet umfassendes Know-how und schildert die Erfahrungen erfolgreicher mittelständischer Unternehmen

Heinrich Haasis | Thomas R. Fischer | Diethard Simmert (Hrsg.)
Mittelstand hat Zukunft
Praxishandbuch für eine erfolgreiche Unternehmenspolitik
2007. XII, 672 S.
Geb. EUR 69,90
ISBN 978-3-8349-0367-9

Sicherung von Unternehmen und Vermögen über Generationen

Warum scheitern immer wieder wirtschaftlich gesunde Familienunternehmen an sich selbst, und das, obwohl in juristischer Hinsicht alles zum Besten steht? Dieses Buch bietet die Familienstrategie als Lösung. Sie ist unverzichtbar, um die Herausforderungen der Zukunft – standfeste Nachfolgeplanung, effizientes Kostenmanagement und Family Governance – zu meistern.

Kirsten Baus
Die Familienstrategie
Wie Familien ihr Unternehmen über Generationen sichern
2003. 167 S.
Geb. EUR 35,90
ISBN 978-3-409-12525-3

Spannungsfelder in der Unternehmerfamilie und im Familienunternehmen konstruktiv ausbalancieren

Die Autorin beschreibt die enge Verbindung, den Zusammenhang und die Wechselwirkungen zwischen Eigner- und Unternehmensstrategie. Parallel dazu erläutert sie anhand zahlreicher Beispiele die Besonderheiten, Herausforderungen und die vielfältigen Anforderungen, denen die Mitglieder einer Unternehmerfamilie gegenüberstehen. Eine klar strukturierte Lektüre mit vielen konkreten Anregungen.

Anna Meyer
Unternehmerfamilie und Familienunternehmen erfolgreich führen
Unternehmertum fördern,
Führungskultur entwickeln,
Konflikte konstruktiv lösen
2007. 200 S.
Geb. EUR 39,90
ISBN 978-3-8349-0340-2

Änderungen vorbehalten. Stand: Juli 2007.
Erhältlich im Buchhandel oder beim Verlag.
Gabler Verlag · Abraham-Lincoln-Str. 46 · 65189 Wiesbaden · www.gabler.de